日本文化的多视角探究

孙雄燕　著

中国水利水电出版社
www.waterpub.com.cn
·北京·

内 容 提 要

本书从多角度对日本文化进行了全方位探究，其中既不乏对日本的社会特色文化与艺术商业文化的基础性介绍，又包含对别具一格的"龙"文化、"哀"因素、"娇宠""耻"与"义理人情"、简素与崇物的深度剖析。在此基础上，本书还对日本文化与经济、外交的相互关系进行了细致分析，揭示了文化在发展过程中的某种依赖性，而后探讨了中国作家笔下的日本文化因素，体现出中日之间的文化交流。

本书可供日本文化的相关研究者使用，也可为日本文化爱好者了解日本文化提供指导。

图书在版编目（CIP）数据

日本文化的多视角探究/孙雄燕著. -- 北京：中
国水利水电出版社，2018.5（2022.9重印）
ISBN 978-7-5170-6445-9

Ⅰ.①日… Ⅱ.①孙… Ⅲ.①文化研究-日本 Ⅳ.
①G131.3

中国版本图书馆 CIP 数据核字（2018）第 091451 号

责任编辑：陈 洁　　　封面设计：王 伟

书　名	日本文化的多视角探究 RIBEN WENHUA DE DUOSHIJIAO TANJIU
作　者	孙雄燕　著
出版发行	中国水利水电出版社 （北京市海淀区玉渊潭南路1号D座　100038） 网址：www. waterpub. com. cn E-mail：mchannel@ 263. net（万水） 　　　　sales@ mwr. gov. cn 电话：(010)68545888（营销中心）、82562819（万水）
经　售	全国各地新华书店和相关出版物销售网点
排　版	北京万水电子信息有限公司
印　刷	天津光之彩印刷有限公司
规　格	170mm×240mm　　16 开本　　14.5 印张　　256 千字
版　次	2018年5月第1版　　2022年9月第2次印刷
印　数	2001-3001册
定　价	58.00 元

Preface **前　言**

　　世界上任何一个民族的文化都不可能一成不变，随着历史发展以及社会的进步，文化总是在自我更新中不断完善，并最终形成具有本民族特色的文化。与其他民族的文化相比，日本文化的动态性非常明显，它吸收其他国家的优秀文化，在与外来文化的碰撞与融合中实现自身文化的发展，并且在这种"碰撞—交织—融合—重塑"的动态中不断进行文化的自省。因此，越来越多的学者认为，日本文化可以被界定为"全面摄取型文化"，这种摄取型的文化让日本文化的内涵更加丰富，也为日本文化的研究提供了多样的角度。

　　日本之所以吸收与借鉴其他民族的文化，与其自身文化形成受多种因素的影响有关。首先，日本所处的自然环境非常恶劣，日本是一个岛国，身处环太平洋地震带，从古至今都经受着严苛的自然环境考验，这使得日本人的生存都面临着困境，更不要说发展自己的文化了，于是借鉴与吸收优秀的大唐文化，就成为日本形成自身文化的前提。其次，日本人在价值观方面存在一定的偏差，他们将从中国儒家思想中吸取的"忠、孝、义理、仁"作为一个人的绝对义务，这虽然在一定程度上造就了日本社会的稳定与繁荣，但是也让日本人吃尽了苦头，比如，由于对天皇的愚忠在二战时期给世界人民带来了难以忘却的苦难。

　　日本文化自觉地吸收性使得在其文化体系中很容易就找到世界上其他文化的身影，不过，日本文化的两大来源，主要就是中国文化与西方文化。中国是日本的近邻，自古以来，两国在文化方面的交流一直未曾中断过，丰富而又灿烂的中国文化在日本历史进程以及文化发展过程中扮演着重要角色。日本向来就是一个善于学习的国家，它不仅吸收了中国优秀的文化，而且，它还在"明治维新"时期借鉴了大量西方的文化，这无疑给日本文化增添了新的内容，同时也在一定程度上促进了日本在近现代的崛起。

中日关系近来受到一定的挑战，但是，双方的文化交流并没有中断，无论是民间团体组织的文化交流活动还是研究界对于双方文化的研究，都显示出中日在文化领域彼此做出的努力。在中国的文化研究界，日本文化是一个热点领域，不仅是因为日本是中国一衣带水的邻国，同时也是因为其文化的多样性本身就是一个可待挖掘的"宝地"。

对于日本文化的研究，开辟了多种研究的渠道，同时也取得了许多研究成果，但对于日本文化研究进行系统性整理的著作却为数不多，本书着眼于这种研究需求，从多重视角出发，对日本文化中的重点文化进行了系统的探究。首先，本书对日本文化形成的地貌、地形、气候及资源基础进行了介绍，并在此基础上详细分析了日本文化的起源与发展问题，揭示出日本化的特征。其次，本书还分别对日本的社会特色文化、艺术商业文化以及"龙"文化进行了具体论述，这让读者对日本文化有了比较明确的认知。再者，日本文化在吸收其他文化的基础上发展出了具有日本特色的文化，比如"哀"文化、"娇宠"文化、"耻"文化等，本书都一一进行了剖析。最后，日本文化与中国文化的关系密切，不仅中国文化深深影响着日本文化，同时，日本文化也反作用于中国文化，本书就从文学的角度论证了这一点。

日本文化正是因为吸收了世界其他民族的优秀文化，才使其内涵格外丰富，单一领域中的文化研究不能展现日本文化的多样性，因此，作者从多种角度探究，向读者展现了多样的日本文化。由于作者水平有限，书中可能会存在一些不当之处，恳请各位专家学者批评指正。

作者

2018 年 3 月

Contents 目 录

前言

第一章　日本文化概述 ··· 1

　第一节　日本地形地貌、气候及资源分析 ···················· 1

　第二节　日本文化起源与发展 ································· 7

　第三节　日本文化特征 ··· 9

第二章　日本的社会特色文化 ································· 16

　第一节　日本礼节与着装文化 ································· 16

　第二节　日本饮食文化 ··· 23

　第三节　日本稻作文化 ··· 29

　第四节　日本家庭与社会文化 ································· 33

　第五节　日本文化遗产与旅游文化 ···················· 37

　第六节　日本冠婚葬祭文化 ································· 46

第三章　日本的艺术商业文化 ································· 52

　第一节　日本建筑文化 ··· 52

　第二节　日本商业文化 ··· 56

　第三节　日本艺术与体育文化 ································· 61

第四章　日本的"龙"文化 ································· 74

　第一节　日本农业社会中的龙文化 ···················· 74

　第二节　龙文化在中国的象征意义 ···················· 79

　第三节　中国龙文化与日本龙文化的融合 ············· 84

　第四节　中国龙文化在日本的传承与创造 ············· 89

第五章　日本文化的"哀"因素 ……………………………………… 95
　　第一节　日本文化中"哀"因素的起源分析 ………………………… 95
　　第二节　日本动漫作品中的物哀情结 ……………………………… 99
　　第三节　"哀"因素的文化内涵及其与日本文化的相互作用 ……… 106

第六章　日本的"娇宠""耻"与"义理人情" ……………………… 114
　　第一节　日本的"娇宠"文化 ……………………………………… 114
　　第二节　日本人的"耻"与"义理人情" ………………………… 123

第七章　日本文化中的简素与崇物 ………………………………… 139
　　第一节　日本文化与简素精神 ……………………………………… 139
　　第二节　日本崇物精神 ……………………………………………… 146

第八章　日本文化与经济 …………………………………………… 157
　　第一节　文化的经济功能及其与经济发展的关系 ………………… 157
　　第二节　日本企业文化在企业经营中的体现 ……………………… 162
　　第三节　日本文化产业发展概述 …………………………………… 167
　　第四节　日本文化对经济发展的推动作用 ………………………… 172

第九章　日本文化与外交 …………………………………………… 176
　　第一节　文化与外交的关系及互动影响 …………………………… 176
　　第二节　日本政治文化特点与内容 ………………………………… 182
　　第三节　冷战后的日本文化外交 …………………………………… 186
　　第四节　日本文化外交对中国的启示 ……………………………… 191

第十章　日本文化因素与中国作家 ………………………………… 200
　　第一节　张爱玲作品中的日本文化元素及其日本文化观 ………… 200
　　第二节　鲁迅留日期间的人际交往与文化活动 …………………… 207
　　第三节　郭沫若剧作中的日本文化因素 …………………………… 213

参考文献 ……………………………………………………………… 223

第一章　日本文化概述

毋庸置疑，日本文化在日本现代化进程中起着不容忽视的推动作用，甚至连西方发达国家对日本文化在日本现代化中所产生的内在驱动力也深表望尘莫及。那么，什么是日本文化？日本文化的本质内涵到底是什么？本章即从日本的地理概貌讲起，进而对日本文化的起源与发展、日本文化的特征展开详细分析。

第一节　日本地形地貌、气候及资源分析

一、地形地貌

（一）国土概貌

1. 地理位置

众所周知，日本是一个岛国，之所以这样说，是因为日本不像中国这样有着广阔的陆地面积和众多的陆上邻国，而是一个四周被海洋环绕的国家。岛国之称并非浪得虚名，整个日本由近四千个岛屿组成，其中既包括享誉世界的北海道、本州岛、四国和九州四大岛屿，还包括3900多个小岛。从全球范围来看，日本处于亚洲东部、太平洋西侧；从相对位置来看，日本与美国遥遥相望，同时还与中国、朝鲜、俄罗斯隔海相邻。这样的地理位置不但影响甚至决定着日本整个国家的发展战略和计划。于文化发展而言，日本从来都不是保守的，日本善于借助地理位置的优势，对其他民族的文化进行吸收和采纳，其中既包括优秀的大陆文化，也涵盖了先进的海洋文化，日本人在坚守本民族文化的基础上，积极创造出了独具特色的融合性文化。于军事建设而言，日本有着得天独厚的优越性，这是因为其地处中、朝、俄三国结合部的正面，成为东北

亚通往太平洋的门户，不得不说，这样的地理位置大大促进了日本军事的发展。加之日本工业发展一直处于较为优越的行列，军事基地的设施建设也非常好，这就进一步奠定了日本在全球的领先地位。

2. 国土利用

日本国土面积的约三分之二为森林所覆盖，可利用土地面积（除森林、荒地、湖泊、河流等以外的面积）仅占全国领土的五分之一。从其被利用的形态来看，农用地无疑是最多的，占到了12.5%，住宅用地及工业用地次之，为4.9%，道路占地排在了第三位，约3.5%。另一方面，日本近几年的土地用途转换面积也是居高不下，平均在45000km²上下，且其中的绝大多数属于被"城市化"的部分，占到了近80%。从日本国土利用状况的演变过程可以看出，耕地面积自1962年以来持续减少，工业用地和住宅用地的比例则稳中有升，也因此进一步刺激了大量农林用地的功能转换。

（二）地形地貌特点

1. 多山地

山地是十分重要的地形地貌之一，正是有了山地的存在，地球才会变得凹凸有致，充满值得被探索的魅力。但事实上，山地的形成并不容易，这在很大程度上取决于地心运动和地表河川的强力侵蚀，只有当这两种作用同时发生时，新的地形才会产生。其中一个典型的例子便是日本有名的"阿尔卑斯"。或许很多人并不知道日本阿尔卑斯的实质，但它绝非人们想象中的那样神秘。简单来说，日本阿尔卑斯就是一些高山峻岭，其位置处于本州岛的中部，并且由多条山脉共同构成，包括飞騨、木曽、赤石。本州岛中部是一个重要的山地区域，可以说，这片区域几乎涵盖了日本所有屈指可数的高山。至于丘陵地带，它的分布也有着自身独特的特点，即大多产生于大规模的平原周边。当然，某些丘陵的分布也有例外，我们在某些半岛地区也能看到较为发达的丘陵地带，如三浦半岛、房总半岛等。除此之外，高原也是日本地形的重要组成部分，这种地形为日本带来了不容小觑的经济利益，这是因为日本的许多高原已经被打造成为观光胜地，优厚的先天资源，加上人们后期合理的开发，这些高原逐渐成为日本国民心中的避暑天堂和滑雪胜地。

2. 多火山

有活火山富士山，其在1707年曾经喷发过；有世界上最大的火山口，环火山口步行一周需要一小时。日本全境有270余座火山，80座左右为活火山。日本国土面积约占世界总面积的1/360，火山则占到了1/10。所以日本被称为"火山之国"。

3. 多地震

日本全国每年有感地震约 1500 次，平均每天 4 次。日本历史上最大的地震有 1923 年的关东大地震，震级 7.9 级，死亡达 10 万多人，近 30 万座建筑化为瓦砾和灰烬。1995 年的阪神大地震，震级 7.3 级，有 5000 多人丧生，10 万多座建筑物倒塌。2011 年 3 月 11 日，日本当地时间 14 时 46 分，日本东北部海域发生里氏 9.0 级地震并引发海啸，这次地震造成日本福岛第一核电站 1 ~4 号机组发生核泄漏事故。4 月 1 日，日本内阁会议决定将此次地震称为"东日本大地震"，截至当地时间 4 月 12 日 19 时，经确认，此次地震及其引发的海啸已造成 13232 人死亡、14554 人失踪。

4. 多温泉

日本有大小温泉约 1200 处，箱根、别府是著名的温泉旅游胜地。其中 90℃ 以上的温泉有 100 多处。根据日本温泉协会统计：2008 年日本全国 47 个都道府县共有温泉地 3133 个，泉眼 28033 个，已利用 18871 个，占 67.3%；泉眼中 25℃ 以下的有 4062 个，25℃ ~ 42℃ 的有 6741 个，42℃ 以上的有 13226 个。

5. 多河流

河川多，水量丰富；但多短而急，有利于发电、灌溉，而不利于航行。最长河流为信浓川，长 367 公里。流域面积最大的是利根川，流域面积 16842 平方公里，发源于群马县，流经关东平原，最后注入太平洋。流域面积 1500 平方公里以上的河流有 44 条。

6. 海岸线曲折绵长

日本海岸线长约 33889 公里。特别是临太平洋一侧海岸曲折，多天然良港，横滨、名古屋、大阪等都是日本著名港口。海域面积 31 万平方公里。

二、气候

(一) 四季分明

气候是一个地区和国家发展的重要影响因素，适宜的气候会让国民生活的幸福程度提高，而恶劣的气候往往会成为国民生活的灾难。总体来说，日本属于海洋性季风气候，这种气候最大的特点是四季分明、温和湿润，这样的气候已经能在很大程度上满足日本国民生产和发展的需要。但是，由于日本特殊的地形——狭长的弓状，导致其国土横跨几个气候带，包括亚热带、温带和寒温带，这种跨越性虽然不会给处于中间地带的地区带来负面影响，但是对处于南北两端的地区来说，却饱受着某些不利因素的影响。其中最为鲜明的体现就是，南北温差巨大。当冬天来临的时候，处于北端的北海道被严寒覆盖，处于南端的冲绳岛却是鸟语花香，而位置居中的东京仍然保持不冷不热的天气状态。除此之外，日本列岛的降水量十分丰沛是不容忽视的事实，这对日本水利产业的发展也起到了不小的推动作用。之所以说四季分明是日本气候最大的特点，是因为：四五月份人们可以欣赏到万树翠绿、樱花吐艳的欣欣向荣的景象；六七月份全国大部分地区进入梅雨季节，人们可以尽情观赏雨中的岛国美景；夏秋之交就不是一个观赏风景的好时候了，这时的南部沿海经常会遭到台风的侵袭；到了冬天，日本的雪景便成为许多游客竞争相观赏的风景，尤其是降雪丰沛的北海道和本州日本海沿岸。

（二）类型多样

1. 鄂霍茨克型
仅限于面向鄂霍茨克海的北海道东北部地区，这里每年 12 月至翌年 3 月的月平均气温都在 0℃以下，而年总降水量大多不足 1000 毫米。

2. 东北·北海道型
只有每年 1、2 两月的平均气温在 0℃以下。9 月的雨量最多，而冬季降雪量也维持在 100 毫米以上。

3. 北陆·山阴型
全年平均气温都在 0℃以上。由于这里冬季多降雪，所以一年当中降水最多的时段集中在了 12 月和 1 月。

4. 九州型
北九州的少数地区也带有类似于日本海型的气候特点，但就其总体而言，九州岛还是自成一区的。6 月是这个地域一年中雨量最多的时期。

5. 南海型
专属于从四国岛至房总南部（即千叶县的南半部）的太平洋沿岸地区。全年雨量充沛，年降水量达 2500 毫米左右，其中尤以 6 月和 9 月最为集中。

6. 濑户内型
因为气候温暖，多晴天，所以全年雨量较少，不及南海型地区的一半。

7. 东部北海道型
虽然这里确实是位于太平洋的沿岸地区，但冬季还是严寒刺骨。一年中雨量最多的 9 月也只有 140 毫米，其他月份中除 8 月外均不足 100 毫米。

8. 三陆·常磐型
本州岛的太平洋沿岸地区中，这里的气温最低，甚至不及与它同纬度的沿日本海一侧地带。9 月降水量最多，2 月则最少。

9. 东海·关东型

由于这里地处日本列岛自东西向转为南北向的拐角部分，因此，天气构造比较复杂。

10. 中央高原型

可以说这是日本列岛上的唯一一块内陆区域，带有典型的内陆性气候特点，全年温差十分明显。

11. 南日本型

大致范围在整个琉球群岛区域。这里属亚热带气候，夏季炎热冬季温暖。降雨量大。夏季常受台风吹袭。

三、资源

（一）地下资源

地下资源是一个国家资源的重要构成部分，丰富的地下资源就像一个宝库一样为国家的发展提供动力。日本并不算是地下资源丰富的国家，其资源主要包括煤、金、石灰石、铜、石油、锌、硫磺、锡、铁、铅等。事实上，日本的岛国性质在一定程度上限制了其地下资源的种类，造成日本仅在石灰石、硫磺、煤等资源的占有量中值得一提的景象，而其他大部分国民产业的支撑性资源则需要大量进口。虽然日本具有一定数量的煤矿资源，但是由于这些资源的一半都处于北海道，而北海道由于地形特征复杂并不适合大量的煤矿开采，最终造成了日本煤炭自给率十分低的局面。也就是说，即便是日本不太缺少的煤矿资源，仍然需要大量进口才能平衡国内的煤矿需求。

石油资源也是日本地下资源的短板，日本石油产量十分少。随着国内石油需求量的不断扩大，日本几个主要的油田也被发掘出来，这些油田主要分布在北海道、秋田县、山形县和新潟县。日本工业发展的速度一直是世界领先的，尤其是战后，日本更是以飞速的姿态引领整个世界的工业发展，与这种状态相适应的必然是巨大数量的石油供应。但是，日本自身并没有能力提供如此大量的石油，只能 99% 的依赖进口。铁和铜作为重要的地下资源，日本却需要90%以上靠进口，这是因为：一方面日本的铁矿资源很少，只能依赖进口；另一方面虽然其铜矿资源丰富，但由于某些历史原因也几乎消耗殆尽。除此之外，一些支撑工业发展的其他资源，日本的自给程度也不是太高，只能依靠进口。

（二）水力资源

水力资源的蕴藏量与一个国家的河流、地形等因素密不可分，这是因为水力资源最大的利用途径是发电，而要想成功发电必须借助河流落差所产生的巨大能量。很长时间以来，水力发电一直是日本使用频率最高的一种发电方式，这种发电方式也确实对日本的能源供应起到过非同小可的推动作用。但历史的车轮是不断前进的，这种大力借助水力资源发电的状态随着能源革命的推进发生了颠覆性的变化，即水力发电的比例大幅下降，甚至于 1970 年后，其在电力总量的比重中不足两成，取而代之的便是火力发电。不得不说，火力发电也经历了一段黄金时间。然而，这种发电方式还是没有被继续发扬下去，而是伴随着日本政府鼓励开发多样化能源的政策逐渐消声。20 世纪 80 年代后，水力发电再一次迎来了春天，即被当作重要的发电方式大力推广使用。日本政府十分重视对水力发电站的建设，截至 2000 年底，已经开发投产的水力发电站有 1818 处，这个数字对于当时能源发展的状况来说，已经十分惊人了。随着时间的推移，日本对水力发电的热情并未消退，日本政府也在不断发掘新的潜在的水力发电地带，在这样的高度重视之下，日本水力发电的未来必定更加光明。

（三）核能资源

截至 2008 年 6 月，日本拥有 18 所核能发电站、55 座反应堆，总发电量为 4958 万千瓦，占总发电量 27.5%，居世界第三位。由于福岛第一核电站在 2011 年 3 月 11 日里氏 9.0 级特大地震中受损并发生严重事故，核电站的安全性在日本乃至全球都受到高度关注。2012 年 5 月，日本的 50 座商用反应堆全部处于停运状态。2012 年 6 月，位于福井县的大饭核电站的 3 号和 4 号机组宣布重启，并于 7 月正式实施，从而终结日本短暂的"零核电"状态。

（四）森林资源

日本有着丰富的森林资源，这一点在全世界范围内都是享有盛名的。日本是一个森林覆盖率极高的国家，即便其国土面积本身就十分有限，但我们仍然能在有限的陆地面积中发现近三分之二的森林覆盖。日本之所以森林资源如此丰富，一方面源于其温和的气候和丰沛的降水量，这种环境对树木的生长十分有利；另一方面由于其气候带跨度大，森林资源的类型丰富，从亚寒带的针叶树林到亚热带常绿乔木应有尽有。

日本的森林按其所有权来看，可分为国有林、公有林和私有林三类。其中国有、公有林约占 43%，私有林则占到了过半数的 55%。用于纸浆、木材加工等产业活动的大都是国有、公有林，或属于某个造纸企业、个人的大面积私有林，在这里从采伐到运输的整套工序都采用自动化程度较高的机械操作。而真正意义上的私有林所有者约有 260 万户，他们所拥有的绝大多数都是面积不足 1 公顷的小面积山林。

日本国内的木材需求是在第二次世界大战期间的 20 世纪 40 年代中期开始明显增大的，直至 20 世纪 60 年代的二十年间，大量树木被采伐。众所周知，植物树木自有其生长周期，从一棵树苗到可用之材最少需要 40 年的栽培养护，仅靠国产木材很快就难以满足生产活动的庞大需求。于是，海外木材的进口量迅速上升，从 1960 年仅占日本木材消费总量的不足 12% 跃至了 1970 年的近半数（49%）。自 1972 年日本进口木材数量首次超过国产木材后，日本木材的自给率便再也未能反盘，重导主流。

（五）生物资源

日本地理跨度大，地势起伏，岛屿众多，有利于生物多样性，是世界上植物种类最丰富的国家之一。1999 年统计显示，野生植物种类 31800 余种，其中有较高经济价值的植物有 1500 多种；动物种类约 36900 余种，目前体型大的野生动物只有熊、狼、野猪和鹿等。

第二节　日本文化起源与发展

探求日本文化的起源与发展必然要从日本整个历史进程中窥探，众所周知，日本的历史源头与石器有着密不可分的关系，因此，伴随着石器的出现，日本便开始进入石器时代，即绳文时代。随着考古事业的不断推进，绳文时代中的陶器逐渐被挖掘出来，这些陶器的最大特点便是表面有着十分鲜明的草绳模样，并且花纹也十分丰富。不难看出，绳文时代的陶器工艺已经比较发达了。但是，对于兼容并包的日本人来说，吸收其他地区的先进文化是十分好的选择，可当时的日本却没有学习到欧亚大陆的先进文化，而这也是因为其岛国这一较为特殊的地理位置。虽然此时的日本已经处于新石器时代，但仍然受制于落后的生产力和生产方式，过着群居坚穴、捕鱼狩猎的生活。从社会发展阶段来看，当时的日本滞留在母系氏族公社阶段。

大约在公元前 2 世纪至公元 3 世纪，日本历史进入弥生时代。考古学家在东京都文京区弥生街挖掘出不同绳文陶器的新式陶器，史称弥生陶器。弥生陶器器形简单，花纹也不繁杂，与绳文陶器迥然不同，反映出一种新的审美情趣。一般认为，弥生陶器是从海外输入的，即可能是从大陆迁入的民族带去了新的弥生文化。新的文化虽然战胜原有的绳文文化而成为日本文化的主流，但外来人终被原著居民所同化，日本民族并未因之而断续。弥生时代的生产力有了很大的提高，这是因为先进的大陆文明经由朝鲜半岛传到了日本，促使日本很快进入以稻作农耕经济为主的农耕社会，石器时代进入了铁器时代。弥生人从事农耕，种植粮食，共同劳动逐渐形成大的村落，父系社会制度取代了母系制度，阶级差别、政治支配关系也逐渐形成。当时，自然崇拜和巫术迷信依然支配着人们的精神生活，特别是农耕祭祀活动盛行，成为弥生文化的一大特征。

弥生文化的承接者是古坟文化。很多人认为，古坟文化充满了神秘色彩，其实不然，古坟文化的象征物或者代表物就是高冢古坟。从公元3、4世纪到6、7世纪，日本的文化有了进一步发展，而建造古坟就是这一时代最大的文化特征，因此这一时代被称为古坟时代。古坟的建造与装饰并非易事，首先就需要有大量的劳动力，因此当时很多地位低微的日本人都投入到古坟的建造中，其次坟内的陪葬品也较为珍贵，多为当时的精致工艺品。这样声势浩大又劳民伤财的古坟建造工程，无非就是为了显示死者生前高贵的身份地位，这在某种程度上也说明当时强大的专制集权已经形成，以畿内为中心的大和国终于在5世纪初统一了日本。这一时期还有一个鲜明的特征，即大陆文明开始被日本大量的输入并借鉴，这些先进的文化不仅包括物质方面的，更包括许多精神层面的，如中国儒家经典传入日本。这种择优而选的文化吸收，进一步推动了日本文明的进步和发展。

在9世纪开始的飞鸟、奈良、平安时代，日本主动与隋唐建立密切联系，积极摄取隋唐文化精髓，有力推动了日本文化的发展，佛教成为国教，但这个时期的日本文化已明显独立于中国文化。12世纪，封建贵族的社会势力加强，天皇失去了绝对权力，出现了新的政治结构——幕藩制。这一时期的日本以武士文化为特色。相较于贵族文化，武士文化包含了许多新的大众文化因素。武士文学、禅宗的流行都是这一时期日本文化的新特点。16世纪，朱子学取得独尊的地位，被确定为"官学"，为统治阶级服务。江户时代历时260余年，政治稳定、经济繁荣，日本社会自身的思想文化也得以繁盛和发展。

历史的车辙在经过19世纪时发生了深刻的变化，这一时期的日本发起了在整个世界史中都十分浓墨重彩的明治维新。从发起原因上看，这场规模巨大的改革并不是日本自愿的，而是在西方列强主导的资本主义扩张中被迫进行的。需要注意的是，虽然改革发起的最初原因是外力推动，但这并不能掩盖这场改革的实质主导力量，即日本自身。从性质上看，明治维新与奈良时期日本对中国文化的大规模学习十分相似，都是旨在学习其他地区的先进文化，明治维新就是日本大规模学习西方的一次革命。可以说，经过明治维新改革的日本已经脱胎换骨，不但走上了工业化道路，更开启了近代化的进程。这便是20世纪日本最大的成就。

第三节　日本文化特征

一、开放性

（一）日本文化开放性的表现

1. 吸取外来文化的主导特性

日本总是学习世界范围内最先进的文化。公元5、6世纪，中国是当时古代亚洲大陆的文明中心，同时也是世界文明的中心地。当时的日本向中国的隋唐派遣了大批遣唐使，学时中国先进的生产方式和政治制度；公元18—19世纪日本从欧洲大陆输入了近代思想和近代产业经济制度；第二次世界大战后，美国作为世界近代文明的代表国，成为世界各国学习的榜样，日本也向当时的美国学习了议会民主制度和管理科学，并输入了美式生活风潮。

2. 吸取外来文化的选择性

日本对外来文化的吸收绝不是全盘的，也不是盲目的，而是在坚持本民族文化的基础上学习世界上的先进文化。同时，虽然世界上的先进文化很多，但并不是所有的都适合日本，那些不适合日本发展的先进文化，日本同样不会学习。也就是说，日本在吸取外来文化时，十分注重与自身的契合性。

3. 吸取外来文化的融合性

日本对于外来文化的吸收并非机械性的，而是显示了强大的融合性。例如，日本假名的产生就是在汉字草书以及汉字正楷的基础上改造的，同时日本还通过汉字的造字法，创造了很多中国没有的汉字。

4. 固有文化保守性

很多起源于中国，但由于战事纷争失传的中国文化在日本却得到了很好的保存。比如，日本三月三日的女儿节、夏季的盂兰盆节等都起源于中国。另外，花道、茶道、宫廷音乐等也被日本完好地保存下来。

（二）日本文化开放性的成因

1. 日本文明的周边性

日本文明的发展在很大程度上受制于其地理位置，因为它不像中国和印度那样处于亚洲的文明中心，而是以一个孤岛的姿态屹立于海洋之中，这就造成了日本的文明周边国的特性。可以说，日本文明在很长一段时间内是处于弱势的，这种状态一方面阻碍了日本综合国力的提升，另一方面也为以中国文化为代表的先进文化的涌入创造了条件。当然，日本对其他地区先进文化的吸收不仅局限在亚洲，更包括资本主义发达地区，如西欧。

2. 在民族性格形成期具有大规模吸收外来文化的深刻体验

在日本岛上缓慢发展的本土文化绳文文化自生自长长达 8000 年。但是到公元前 3 世纪时，大陆上的种稻民族携带金属器具登上列岛，使日本一举进入水田农耕阶段，进入弥生文化时期。绳文文化与弥生文化的“混血”使日本民族得以形成，又由于列岛上发生的这次飞跃是由外来文化的传入激起的，给日本民族性格形成期的日本以深刻的体验和重大的影响。每次外来文化的引进都意味着可以享受到更好的物质与精神财富。久而久之，对外来文化怀有好奇与喜爱就成为日本民族性格的一个构成部分了。

3. 多元并存的思维方式

日本人思维方式的形成可以追溯到日本人种的产生之时，之所以这样说，是因为日本人是由南北不同的人种混血而成的。既然人种的组成并不是单一的，那么思维方式的多元也就是顺理成章的事情了。由于日本人思维方式的多元性，日本人并不排斥与自己相异的文化，甚至积极学习和吸收那些有利于自身发展的文化，这也体现出了日本文化的包容性和复杂性。

（三）外来语与日本文化的开放性

外来语是指在日语借用语当中，来源于外国语言的那一部分词汇。主要是从西方各个语种吸收而来，所以也叫作洋语。另外，因为大部分是使用片假名来表示的，所以也称为片假名语。

日语外来语的历史可以划分为四个时期，即中世末期、江户时期、明治维新时期、第二次世界大战结束后。第一，中世末期。当时的日本对外来语的吸收主要集中在葡萄牙语上，日本在合乎自己使用习惯的基础上吸收了某些葡萄牙语，甚至改造了一些经过演变的葡萄牙语。第二，江户时期。该时期日本的外来语主要是从荷兰语中吸收的，这种语言的吸收状况与当时日本的国家发展政策紧密相关。江户时期的日本实行锁国政策，日本政府切断了与除荷兰以外的其他国家的所有贸易往来，因此，日本外来语的吸收也只能是荷兰语。第三，明治维新时期。明治维新是日本的一次规模巨大的改革，这次改革中日本做出的最大变化就是积极学习世界上的先进文化、技术等，外来语在这一时期的吸收也十分广泛。从语言种类上看，日本吸收了德语、法语以及意大利语；从所吸收的外来语的应用上看，德语外来语主要应用于医学和哲学领域，法语外来语主要应用于服饰、艺术领域。第四，第二次世界大战结束后。第二次世界大战是对日本有着极大影响的一次战争，战后，日本对外来语的吸收主要为英语，这一状态一直延续了很长时间，导致日本的外来语中很大一部分都是英语。

二、本土化

（一）文化本土化的含义及其重要性

文化是指一个民族、一个时期或一个团体通过历史凝聚而成的比较稳定的独特的生存方式，现代文化是当今社会正在实行的或正在追求的一种生存方式。在现代生活中，某一地区、某一国家、某一共同体的人们因其共同生活、共同行动、使用同样的语言、具有相似的情感、遵循共同的规则、信奉相同的价值观、积累了共同的经验，从而形成了各具特色的本土文化。文化本土化就是这些具有相同生活方式的人坚信自己的生存方式，维护他们的文化，为了共同的利益采取比较一致的行动，以此避免其他文化的威胁，保持本土文化的存在。

（二）日本文化本土化的表现

如果把日本文化看作是外来文化的"舶来品"或者是各种外来文化的混合物、"大杂烩"，那就太过于简单化了。在世界各民族中，确实没有哪个民族能比日本更大量、更持久地接受外来文化。可以断言，日本文明的发展就是不断吸收与融合外来文明的历史（为此有人将日本文明称作是一种搅拌机式的文明）。然而，日本即使对于基本可取的外来文化，也决不是原封不动地简单地"拿来"并加以接受，而是先借用它"然后同化它，使其变形，继之在此基础上创造出新的独自的制度和文化特质"[①]。美国的日本史学家埃德温·赖肖尔曾说过："日本人的突出之处，与其说是模仿性，勿宁说是其独特性以

---

① ［美］埃德温·赖肖尔. 近代日本新观［M］. 北京：三联书店，1992.

及他们在学习和应用外国经验时不失自己文化特征的才能"①。

日本对于中国文化的痕迹吸收与引进有着悠久的历史，从 6 世纪到 19 世纪我们都能窥探到其中的学习身影。细细划分，日本对中国文化的摄取主要有三次高潮，即唐、宋元和明清。从这三次的摄取中，日本对中国先进文化的吸收可谓面面俱到。但是，这并不意味着日本对中国先进文化的吸收是毫无选择性的，日本依然坚持择善而从的文化吸收策略，这样的例子不胜枚举。于政治制度而言，日本曾经效仿过中国建立中央集权制，因为日本认为这一制度是符合当时日本社会发展的。而对于其中的宦官制度和科举制度，日本却没有一味地效仿，而是当机立断地选择摈弃，这是因为在日本社会中，等级制度是根植在每个人观念中不可动摇的制度，宦官制度和科举制度并不符合这种等级制度的发展。日本对于中国儒学的吸收和借鉴也体现出了鲜明的选择性。在中国传统儒学中，"仁"是核心思想，但是日本在摄取过程中却将"忠"视为思想精髓，这便是日本根据其民族文化做出的选择。对于"忠"的理解，两国也是不一样的，"在中国，忠诚意味着对自我良心的真诚。而在日本，虽然它也在同样的意义上被使用，但它准确的意义基本上是一种旨在完全献身于自己领主的真诚"②。因此，中日两国的儒学存在着重大的差别，那就是"中国的儒教无论怎么说都是人道主义的，而日本的儒教显然是民族主义的"③。这样，我们便可以理解，为什么日本的儒教显得比中国有着更多的集体主义精神。

三、群体性

群体文化的特征就是强调群体意识、群体功能、群体效应，推崇群体圣化，个体归属群体，重视群体序列，讲究群体和谐，倡导群体协调与竞争相统一。总体来说，群体意识遵循以下三条基本原则。

（一）群体"圣化"原则

在日本文化中，群体的地位是至高无上的，这种地位的直接来源与日本人信奉的神有关，在日本人心中，群体是由神造的，因此日本人在行事中必须时时刻刻以群体利益为重。个体与群体在日本文化中并不具有对等的地位，不管是群体意志还是群体利益都一定高于个人意志、个人利益，当个人意志、利益与群体意志和利益发生冲突时，个人一定要充分捍卫群体的尊严，极力促成群

---

① ［美］埃德温·赖肖尔. 日本人［M］. 上海：上海译文出版社，1986.
② ［日］森岛通夫. 日本为什么成功［M］. 成都：四川人民出版社，1986.
③ 同上。

体利益的实现，时刻保持个人与群体的和谐与统一。除此之外，个人还必须要依附于群体，不得有任何割裂或脱离群体的想法，这种观念在日本人对天皇的效忠上便有淋漓尽致的体现。

（二）群体序列原则

既然把人作为一个整体对象来认同，那么，这样的群体就应该是一个稳定的"有序体"，如同天上的"神星"、空中的"神鸟"、地上的"神木"一样。而神的排列是有序的，固定不变的，这就是所谓神的"等级序列"。群体是至圣的，排列是有序的，作为群体中的个体应该而且必须服从有序的群体，这就是群体序列原则。这个序列原则表现在人的行为规范上，就是一种道德准则，"圣""俗"准则。人有圣有俗，有尊有卑，社会有等级，竞越等级，就是违反做人的道德原则。反之，保持这个序列，遵守群体序列原则，才能保持群体的和谐与统一，保持群体的"圣化"。

（三）群体内部的协同原则

强调群体的"圣化"原则，并不是说个体的利益得不到任何保障，个体与群体最佳的相处方式是，个体忠于群体，群体护卫个体，个体与群体实现内部的协同。序列与协同从本质上看，既相互对立，又互为补充，序列强调群体内的上下级关系，要求上级对下级体谅，下级对上级遵从，协同则强调群体内部成员的协调与关照。

总而言之，群体性的三个原则相辅相成，共同构成日本文化的群体性特征。"圣化"原则是群体意识的核心，个体只有遵从这样的原则，才能推动群体的发展，进而让群体更好的护卫个体；序列原则则强调个体与群体的上下关系，只有厘清这种关系，事物的发展方向才是正确的；协同原则强调横向关系的平衡，只有群体内部关系达到和谐统一，群体才能变得更强大。

四、主体性

（一）文化主体性的内涵

广义的主体性是指人类在改造世界的实践过程中表现出来的自主、能动的地位和特征。学术界对民族文化主体性的研究来源于近代主体性思想的繁荣与发展。理论上来讲，不同民族的文化没有优劣之分，是彼此平等的，不存在主体和客体的区别，因此民族文化本身是没有主体性可言的。然而，近代主体性思想成为人类文化的主导思想以后，主体性概念被移植到文化领域，该思想主要探讨民族文化的本质、功能和意义，以及处理不同民族文化之间的关系。民族文化主体性的概念就这样被逐渐确立。

（二）日本文化主体性的表现

日本文化的主体性主要表现在日本文化的独自性方面。日本从古代就开始对外来文化进行大规模的吸收，引进外来的思想与文化，在这个基础之上创立了自己独特的思想与文化，并保存至今。例如，日本6世纪就引进了中国的佛教，到了江户时代，又受到寺请制度的影响，佛教成为与民众生活关系最为密切的宗教，几乎成为全民佛教徒的国家，影响力最终输于神道。根据平成十五年日本《宗教年鉴》的统计，日本佛教信徒人数9555万人，神道信徒则为10777万人。日本人最为重视的正月参拜、结婚仪式、出生参拜、七五三等活动几乎都在神社举行。

日本对于中国先进文化的学习古已有之，尤其是儒家的纲常伦理，日本始终对其抱有一颗崇敬的学习之心。基于这样的文化吸收性，仁义礼智信也毫无意外地成为日本人处理人际关系的指导思想。一个更为鲜明的例证就是，日本人对集团主义的重视，这便是由仁义礼智信的思想发展而来的。但是，日本文化的主体性也是不容忽视的，当代学者相良亨就从日本传统思想的角度对国民奉行的伦理观做出了解释。在他看来，日本文化中本来就包含着与儒家思想同质化的东西，如古代追求"清明心"，中世追求"正直之心"，近世则追求不欺不伪真实的"诚"。

五、耻感

广义上的耻感文化是大众注重廉耻的一种文化心态。生活在这种文化中的人们特别在乎别人怎么看、怎么说或者怎么评价自己。因而民众的行为会被诸多的外在因素和标准规范所制约。纵观整个亚洲地区，耻感文化不仅存在于日本文化之中，同时也是所有被儒家思想所影响的文化中的重要组成部分。作为儒家文化的起源之地，耻感文化在中国文化中也占有重要的地位，甚至从某种角度来讲，中国文化也是一种耻感文化。但是，日本耻感文化与中国的耻感文化在性质上有着巨大的差异。

经过长时间的发展，虽然耻感文化已经成为大部分人内心的道德要求，但是人们对耻感文化的恪守仍然需要某些固定的标准和规范进行约束。从这个角度来看，日本的耻感文化与中国的耻感文化还是有一定差异的。中国人向来"知耻"，但这并不是因为中国有哪条法律或者社会规范在对人们制约，中国人的这种耻感早已在五千年文明的进化过程中内化在心中。这意味着，每个中国人心中都有自己对道德的衡量和坚守，人们知道什么是对的，什么是可耻的。例如，每个中国人几乎都能在日常生活中做到尊老爱幼，但尊老爱幼从来不是法律中的一项明文规定，可是中国人却能由内心的耻感出发完成这一良好的行为。虽然，日本耻感文化中也有属于他们"知耻"的标准以及底线，但这个标准并非道德。日本人的道德体系相对于其他文化中的道德体系来说并没有"发育"完善。在他们的道德体系中并不存在明确的对于"善恶"的定义，并且他们认为由于人的本性所导致的行为不分绝对意义上的"善恶"，但对于日常生活中的很多细节却有着详细的规定。也就是说，对于日本人来说，"知耻"的标准以及底线并不是建立在精神上的约束，而是建立在对集体行为准则的完全遵循之上。

第二章　日本的社会特色文化

世界上每一个民族都有自己独特灿烂的文化，日本民族也不例外。日本的社会特色文化不仅是其民族不可缺少的精神瑰宝，更是其他民族研究整个日本文化的基础，本章即从礼节与着装、饮食、稻作、家庭与社会、文化遗产与旅游、冠婚葬祭六大方面对日本社会的特色文化展开探究。

第一节　日本礼节与着装文化

一、日本礼节文化

（一）基本礼仪——鞠躬礼

1. 鞠躬礼的起源

鞠躬，其本意是问候与弯腰低头鞠躬并举。在当今的社交礼仪中，鞠躬可表达问候、致谢、致歉或请求等多种含义。其初衷是通过避开视线，低下高贵的头，向对方表示没有敌意。

那么，将鞠躬作为礼仪是何时出现在日本的呢？据研究，在飞鸟奈良时代，日本在吸纳中国文物礼法制度进行"大化改新"的同时，制定出了不同身份的鞠躬规范，鞠躬礼由此形成。但当时在民众中鞠躬礼并未普及，仍以跪拜礼为主流。675年，天武天皇颁布跪拜礼禁令。仰仗强大的天皇权威，鞠躬礼才得以普及。延至千年之后的今天，鞠躬俨然已成为日本代表性的礼仪。

2. 鞠躬礼的种类

在日本，弯腰程度最轻的鞠躬方式称为"会释"，上身向前弯曲大约15度，是在走廊等狭窄的场地与人擦身而过时进行的一种简单的寒暄方式。

第二种是弯曲30度左右的鞠躬，日语称为"敬礼"，一般用于商务交往，经常用于招呼来客及出入会议室时。在日本，鞠躬被视为商务礼仪的基本项目，因此在新人培训等活动中都会进行有关正确鞠躬的礼仪的训练内容，这与国内的公司十分不同。日本式鞠躬的基本做法是：站直，保持端正的站姿；眼睛与对方相视；弯腰；起身。

所谓"先语后礼"，意思是说应当先说完"非常感谢"之类寒暄用语然后再鞠躬，但实际情况是，除了谢罪等特别情况外，日本人大多时候都是边鞠躬边说话。为了表达更强烈的敬意，日本人通常会鞠躬至45度左右。这在日语中被称为"最敬礼"，是在对诸如公司贸易方代表等非常重要的对象打招呼时使用的一种鞠躬礼，也适用于一些重要的委托、谢罪以及婚丧嫁娶等正式的仪式典礼上。在做最敬礼时，最重要的一点是手里不能拿着任何东西。

在对天皇等地位非常高的对象敬礼时则要鞠躬90度。此外，在合气道、剑道、空手道、柔道等日本传统武术中鞠躬也是必不可缺的。不仅比赛开始前后双方要互相鞠躬，在出入道场时也不能忘记鞠躬。由此可见，在日本鞠躬被用于生活中各种各样的场合。日本将鞠躬视为"武道"的精神表现，这也反应在茶道礼仪中。日本茶道作为日本特有的民族文化，同样与鞠躬有着密切的联系。茶道中，来宾入室后，宾主均要行鞠躬礼。茶道中的鞠躬礼有站式和跪式两种，根据弯腰程度可分为真、行、草三种。"真礼"用于主客之间，"行礼"用于客人之间，"草礼"用于说话前后。茶道进行过程中宾主会频繁相互鞠躬，以表达敬意，可以说"鞠躬"也是日本茶道推崇的"和敬清寂"精神的一种体现。

可见在日本，鞠躬礼无处不在。日本人从小就要接受鞠躬的教育，一代一代传承至今，鞠躬已经成为日本人生活的一部分，日本人将鞠躬视为一种生活习惯，一项日常礼仪的基本常识。

（二）商务礼仪

1. 商务礼仪的内涵

商务礼仪，主要是在商务活动开展过程当中所遵循的基本的礼仪规范和约定俗成的道德标准。商务礼仪主要包含以下几个方面内容。

首先，商务礼仪的语言要求。在商务礼仪体系中，语言扮演着极为重要的角色。商务活动不同于普通的交往活动，需要注重必要的严谨性和尊重。因此，在商务活动的开展过程当中，要不断的提升商务语言的严谨性，促进商务礼仪在语言层面和谐与严谨[①]。其次，商务礼仪的行为要求。在进行商务活动

---

① 张璋，宋波 . 日本商务礼仪教学刍议［J］. 考试周刊，2013（80）：93-94.

的过程当中，难免会进行与商务相关的活动。例如，会议的组织、谈判的进行、接待与应酬，等等。如何在商务礼仪基本的准则指导下，开展相应的商务活动是提升商务礼仪水平的关键所在。最后，礼仪道德要求。作为道德文化体系的重要体现，礼仪道德在很大层面上和道德文化体系有着很大的相似性，同时也具有自身的一些特点。所以，遵循商务礼仪道德标准要求是进行商务礼仪的应有之义①。

2. 日本商务礼仪的表现形式

（1）语言表现。

1）问候语。

问候是人际交往的第一步，对于学习日语的人来说，在语言学习的初始阶段便能体会到问候语的重要性。早、中、晚各时段、进入或离开办公室都要致以问候。而在商务礼节中，初次见面时，会固定的用："初次见面，请多多关照。"这样的寒暄语互相问候，以示友好。

2）敬语。

在日常生活以及商务接触中，为表示对对方的尊敬，日本人会频繁使用敬语，最简单的比如与山田先生或者山田女士见面时在对方的名字后面加上敬称"sang"。在商务交往中，日本人对于上司或者对方公司的职员代表会使用敬语，这体现着日本人对对方的尊重。

3）自谦语。

与敬语相对的自谦语，在商务交往的时候也会经常出现。在表示自己一方的时候，日本人会用自谦语来降低自己一方的姿态，让对方感到他们的友好和谦逊。日本人在社交活动中，爱用自谦语言，并善于贬己怡人。"请多关照""粗茶淡饭、照顾不周"等，是他们经常使用的客套话。日本人常用这样的语言，压低自己的身份，以视对对方的尊重，从而获得好感，跟对方进行友好的商务等方面的交往。

4）不说"不"。

注意日本人不喜欢当众否决别人的意见，所以即便是在商务礼节中，日本人一样不会使用"不"，但这并不表示日本人不拒绝人，只是在拒绝的时候，语言上不会直接用"不"来表示，有时用些别的委婉的话语来暗示对方拒绝的意思，有时是用一个不那么坚决和真诚的"是"来表示"不"的意思。

（2）行为表现。

1）鞠躬。

---

① 付雁华．寒暄用语和日本礼仪［J］．长春教育学院学报，2011（7）：40-41.

鞠躬是日本人见面打招呼的传统习惯，亦被认为是日本人的见面礼节，这延续了中国古老的见面习惯，但并不表示日本人在礼节方面不够先进，因为日本人也同样将西方的传统商务见面礼节握手融入其中。

2）交换名片。

首先，准备名片。都说名片是商务人士的"第二张脸"。所以在名片的设计、制作方面，大多数企业都希望能够通过这"第二张脸"来反映出企业的独特品位、产品特色，一下子吸引到客户的注意力，以此给对方留下深刻良好的印象。大多企业一般均采用固定的模板，比如公司名称的字体、企业 logo 的位置、颜色等，一般公司全体人员的名片都采用的是一样的设计版面，只是姓名、职位等内容不同而已。

其次，递出名片。递送名片的首要原则是地位低的人一般要主动将名片递给地位高的人。在交换名片时一般也是由地位低的一方先把自己的名片递给对方，而后地位高的接受者再回给地位低的人。如果是与多人交换名片时，一般遵循"由尊而卑、由近及远"的基本原则互换名片。在递送名片时有个小细节需要提醒，那就是名片上的字面一定要朝向接受者递出。这样接受者在接到名片后可以很顺利地读到名片上的内容，不用调转名片方向。这一点在日本的商务礼仪中是一个基本常识。另外，在递出名片时，应该用双手把自己的名片递到与对方视线同等的位置，以示郑重。

再次，接受名片。在接受名片时，日本的商务人士一般仍然是双手接纳，如果不方便用双手接取时用右手也可以。同时必须要注意的是接拿对方的名片时手指一定尽量不要碰到上面的字，并且拿到名片后要立即确认对方的姓名读音及工作单位、职务等基本信息。如果对方名片上的职务、头衔显赫，可以轻读出声，以显示钦佩和尊重之意。尤其是姓名的读音，因为日本人姓氏较多，发音复杂。对初次相识的人的姓名一定要确认读音，如果自以为是，第二次见面再读错的话，就是很失礼的行为了。接受他人的名片后，要有来有往，也就是说要立即回敬给对方自己的名片。假如没有名片，或者用完、没带名片的时候，都要及时向对方做出合理解释并致歉。不能毫无反应或装不知道似的离开。

最后，名片摆放和存放。名片交换只是在商务往来初期的第一步。在双方通过名片交换、寒暄之后，坐下来进行商务会谈时，那么刚刚被交换的名片该怎么处置呢？在很多实际的商务会谈案例中，司空见惯的是很多人把交换来的名片直接放到西装口袋或随身的公文包中。但正确的应该是在会谈开始时，按照对方的座次将名片依次排开在自己手边的办公桌上，一边会谈一边对照座次和桌子上的名片确认对方的身份、姓名等，依次来加强记忆。等到会谈结束之后，再将名片收起。

（3）时间观念。

在日本的商务礼仪中，时间观念，尤其是时间管理显得尤为的重要。这一点，日本和德国有着很大的相似之性。尤其是第二次世界大战之后，日本在危机意识的影响下，不断地进行商务礼仪细则的优化，其中明显地提出了时间的高效管理。以稻盛和夫为代表的新一批日本企业家，对时间管理的概念、时间的价值进行了深度的分析与论证，对日本商务礼仪内容体系的完善做出了重要的贡献。所以，在进行日本商务礼仪的学习与实践过程当中，应该充分的尝试在时间观念方面进行相应的改进与提高。

（4）社交活动。

即便在商务活动中，欧美人也常常邀请谈判对手到家里做客或参加鸡尾酒会。但在日本，这样的社交活动是不常见的。日本人喜欢邀请客人到饭店或餐馆吃饭，然后再到酒吧喝酒。日本商人把招待客户作为影响客户的一个手段。日语中出现了"NOMINICATION"这一日英复合词。"NOMI-"是日文中喝酒的意思，而"-NICATION"则来源于英文的"COMMUNICATION"（交际）。由此可见，日本人是很重视吃喝这类交际活动的。

（三）餐桌礼仪

（1）日本人在用餐之前及之后都要高声表达两种感受，即用餐前要对这顿饭食表示欣赏，用餐后要感谢款客者预备这顿极美味的饭食。

（2）日本人用餐之前所摆放的筷子跟中国不同，日本人在餐桌上筷子是横着放的，不知理由何在，像中国竖着摆放一样这可能就是一种习惯。不过，日本的筷子是尖头的，据说是为了吃鱼方便。日本人平常吃饭都是一人一份，有时还把饭、菜、酱汤放在一个木制托盘里。在家里也是一样，所以鱼也是一人一块或一条。

（3）日本人一般没有给人夹菜的习惯，不管是客人还是家里人，自己吃自己的。一般来说，日本人认为将上桌的饭菜全部吃净是向对方表示礼貌。因此，受到款待的日本人尽管已经吃饱，但为了不将饭菜剩下而拼命吃。

（4）日本人的用餐礼仪似乎严厉，但日本人容许狼吞虎咽式吃法，这吃法甚至令其他国家的人感到惊讶。例如，吃寿司时日本人习惯赤手拿着寿司浸一浸豉油，然后直接放入口中，他们不会用筷子吃寿司；又如，吃面时日本人直接从汤碗把面吸啜入口，且必会发出响声，依据日本人的习俗文化，吃面时发出响声是表示面食味道很美，亦是对厨师表示赞赏的方式。

（5）按照日本人的风俗，饮酒是重要的礼仪。日本人接待亲朋好友时，使用传统敬酒方式，主人在桌子中央摆放一只装满清水的碗，并把每个人的杯子在水中涮一下，然后将杯口在纱布上按一按，使杯子里的水珠被纱布吸干，这时主人斟满酒，双手递给客人，看着客人一饮而尽。饮完酒后，客人也将杯子在清水中涮一下，在纱布上吸干水珠，同样，斟满一杯酒回敬给主人。这种敬酒方式表示宾主之间亲密无间的友谊。

二、日本着装文化

（一）和服

1. 和服的发展历史

提起和服，它的起源可追溯到公元 3 世纪左右，据《魏志·倭人传》中记载："用布一幅，中穿一洞，头贯其中，无须量体裁衣。"这便是和服的雏形了。大和时代，日倭王派遣使节先后三次前往中国，把中国的服饰风格带回日本。至日本的奈良时代，也就是中国的隋唐时期，日本才真正地吸收汉服的精髓。此时期，日本政府派使节到中国带回大量唐王赠送的朝服，这些朝服就是日本和服的原形。由于中国朝服的华丽、精美，受到日本人的喜爱和欢迎，日本天皇于次年下令，全国上下模仿中国隋唐时期的服饰样式。平安时代是日本的"国风时代"，日本在全盘消化唐义化后，又有了自己的特色。此时的服装也逐渐地摆脱外来的影响，形成独有的精致与奢美的特色。镰仓时代，相对精干、简易的武家文化，日本人的服装回归素朴。桃山时代，人们开始讲究不同场所穿着不同的服饰，当时出现了参加婚宴、茶会时穿的"访问装"和参加各种庆典、宴会等时穿的"留袖装"。江户时期是日本服装史上最繁盛的时期，现在所见的和服大多是延续了江户时期的服装特色，之后几百年没有发生大的变动。

日本人在明治维新以前都穿和服，但明治维新后，由于受西方文化的影响，在日本上层社会中，男士开始流行穿西服，也就是通常说的"洋服"。直至 1923 年发生的关东大地震中，很多妇女因穿和服行动不便而遭致不幸或身留残伤，之后，日本妇女才逐渐改穿套裙和其他服装。不过，时至今日，和服仍然深受日本人的喜爱。无论是庆祝儿童成长的"七五三"节，还是入学典礼、毕业典礼、婚礼、葬礼以及节日庆典等重大节日及场合，随处可见身穿和服的人们。另外在日本，艺妓和高级宾馆的服务员都以和服为职业装，在举行花道、茶道等文化活动以及进行传统艺术表演中也离不开和服。

2. 和服的种类

和服的种类繁多，基本分为便服和礼服两种。男式和服款式较少，颜色单调，多以深色为主，腰带细，穿着简便。女式和服款式多样，色彩艳丽，腰带宽，穿戴烦琐，一个人很难完成。此外根据参加的场合不同，穿着和服的颜色，样式等也有不同，主要分为以下几种。

（1）浴衣。

是棉质材料的简化版和服，它是安土桃山时代浴后流行穿着的"汤帷子"，由于轻便凉快，很适合浴后、室内、夏季炎热时作为休闲服饰穿着，很受平民的喜爱，因此演变成现在的"浴衣"。

（2）留袖和服。

主要分为黑留袖和色留袖。以黑色为底色，染有五个花纹，在和服前身下摆两端印有图案的叫"黑留袖"，为已婚女性礼服。在其他颜色的面料上印有三个或者一个花纹，下摆有图案，从下摆、左前袖左肩到领子展开后是一幅图画的，叫"色留袖"，又称"访问和服"，没有已婚和未婚之分。主要是女性在参加亲戚的婚礼和正式的仪式、典礼、晚会等场合时穿的和服。

（3）振袖和服。

又称长袖礼服，根据袖的长短，分为"大振袖""中振袖"和"小振袖"，其中最常见的是中振袖，通常是未婚女性所穿，但是由于此和服给人一种时尚的感觉，现在已婚妇女穿中振袖和服的也越来越多。主要是女性在参加成人仪式、毕业典礼、晚会、访友等场合时穿的和服。

（4）花嫁衣裳（婚服）。

是结婚时穿的礼服。日本的婚礼形式分为传统的神前婚礼和西洋婚礼，花嫁衣裳是神前婚礼穿着的礼服，也是和服中最为华丽的服饰，色调以红白为主。

（5）男式和服。

以染有花纹的外褂和裙为正式礼装。除了黑色以外其他染有花纹的外褂和裙子也只作为简易礼装，可以随便进行服装搭配。

（6）素色小纹和服。

除黑色以外，整体上染有碎小花纹的，可作礼服，没有花纹的，则作日常时装，很适合用于约会和外出购物的场合。

3. 和服的特征

和服通过腰部的带子将长着固定在身体上。和服的袖子很宽，将长着和羽织袖子的一部分缝起来，这样袖口比袖长要短。袖中有袖袋。洋装袖子的特征是腕部细，袖中的空间比和服要小很多。洋装使用纽扣等固定服装，而和服是用带子和细绳来固定。和服没有洋装那样的开襟，衣料大多没有弹性，带子的质地是布料而非皮革。制作和服时，大多都是直线裁剪，和布匹边缘平行或垂直剪裁。而裁剪洋装时，常常使用曲线剪裁，比和服的形状更复杂。制作和服和洋装后，边角料的数量和形状也很不相同。制作和服一般很少剩下布料，若剩下布料，一般会是长方形，还可以作为他用。而洋装制成后，剩下的边角料一般不是长方形，很难作他用。用传统方式制作和服时，缝制的丝线能很容易取下，用这种丝线缝制和服，能减少对布料的损伤。这样虽然能延长布料使用寿命，但不利于发挥衣服对身体的保护作用。

（二）"草履"与"木屐"

穿和服正装与浴衣时，必须穿着"草履"与"木屐"。传统的"草履"是用稻草、竹皮、灯心草等编织的植物性鞋子，最近出现了塑胶或皮质的"草履"。"草履"的底是平的，脚趾伸出的地方有叫作"鼻儿"的带子部呈V字形状，将拇趾与其他四个脚趾分别深入带子的两边，便可以穿着鞋子了。与"草履"相比，"木屐"是比较休闲的鞋子。长方形的平的木板下面镶有两个鞋跟状的木片，男式"木屐"一般使用桐木、杉木等原木制作，上面是黑色的V形鞋带子。女式"木屐"则在原木上刷上各种颜色的漆，V形带子也是有颜色的。穿着"木屐"，走起路来会发出"嗒嗒嗒"的清脆响声，听觉上的感觉也能消解夏季的炎热。

第二节　日本饮食文化

一、日本饮食文化发展史

（一）绳文时代

公元前六千年至公元前二百年是日本的"绳文时代"。根据考古学的考证，这个时期的"绳文人"已经使用弓箭打猎、使用鱼叉、渔网等捕鱼并采摘野果。食品中有熊、狐狸、兔子等多种哺乳动物，以及山鸡、野鸭等鸟类，水产品中有各种贝类和加吉鱼、鲈鱼等海鱼以及鲸鱼、海豚，植物中有核桃、栗子、葡萄等。在食品加工方面，"绳文人"用一些石器切割、碾磨食物、用火烘、烤、煮食物，并且制造了各种形状的陶土器皿。

（二）弥生、古坟时代

公元前 3 世纪至公元 3 世纪，日本进入了"弥生时代"。在这个时期，水稻栽培技术和青铜器、铁器传入日本。以水稻种植为主的农业生产普及，大米逐渐成为日本人的主食。稻作文明的传入使人们的生活逐渐固定在一定的土地上面，粮食不仅解决了当时人们的温饱，还出现了剩余，稻作农耕给人们带来了稳定的生活。据此，各个地方开始形成以稻作为中心的祭礼文化和食文化。与稻作文化同时诞生的还有日本人开始使用筷子吃饭，而这之前都是用手抓食的。主食和副食的分离是这个时期日本人饮食上的一大变化。另外，当时还种植了小米、大麦、小麦、荞麦以及甜瓜、葫芦、萝卜、韭菜等粮食作物和蔬菜。肉类中野猪、鹿、鱼鹰、鸽子较多。水产品中深海鱼类有所增加，鲣鱼、鲍鱼、螃蟹以及淡水中的鲫鱼、鲤鱼等都是当时日本人的鱼类食品。在食品加工方面，除了有蒸、煮、烤、炒以外，还有酿造和腌制。

（三）奈良、平安时代

到了奈良和平安时代，食物的内容愈加丰富，大致分为野菜类、鱼介类、兽肉鲸鱼类、果实类。饮食仍以野菜类为主，但是鱼介类的数量占据第二，凸显了日本作为四面环海的岛国的特性。奈良时代的圣武天皇及后来的孝谦天皇均皈依佛门，主张禁止杀生、禁食肉食，京城内几乎不再出现肉类交易。从奈良时代一直到近代以前，肉食在原则上从日本人的饮食生活中消失了，这一点在很大程度上决定了日本传统饮食的特点。虽然禁止食用肉类，但是这个时期开始出现牛乳和乳制品。食用乳制品仅限于王公贵族等特权阶层，普通平民阶层很少有机会食用到这些营养丰富的美食。但是在平安时代以后乳制品从日本消失了，因为禁止杀生、禁食肉类，饲养业得不到发展。直到 19 世纪中期以后，日本国门打开，西洋料理逐渐传入，才把牛奶等乳制品重新带了回来。

（四）镰仓、室町时代

日本料理的早期雏形形成于镰仓和室町时代，这个时期的食物种类较奈良和平安时代有了很大的增长，蔬菜大致有了茄子、芹、长萝卜等，栽培出的水果有柿子、胡桃、杨梅、杏和梨等。因为捕捞技术和手段的发展，捕捞的鱼类数量增加，另有海藻类食物。在这个时期形成的本膳料理和四条料理标志日本料理格局的初步形成，虽然现在已经基本退出了历史舞台。这个时期因为受到精进料理和南蛮料理的影响，从不出现的牛肉开始在日本出现，部分传教士和商人带来了吃牛肉的习俗。砂糖在这一时期也开始大量进口，南蛮果子的出现大大丰富了日本的饮食种类。

（五）江户时代

1. 江户前期

在江户前期曾出现了两次文化繁荣期。最初的文化繁荣出现在"宽永时期"（1624—1644 年），遂称作"宽永文化"。基于这样的文化背景，饮食方面主要以形成于前代的"本膳料理"及'怀石料理"为主。在江户前期，随着以商人、手工艺人为代表的町人经济实力的增强，町人文化得到了空前的发展。其中元禄文化（17 世纪末至 18 世纪初）就是町人文化的典型代表。元禄文化时期，饮食文化的传播主体从社会上层扩展到中层阶级。与大阪和京都相比，首都江户里大商人少，普通百姓多，面向普通百姓的简单方便的饮食逐渐普及。这一时期，以荞麦面和乌冬面为代表的面食文化呈现了繁荣景象。

2. 江户后期

以三大改革开端的享保改革（1716—1735 年）为界，日本进入了江户时代后期。享保改革与之后的宽政和天宝改革被称为"江户三大改革"。在三大改革期，日本饮食文化的发展呈现了低迷。原因在于改革禁止奢侈和浪费，提倡生活的简朴和节约。这种社会风气制约了大众的消费意识和习惯，而饮食是一种消费享受，随着饮食消费受到遏制，饮食文化的发展也受到了阻碍。

相反在政治改革低迷期的宝历（1751—1764 年）至天明期（1781—1788 年）、文化至化政期（1804—1829 年），经济上实行重商主义政策，强调消费是一种美德。这一时期，江户城里出现了大量的饮食店。这些主要提供"和食"的饭店中也有高档饮食店，一些大名和文人等汇聚于此享受美食。到了化政期，在以食为乐，尽情享受美食的社会氛围的影响下，江户市民倾倒于饮食的风气进一步扩大，与饮食有关的新风俗逐渐形成。

从宝历至天明期和化政期是江户文化空前繁荣的时期，其中江户文化在化政时期达到了最高潮。受文化繁荣的影响，江户的饮食文化在江户时代后期进入了鼎盛期，日本式饮食文化基本成熟。

二、日本料理

（一）日本传统料理

1. 本膳料理

本膳料理是由 15 世纪室町时代由足利义满将军所定型的料理，是按照室町时代武士门第的礼法，以待客为基础形式的料理，属于宫廷料理。现在只用于冠婚丧祭等，是日本硕果仅存的料理，但它已成为其他传统日本料理形式和做法的基础。

2. 怀石料理

怀石料理是由 16 世纪安土、桃山时代配合茶道所发展而来的料理，是茶道中没有奉出茶之前的简单料理。怀石是怀抱温暖的石头如暖腹，以耐空腹的意思。

3. 会席料理

会席料理是由 17 世纪江户时代武士之间聚会所发展而来的料理。跟本膳料理相比，会席料理不拘泥形式，是一种无拘束的宴会料理，实际上可以说是日本的聚会料理。现在日本料理店提供的宴席料理大多是这种料理。

4. 精进料理

精进料理起源于佛教禅宗文化，属于素食料理。其特点是不用鱼贝类，只用大豆加工品、蔬菜、海草等植物性食品做主料。在精进料理中，有禅宗的精进料理和黄山万福寺传下来的素菜料理。精进料理可以看作是长寿饮食的前身。随着时代的发展，人们不再特别强调全素食（精进料理），可以根据自己的个人情况调整，可以偶食肉类和鱼类。

5. 御节料理

御节料理是为庆祝新年的料理，于正月初一食用。这种料理是把各种料理装进一个五层的木制涂漆的食盒里的料理。据说，这是古代在特别的节日里给神灵的供品。

（二）酱汤

酱汤以酱为主，主要原料是大豆，含有大量蛋白质，营养丰富，味道较咸。在日本，人们把酱汤视为"母亲的手艺"，可见它在日本人心中的分量。米饭就酱汤吃，是日本传统式的早餐。作为从小就养成的饮食习惯，就更适合日本人了。

（三）生鱼片

日本料理以生鱼片最有代表性，它堪称是日本料理的代表作。自古以来，日本人就有吃生食的习惯。江户时代以前生鱼片主要鲷鱼、鲆鱼等为材料。明治以后，金枪鱼、鲤鱼成了生鱼片的上等材料。现在，日本人把贝类、龙虾等切成薄片，也叫"生鱼片"。去掉河豚毒，切成薄片的河豚，是生鱼片中的佼佼者，鲜嫩可口，但价格很贵。吃生鱼片必须要以芥末和酱油作调料。

（四）寿司

寿司又称"四喜饭"，是日本料理的代表。寿司味道鲜美，很受日本民众的喜爱。寿司是日本料理中独具特色的一种食品，种类很多。现代日本寿司大多采用醋拌米饭的方法来加工其主料。日本四周环海，各类时鲜鱼类为寿司的制作提供了丰富的素材。正宗的寿司有酸、甜、苦、辣、咸等多种风味。因此，吃寿司时，应根据寿司的种类来搭配佐味料。现在寿司的品种根据人们的口味增加了许多，色彩也是绚丽多彩。寿司的美味不仅体现在食上，更体现在形与色上，每一块寿司都是一个精美的小艺术品。

（五）纳豆

纳豆是日本最具有民族特色的食品，大部分日本人在日常生活中经常吃。纳豆是以大豆为原料，其营养成分容易为人体吸收，是一种很具价值的营养食品。最新的研究还表明，纳豆对引起大规模食物中毒的"罪魁祸首"——病原性大肠杆菌的繁殖具有很强的抑制作用。

三、日本饮食文化的特点

（一）喜爱食物的原初滋味

在日语中，有关食物材料有两个颇有意思的词语：一是"初物"，一是"旬物"。前者是指谷物、蔬果等在收获季节中第一批采摘的物品，姑且可以译为"时鲜物"，后者是指正当收获季节的时令食物。这两个词语都可以用来指水产品，但作为肉类食物的禽兽似乎不在其列。"初物"和"旬物"往往是在食材上滋味最为鲜美。对"初物"的痴迷，缘起于室町时期的社会风潮，当时上层社会不少人相信食用"初物"能够长寿，这一风气逐渐浸渗到了民间。以至于今天的日本人对于"初物"和"旬物"仍然怀着非同一般的醉心。此外，对于蔬果的产地，也是到了近乎挑剔的讲究。当然，日本以外的民族并非没有这样的区分和感受，但像日本人那样的细腻和讲究恐怕是罕见的。

（二）追求"形色"俱全

日本菜被称为"五色五味五法之菜"。白、黄、红、绿、黑为五色；甜、酸、辣、苦、咸为五味；生、煮、烤、炸、蒸为五法。好多人都知道日本菜讲究颜色、形状的组合，第一眼看见的时候，会让人感觉特别的赏心悦目，这是日本菜的特点之一。日本人对待食物的心情就像是对待艺术，把艺术的美感与设计放在食物上面，把设计融入到自然的世界里。日本饮食讲究两个词，即"艺术性"和"优雅感"，这样就达到了日本料理赏心悦目的效果。日本人讲究保护、不破坏自然景观是自古以来的风俗，认为万事万物都有着自己的生命。日本的食物制作也讲究自然性的和生命感，日本料理中的色彩也体现了一年四季的更迭，春是生机盎然的绿色，夏是繁花似锦的红色，秋是硕果累累的金黄色，冬是银装素裹的白色，而哺育一切的大地是黑色。日本人在整个饮食环境里处处充满着让人不可忽视的美，融入了大地与大海之色和四季之色，把烹饪出来的菜肴当作自然中的朵朵鲜花来点缀生活，不以香气诱人，而以神思为境，这样给人一看上去就漂亮的感觉。例如，日本料理中寿司的拼盘造型，即各种不同颜色不同形状的寿司依次排列，在寿司中间点缀翠绿色的叶片，那色彩和造型如诗如画，仿佛置身于美丽的花坛之中。

（三）追求食物的季节感

日本人有很强的季节感。在古代贵族社会里，隔扇、屏风上画着的"大和绘"中出现最多的就是"月並绘"和"四季绘"了。由此可见，很久以前日本人已经开始重视季节了。因此做料理用的材料和制作方法也与季节感有很大关系。日本料理的特点之一就是将"季节"巧妙地融入当中。例如，春天到了人们喜欢将蕨菜制作成"天妇罗"来食用，让五脏六腑都感受到春意的到来。还可以将当季的鲜花修饰在器皿周围，这样会使人们开胃。另外，日本料理是从自然中选取材料，大概只有白、黄、红、绿和黑色。这些自然色形成的组合创造出了日本料理的一种独特的美感。日本人实在太喜欢品味"季节"了。他们不仅仅用舌头吃东西，更加注重视觉的享受。如果所做的料理中透露不出季节感的话就太令人失望了，就算味道鲜美也不会被人赞扬。

（四）讲究食物器具

对食器的讲究是日本饮食文化的主要特点之一。在日本，稍有水准的料理屋及一般庶民的家庭，在餐具上都颇为用心。京都岚山脚下有一家高级料亭"吉兆"，每人的餐费在四五万日元以上。价格高昂的缘由之一便是食器的讲究。料亭内专设有一器物库，内藏有自桃山时代以来的名家制作的食器数百件，在一般人眼中，大概均是可在美术馆陈列的艺术品。"吉兆"依据不同的季节、不同的食物及不同的客人随时精心选择不同的食器。而用餐的客人，在进食时一般也一定会留意并欣赏盛物的器皿。

与中国人在食器的质材上崇尚金银珠玉、色彩上喜好富华绚烂不同，日本人多用细腻的瓷器或是外貌古拙的陶器和纹理清晰的木器，色彩则多为土黑、土黄、黄绿、石青和磁青，偶尔也有用亮黄和赭红来做点缀。中国的盛器基本为圆形，至多也就是椭圆形，其实世界各地大都如此，而日本人独树一帜，食器完全不拘于某一形态，除圆形椭圆形之外，叶片状、瓦块状、莲座状、瓜果状、舟船状，四方形、长方形、菱形、八角形，对称的，不对称的，都会出现在餐桌上。描绘在食器上的，可以是秀雅的数片枫叶，几株修草，也可以是一片写意的波诡云谲，一整面现代派的五彩锦绘。但总的来说，色彩大多都素雅、简洁，少精镂细雕，少浓艳鲜丽。

（五）崇尚清淡与健康

与习惯上多油的中国菜相比，日本菜则是惜油、省油的，当然也有用油的精进料理。随着人们对健康的深刻认识，现在的生活用油几乎都是以植物油为主，久而久之发展成为以清淡新鲜为主流的日本菜肴。像天妇罗这样的油炸食品，通常都是用吸油纸把多余的油吸出之后再食用的。日本人做菜以煮、蒸、烤、生食为主，再加上日本酱油作为调味料，尽量保持原料固有的味道及特性，很少使用其他重口味的调料，这些做法决定了日本饮食具有少油、新鲜、清淡的特点。日本作为一个人口长寿的国家，食文化自然是功不可没的。日本人吃饭讲的是多种多样，主食、副食搭配适宜，这是健康饮食所提倡的杂食之法，日本菜更突出的特点是加工精细，量少质高，注重菜品的营养价值。

第三节　日本稻作文化

一、稻作文化的起源与发展

大约公元前 1 万年左右，日本从旧石器时期进入新石器时期，即进入绳文文化时期。绳文文化时期，日本列岛上还没有开始真正的农业活动，从绳文遗迹可知，当时绳文人处于狩猎、采集经济阶段。在日本处于绳文文化的氏族社会时，中国正处于由奴隶社会向封建社会过渡的历史阶段。中国已经经历了夏、商、西周、东周（春秋、战国）、秦等朝代，强盛的汉帝国正在兴起。这时的中国文化已达到较高的发展程度，农业生产也已较成熟。

公元前 3 世纪至 2 世纪，日本社会进入了新的时期，先进的大陆文明经由朝鲜半岛传播到日本列岛，日本开始形成作为文明社会之基础的农耕文化。同时，日本从石器时期进入铁器时期，这在日本文化史上具有划时代意义。随着以使用金属器具和水田耕作为主要内容的农耕技术的传入，日本形成了以稻米耕种为基础的农耕社会。

农耕文化的产生，是人类文化史上的巨大进步。稻作文化传入日本列岛，使日本文化的发展产生了巨大变化，日本社会由绳文时期进入弥生时期。这一变化是在外来文化特别是在中国文化的刺激下实现的。作为中国先进文化之一的稻作文化，经由渡来人传到日本西部地区，然后渐次向日本列岛的东北地方和东日本普及。随着农耕和金属器具的使用，生产力得到了很大提高。

从生产和生活的历史传统来看，日本属于农耕文化圈，与游牧文化圈存在显著差异。农耕文化圈在世界范围内的分布很广，包括亚洲、非洲、欧洲，又可分为小麦栽培圈和水稻栽培圈。大体上欧洲、中国北部及朝鲜半岛属于小麦栽培圈，中国南部、朝鲜半岛南部、日本、南亚和东南亚地区气候温暖湿润，属于水稻栽培圈。虽然中国和日本同属农耕地域，但中国分为北方黄河流域的小麦栽培区和南方长江、珠江流域的水稻栽培区。中国还同时拥有广阔的游牧文化圈，内蒙古、西藏等（西部西北部地区）就属于游牧文化圈。在漫长的历史长河中，民族迁徙、民族大融合时有发生，中国的农耕文化受游牧文化的影响也不小。与中国相似，欧洲虽然地处农耕文化圈，但畜牧业发达，对畜牧业的依赖甚至比中国还要大。其他如阿拉伯人、犹太人、印度人等也有较长的游牧史。与游牧文化几乎没有瓜葛的日本文化，其稻作文化的特质相当明显。

二、集团意识的形成与影响

（一）集团意识的形成

日本人的集团意识起源于稻作文化。在稻作农耕社会里，日本人的文化心态也是独特的，通过生命一体感、"和"的精神、天皇观念、祭祀礼仪等方面，最终形成了日本社会特有的集团意识。所谓集团意识，或被称为集团主义观念，就是以无比强烈的归属感为基础，个人对所属集团竭尽忠诚、无私奉献，并作为该集团的成员与他人保持行动上的一致，是经过长期的历史积淀和文化熏陶，处于集团内部的人们所形成的一种心理素质。

1. 生命一体感

日本自古就是一方面沐浴着得天独厚的自然恩赐，另一方面也承受着火山、地震、水灾、山崩等的侵袭。所以日本人既敬佩自然，又畏惧自然。在畏惧自然的同时必须团结一致，同心同德才能生存下去，因此日本人将生命视为一体，有种一体、全体的意识。同时特定的物质生产方式也造就了日本人生命一体感意识。以村落共同体为中心的共同劳动方式，要求全体成员必须服从村的意思，为村效力，而村也有保护全体成员的职能。

2. "和"的精神

在生命一体感的感知下，"和"的精神油然而生。日本民族自古就是一个单一民族，村落共同体中多数从事稻作劳动。由于日本国土狭小，可耕面积也十分狭小有限，平地多在山下水边，且日本气候多雨潮湿，不适宜大田旱地耕作，在引进农耕后只能以水稻为主。稻作的特点就是灌溉，没有灌溉就不可能有水田耕作。过去的水田耕作都是一些小规模的灌溉，很少直接从河里面引水灌溉。所以虽说是小规模的灌溉，但是也要进行挖渠、开通水路、引水灌田，有时还要建设水库、蓄水池等储水设施，需用不少的人力，于是人们就组成小小的合作团体，进行共同耕作。因此水田耕作要以共同作业为前提，以共同作业为基础形成了稻作共同社会。

3. 天皇观念

天皇、天皇制自古以来在日本就存在着，并且在日本国家体制中占有重要地位。天皇观念是稻作农耕社会中的集团首领以祭祀为核心，在稻作文化中孕育并形成的观念。随着稻作农耕生产的发展，产品出现了剩余，这为王权的出现奠定了物质基础。同时水利工程需要协同一致的共同体劳动力，更需要有指导、支配这种共同体劳动力的统领权力，统领权力的出现，就为王权的产生奠定了基础。这样王权和稻随着稻作农耕社会的发展，二者的结合不断被强化，作为王权基础的稻作，其重要性得到认可，稻的神话性、礼仪性也得到加强，从而使王权也得到强化。由此可以说"稻和王权象征了稻作文化"。稻不仅是一种重要的经济作物，同时还是一种政治性的、宗教性的象征物。

4. 祭祀活动

神道是日本自古以来就有的宗教，是日本人精神世界的重要组成部分，和稻作文化有着密切的关系。古代日本人相信高山、河流等自然景物都有灵魂，并称之为"神"，同时，一部分英雄和统治者也被信奉为神。人们认为这些神会给人类带来幸福或者不幸，所以对神加以崇拜。尤其在稻作农耕社会生活中，神道表现的更加明显，表现形式即为各种祭祀和宗教活动。

（二）集团意识的影响

首先，集团意识使农耕社会中的人们有了归属观念，人们充分意识到自己归属哪一个共同体，因而在这一准则的指导下，对自己的行为有所要求，力争做到为本集团效忠，而不是抹黑。日本称得上是个"归属意识"非常强的民族，在对"家庭"的归属意识及对"村子"的归属意识之上，又加上了进入公司以后的对"公司"的归属意识。① 因此日本人无论在做自我介绍，还是出国、旅游时，都不自觉地先把这个归属的大集团放在首位。

其次，集团意识增强了自我决定力，消除了不确实感。自我往往产生"决定不安，预想不安。"② 南博认为不确实感是在不能以坚定的信心决断和实行的时候，自己这种无定见的姿态将强化"否定我"，妨碍确定"肯定我"，从中产生不确实感。而集体正好是解决这一问题的良方。因为个人融入集体，成为集体的一员，无论在做什么事时，都有集体做强大的后盾支持。首先心理上产生一种依附感，其次行动上也有了保证。集体的决定比个人的决定更有安心感，个人心情得以轻松，行动得以顺畅，增强了自我的决定力，消除了不确实感。

再次，集团意识对整个日本社会产生重大影响。水稻传入日本，一改绳文时代滞后的发展状况，很快使日本进入农耕文化时代，并且在各地区形成了以农业为中心的各种各样的共同体，实际上是以经济实力、政治实力聚集的集团。随着生产的发展和外来文化的冲击，最终军事实力、政治实力较强的处于大和地区的集团即后来的大和国家统一了日本列岛，使诸共同体臣服，出现了统一的国家形态。

三、精农主义

特定的物质生产方式以及生活环境不仅催生了集团意识，同时也造就了另一早期的文化性格——精农主义。苏联学者普罗宁可夫在其著作中强调了日本人的勤劳与敬业，即本文所谈的精农主义特性。狭义的"精农主义"是指劳动者勤恳专心、精耕细作，全身心投入农业生产的劳动态度。由于水稻生产是日本古代社会经济生产方式的主要途径，因此精农主义的精神实质事实上就通过稻作农耕活动表现出来。但无论是稻作还是麦作，日本人所表露出来的勤劳度及勤劳特征始终与世界其他民族有所不同。

日本学者松尾康二曾认为，日本的土壤极其适宜农业生产，其中包括了适合于耕植水稻的冲积土以及适合于旱田麦作的火山灰土。此外加之列岛降水丰富，日照时间长，积雪存留时间久，故而形成了发展农业生产的绝好条件。鉴于这种优越的先天条件，辛勤的劳动必然能够换得等量的回报，因此日本人的劳作时间及强度自然超越了包括古代中国在内的任何国家和民族。由此可见，

---

① 井上靖，东山魁夷，梅原猛，等. 日本人与日本文化 [M]. 周世荣，译. 北京：中国社会科学出版社，1991.

② 南博. 日本的自我——社会心理学家论日本人 [M]. 刘延州，译. 上海：文汇出版社，1989.

日本列岛特定的自然条件对精农主义性格的形成影响显著，而其中起决定性的因素还是物质的生产方式。因此可以说，精农主义源于稻作农耕，它是传统水稻生产行为上的文化积淀。

第四节　日本家庭与社会文化

一、日本"家"制度

（一）传统"家"制度

"家"虽为中日两国共有的汉字，但由于相异的社会文化，其具体内涵不尽相同。古人云："有夫有妇，然后有家。"可见，在中国人自古以来的观念中，家是以婚姻和血缘为纽带的社会组织形式。然而，日本传统"家"制度中的家却并非如此，它是"以血缘家族为中心而构成的，却又超越血缘家族的、从始祖开始连绵延续、由子子孙孙继承的客观存在"①，是"以家庭的存续和发展为目的，以家业和家事两者不可分割的形式继续完成的经营团体"②。概言之，日本的"家"不是一个具体的存在，是一个抽象的、经营体的概念，具有远远超出以婚姻和血缘为纽带的具体家庭的深刻内涵。"家庭是社会的细胞，不同的国家和民族，由于不同的历史发展条件和历史发展过程，其家族制度也各不相同"③。东邻日本虽然在古代深受中国文化的影响和渗透，但由于其不同于大陆的社会历史发展进程，从而产生了独具特色的家制度，即以父权家长制、家督继承制、模拟血缘关系为主要特征的家族制度。

（二）近代"家"制度的嬗变

经过战火、民主改革和新宪法、新民法的贯彻与实施，以及西方自由思想的蜂拥而入，日本的家庭体系逐渐向民主化在转变，千百年来以"家"为中心的封建家族制度迅速瓦解；同时，改革带来的经济发展，也为日本家庭的近代化奠定了物质基础，日本人的家庭关系因此发生了深刻变化。

---

① 李卓. 日本家训研究［M］. 天津：天津人民出版社，2006.
② ［日］中野卓. 日本的家族［M］. 东京：弘文堂，1985.
③ 李卓. 中日家族制度比较研究［M］. 北京：人民出版社，2002.

1. 家庭形态的变化

从形态的变化方面来讲，家庭形态变化主要体现在家庭规模的缩小和成员结构的单一两个方面。首先，家庭规模的缩小是在日本工业化、现代化的进程下，人口逐步由第一产业向第二、三产业集中所引起的。由于家庭成员的职业变动，人口日渐向周边城市推移。在产业结构、人口结构变化的过程中，家庭规模也相应随之缩小。与花了近一个世纪缩小家庭规模的欧美国家相比，日本仅仅用了20余年便一举赶上了欧美国家的水平。在20世纪60年代为止还是5人左右的家庭成员数量，进入20世纪60年代之后却以惊人的速度迅速缩小。就家庭规模缩小的原因来讲，一方面是由于人口向城市的集中，出现了许多远离家乡独自居住和生活的年轻人。另一方面和这些年轻人结婚之后在家乡以外的城市建立新家庭有着重要的联系。

其次，家庭成员结构的单一。根据日本人口调查的分类来看，一般上把核心家庭、直系家庭、其他家庭以及单亲家庭作为普遍意义上的基本分类。日本总务省统计局从做过一项从1920-2005年之间日本国内家庭类型比例调查，结果显示的家庭构成分类比中，从1950年以后到2005年之间，核心家庭所占比例是所有家庭类型中最多的。在2005年核心家庭总数已经占总数的82.7%，特别是从20世纪60年代以后变化的动向更加显著。这种变化的出现与前面所述的家庭制度有着非常紧密的关联。并且，单亲家庭增加的比率也在不断上升，从20世纪90年代开始迅猛增长。单身居住者人数的增加使得家庭成员结构模式更加单一化，家庭意识也正在不断朝着个人化倾向发展。

2. 家庭功能的变化

（1）生育功能。

家庭是人类生育和繁衍的基本场所，生育历来是家庭的最基本的功能。战后以来日本家庭的生育功能日益削弱，这主要表现在婴儿出生率下降、人口增长减缓和家庭生育力削弱等几个方面。从总体上看，战前的日本仍是一个以农业为主的社会，家庭基本上还是生产单位，较之工业社会的家庭需要更多的简单劳动力。孩子身体发育到一定程度便可以成为一个生产者，因此，每个家庭拥有较多的孩子是与农业社会的生产方式相适应的。相反，在战后工业化了的日本，家庭作为生产单位的性质已经削弱，而主要是作为消费单位而存在的，子女丧失了他们的经济效用，而成为长时期的消费者[①]。孩子越多给家庭造成的负担就越重。在这种情况下，少量的孩子又是适应工业社会需要的。因此，仅以人口数量而论，战后日本家庭的生育功能在逐渐削弱，但从家庭适应社会

---

① [奥] 赖因哈德·西德尔. 家庭的社会演变 [M]. 北京：商务印书馆，1996.

的意义上说，日本家庭的生育功能不是削弱了，而是随着社会生产方式的进步而更理性化了。

（2）教育功能。

教育是家庭的重要功能。所谓家庭教育，主要是指父母对未成年子女的教育，是培养合格社会成员的起点。家庭是个人社会化的摇篮。家庭教育受社会体制的制约，同时也受家庭变迁的影响。近现代以来，日本家庭经历了重大变化，从而使家庭教育也出现了许多新的变化。首先，母爱过剩而缺乏父爱。战前，日本家庭仍然是父权制大家庭，父亲是孩子心目中的权威，他的一举一动潜移默化地影响着孩子。父亲是孩子当然的老师。然而，随着工业化的完成，一家之主的父亲为了养活家人不得不外出挣钱，经常不在家，孩子的教育问题就责无旁贷地落到了母亲身上。家庭教育的角色逐渐由父亲转移到了母亲身上，父亲成了一种观念性的存在，从而形成现在日本家庭教育中的母爱过剩而父爱缺乏。其次，教育者的素质不断提高。文化水平的高低无疑是一个人学识、志趣、修养等素质的重要标志。父母的素质与子女的成长有着非常密切的关系。自 1872 年日本创办近代教育以来，日本的教育有了较快的发展，家庭教育者的水平越来越高，尤其是妇女的教育得到快速发展。因此有人说，日本的家庭妇女在提高人的素质，实现整个社会现代化的过程中起了相当大的作用。

（3）消费功能。

随着工业革命和信息革命的推进，家庭成员由主要从事农业生产转变为大部分劳动力从事服务性行业。这一转变使家庭逐渐由生产中心转变为消费中心。家庭的生产职能已被大大地削弱了，但消费职能却增强了。

二、家族传统与现代社会

（一）家族主义与集团主义

经过战后民主改革，日本的传统家族建制已不复存在，但是，作为千百年来束缚着人们精神生活与行为方式的家族传统却难以立即销声匿迹，家族主义的社会关系已经渗透到日本社会的每一个角落，使日本的社会结构带有明显的家族主义特征。战后的日本，尤其是在 20 世纪 60 年代以后，取得了举世瞩目的经济高速增长。不少学者指出，日本人的集团主义精神是战后经济腾飞的奥秘之一。而集团主义精神所体现的正是家族主义社会结构在意识形态领域的反映。

在长期家族生活的熏陶下，日本人习惯于以家族社会的价值观念处理社会事物。人们在家族内必须奉行的准则，也成为在家族之外的社会里奉行的准则。再者，日本人的"家"实际上是一个以家业为核心的家族经济共同体。由于人们对这个共同体本身机能的重视，使非血缘家族成员也可进入家庭，其意义在于不仅减轻了血缘传承的唯一性与重要性，也使家族关系带有明显的主从关系的色彩。从这个意义上来说，家族本身就是一个独特的社会集团，无数这样的集团构成了日本社会的基础，模拟血缘关系便成为贯穿整个集团社会关系的重要支配原则。家族的社会集团化与社会集团的家族化两者是互为表里的，人们可以轻易地将家族关系移植到家族以外的社会机能集团当中。传统家族主义已经泯灭，但是与家族主义息息相关的集团主义却在日本社会和日本人的观念中深深扎根，并形成一种普遍的国民性格。

（二）纵式家族与纵式社会

在日本艺能界，存在着一种独特的传统师承模式——家元制度。所谓"家元"制度，就是由师徒主从关系为纽带构成的模拟家族关系的派阀集团，实际是传授艺能的机构和以艺能为媒介的经济组织的中枢。在传统艺术领域，不论是花道、茶道，还是能、舞道等，都是以"家元"世袭制立于该组织的顶点，通过师徒关系建成遍及全国的艺能传授网络。家元制度要求，一旦建立起师徒之间的垂直关系，就必须严格维护这种关系，不仅不与同一领域其他流派的人有来往，即使在同一流派内也不可变换其他师傅。

家元制度的特点在于，家元与弟子的主从关系是其核心。这种主从关系呈现为金字塔形；集团内部以家元的家长式权力进行统治；整个家元集团是一个模拟血缘关系的大家族集团。日本著名人类学家中根千枝在她的代表作《纵向社会的人际关系》一书中将家元制反映出的上述结构定义为"纵式社会"。

纵式家族是纵式社会的原型或曰缩影，了解了这一点，就能对日本的国民性有一个较为明确的认识。比如在家族关系中，存在着严格的等级制度、尊卑差序，家业继承人的地位比其他兄弟姐妹高，本家比分家地位高，血缘分家比非血缘分家高，每个人都要充分认识到自己在家中的位置，并严格按此行事。而在现代日本社会的各个集团中，人与人之间就是一个从上到下的等级序列，每个人都处于一定的等级秩序位置上。社会不是以能力而是以公认的等级秩序作为评判别人的社会地位、衡量其社会价值的尺度标准。一般来说，在集团内工作时间的长短与他（她）的地位高低成正比，日本企业内部的年功序列工资制就是一个最好的典型。这种等级秩序时时刻刻制约着日本人的生活，脱离了等级观念，日本社会便无章可循，因为等级就是日本社会的基本规范。

（三）家族传统与战后经济高速增长

随着战后民主改革的深入，"家"的传统建制已不复存在，但是，在企业长期的经营实践中形成的家族主义传统却与日本人的传统家族道德一样，并未因一道法律文书的制定而销声匿迹。尤其是第二次世界大战后日本的社会生活贫困混乱达到了极点，企业成为职工维持生计的唯一依靠。日本企业的经营管理者遂巧妙地运用了国民们根深蒂固的家族传统与家族道德，将战前企业的经营家族主义移植到现代企业的经营管理之中，使家族传统通过"日本式经营"和"爱社精神""全员经营思想"等表现出来，形成了日本独特的企业文化：①家族式的企业组织结构，即日本的企业不仅是一个经济实体，同时也是一个家族化的社会集团。②家族主义的经营管理。企业既然是按人伦关系组成的大家族，那么在其运营的各个方面都离不开家族的规定。③劳资关系中的家族主义意识形态。在日本人的家族观念中，"家"的利益高于一切，要求家庭成员为了"家"的存续而不惜牺牲个人的幸福。这种观念被引入企业道德，就成了企业的利益高于一切。

第五节　日本文化遗产与旅游文化

一、日本文化遗产

（一）日本文化遗产的定义

"文化遗产"一词，在日语中被称为"文化财"，寓含将文化视为"财富"之意。就日本《文化财保护法》所界定和规范的内容来看，其"文化财"一词的内涵颇为丰富，不应简单地将其对译成汉语的"文物"。根据日本现行法律，"文化财"主要是指那些在日本国家漫长的历史上产生、被认为是理解日本历史与文化所不可或缺的，并被传承或守护至今的全体国民的珍贵文化财富。它同时也被认为是日本面向未来的文化建设的重要基础。上述这一定义虽不算复杂，但其内涵却颇为丰富，它至少包含以下几层意思。

首先，文化遗产（文化财）是历史性的，其基本上是指传统意义上的文化财产，像漫画作品、动画片、卡拉 OK、时装、方便面、电子游戏等现代日本文化，通常不被视为文化遗产。文化遗产主要是指形成于过去，但又流传存续至今，其具有现在性，并不完全是"过去时"，只是它们在当下日本社会中已日趋式微，亦即指那些正濒临消亡危机的各种传统的文化形态和文化类型等。

其次，文化遗产还特指在那些得以传承的文化中①，被认为具有珍贵和普遍性价值的部分，而并非所有过去的和传统的文化形态、文化类型等都是文化遗产。也就是说，在文化遗产的概念中已经包含着某种价值判断，亦即它被认为对于当今或以后日本社会具有历史、艺术、科学以及文化等方面的价值。

第三，这一定义包含着文化遗产乃是全体国民的文化财富，它已经不再单纯地属于某些个人、团体或政府组织所有（至于其在物权法意义上的所有权或财产关系，则另当别论），而是现代日本国民文化的基础或其重要的组成部分。这一点可以说是日本有关文化遗产理论与实践中的一个基本原理。换言之，国家就是要通过文化遗产行政，把文化遗产界说成为日本的"国民文化"，而其整个文化遗产行政也正是在"国民、国家"的意识形态指导下进行的。

日本早期对文化遗产（文化财）的理解，也曾较为偏重其物质性或作为"文物"的意义，如《广词源》就曾把"文化遗产"定义为是随着文化活动而产生的、进而由《文化财保护法》所确定的被列入保护范围之内的那些"物品"。因此，过去人们提到文化遗产，通常更多地是会联想到古老的神社、寺庙、佛像、书画、壁画等"有形"的文化形态。但在历经了不断的发展和扩充后，现在日本"文化遗产"概念的内涵，已有了极大的丰富，除包括物质的或文物意义的内容外，它还涵盖了艺能、工艺技术等"技能"、传统的节庆祭典等"无形"的文化形态以及经过悠久历史而存留至今的人文景观、民俗和生活文化等。

（二）日本文化遗产的分类

1. 有形文化遗产

"有形文化遗产"包括"美术工艺品"和"建筑物"两大类，是指在艺术上和历史上具有较高价值的绘画、雕刻、工艺品、考古资料、历史资料和建筑物。除"建筑物"以外的有形文化遗产被概括到"美术工艺品"当中。其中，被认为具有重要价值的文化遗产由国家"指定"为"重要文化遗产"，而在"重要文化遗产"当中，最为优秀的或在文化史方面具有深远意义的文化遗产被进一步特别指定为"国宝"。除了上述较高价值的"重要文化遗产"之

---

① 周星. 从"传承"的角度理解文化遗产 [J]. 中国非物质文化遗产，2005（9）：40-54.

外，还有一些被认为需要关注和保护，具有一般价值的有形文化遗产可以通过申报"登录"方式成为"登录有形文化遗产"。

2. 无形文化遗产

"无形文化遗产"主要指那些在日本历史上、工艺上以及艺术上具有较高价值的演剧（传统戏剧、舞蹈、音乐）和工艺技术等。无形文化遗产之所以被称为"无形"，是因为其缺乏某种具体的物质形态，或者是不能或难以通过某一物质载体来体现其文化意义。无形文化遗产更强调那些由表演者或工艺师通过记忆、传承、再现等方式而得以保存下来的"技能"本身。这些传统技能由某一个人或某一团体持有、保存，或者由多个团体共同传承。无形文化遗产中具有特别重要价值的，被国家指定为"重要无形文化遗产"。

3. 民俗文化遗产

"民俗文化遗产"，又分为有形和无形两大类。所谓"无形民俗文化遗产"，主要是指有关衣食住、生计职业、信仰、节庆活动等方面的风俗习惯、各种传统的民俗表演（如民众在各种年节庆典或祭祀时举行的表演与民俗活动）、民俗技艺等。所谓"有形民俗文化遗产"，则主要是指用于上述无形民俗文化遗产所规范的各种场景的服装、生活器具、生产工具、家具和民居等设施。有形民俗文化遗产，大体上相当于中国的"民俗文物"概念。民俗文化遗产被认为体现了日本国民的生活方式。

4. 纪念物

纪念物是指具有较高历史价值或学术价值的古墓、都市遗址、城堡遗址、老宅，具有较高艺术价值或观赏价值的庭院、桥梁、峡谷、海滨、山脉以及其他名胜古迹，具有较高学术价值的动物、植物以及地质矿物也被外人纪念物范畴。也就是说，纪念物既包括文化遗产，也包括自然遗产。纪念物中被认为重要的，可以由国家指定为"史迹""名胜"和"天然纪念物"。而它们中间特别重要的，还可以通过进一步指定而分别成为"特别史迹""特别名胜"和"特别天然纪念物"。

5. 文化景观

文化景观，主要是指在不同的地区由于人们的生活或者生计、职业以及根植于该地区的"风土"而形成的人文景观，例如，"梯田"（水田）、"里山""水渠"（灌溉系统）等，其在理解日本国民的生活或生计、产业等方面被认为是具有不可或缺的重要性。《文化财保护法》把此种文化景观也界定为文化遗产，并要求对其加以保存与利用。文化景观是人类在与自然的调和共生之中孕育产生的，同时，它也是各地居民在其日常生活和具体的生产经营当中，利用当地独特的气候和风土环境条件而创造出来的。

6. 传统建筑物群

传统建筑物群，主要是指和周围的环境融汇为一体，并形成为历史性风貌的传统建筑物的集合，它被认为是具有较高的历史、学术和文化价值，如宿场町、城下町、农村、渔村等。日本学术界认为，每一栋传统的建筑物都有自己的个性，而它们作为一个集合体往往也能够彼此调和，便构成为日本文化的"原风景"。

7. 选定保存技术和埋藏文化遗产

"选定保存技术"制度始于 1975 年对《文化财保护法》重新修改之际。那些被认为有必要采取措施保存的传统工艺和技能，由文部省大臣最终"选定"成为"选定保存技术"，而掌握该技术工艺的个人和团体也相应获得认定。为了保护该保存技术，国家在技术的记录、传承人培养、技术的精进方面给以必要的援助。到 2012 年 12 月 1 日为止，日本选定的"选定保存技术"有68 项，其中 47 项由 53 名个人掌握，另外 31 个保存团体掌握着 29 项选定保存技术。

"埋藏文化遗产"由于其具有不可再生性，无需经过指定或选定。经过大量科学的发掘、测定和研究调查，埋藏文化遗产可以揭示日本列岛先民们生产、生活的历史，具有重要的历史和科学价值。目前日本全国已知的埋藏文化财约有 46 万处遗址，每年以 9000 处左右的速度在逐步发掘调查。同时，日本文化厅致力于及时公开埋藏文化遗产的发掘成果，从 1995 年就开始每年在全国各地举办"发掘日本列岛展——考古成果最新发现"的巡回展览。

（三）日本文化遗产保护

1. 日本文化遗产保护法律制度

（1）对文化遗产法律保护采取综合性立法方式。

日本对文化遗产进行法律保护最大的特点即采用综合性立法方式，并且相关法律法规之间能够协调配合。《文化财保护法》的颁布，开创了文化遗产保护综合性立法的先河。该法对文化遗产进行抽象化从而确定保护对象，将物质文化遗产、非物质文化遗产、自然遗产等进行一元化的保护，而非将其割裂开来。民族学博士周星也认为，文化的"物质"和"非物质"只是形态上一种相对的分类，是为了在文化遗产保护的行政工作中更加方便，绝不是"无形"的文化遗产就比"有形"的更为重要，而且也很难将"无形"文化遗产与其他形态的文化遗产截然分割开来予以保护。此外，政府的文化遗产保护机关的一元化——文化厅是政府唯一的文化遗产保护机构，大大提高了文化遗产保护的行政效率。这种一元化的保护模式不仅使文化遗产保护的行政工作更加协调有序，而且能够使文化遗产保护的相关法规更具权威性。日本文化遗产行政机构和适用的法律都只有一个。正是由于日本的综合性立法方式，使得相关法律法规在适用时能够相互协调配合。

（2）日本对文化遗产进行全面系统的分级分类保护。

日本《文化财保护法》最大的特点之一就在于其将所有的文化遗产类型囊括在内，设置了一套全面的、系统的分类分级保护方法。首先，日本的《文化财保护法》将文化遗产界定为在日本的历史进程中产生，对于理解日本历史文化必不可少的，属于日本国民文化组成部分的珍贵文化财富。其次，在对文化遗产进行细致分类后，《文化财保护法》对同一类型的文化遗产根据其历史、学术价值的大小以及重要性进行分级。

（3）日本保护文化遗产法律规定的明确性高、可操作性强。

《文化财保护法》不仅重视立法的逻辑性，也兼具内容的完整性以及制度的具体化。1950年制定的《文化财保护法》是对之前施行的有关文化遗产保护的所有法律法规进行精确考察，将其中合理有效的规定整合在一部法律中，明确、具体规定了文化遗产的"保护""保存""活用"等各项制度，因此法规之间协调配合，法律内容也具体明确，可操作性强。另外，文化遗产保护制度在法规的修改过程中也不断完善。该法律在总则部分做出文化遗产保护的一般规定以及原则，在分则部分进行对其进行具体明确规定。《文化财保护法》明确规定，日本政府、地方政府、公共团体、文化遗产的所有者、持有者、管理者和普通国民均有各自对于文化遗产管理和保护所应承担的责任和义务。日本通过完备的法律明确规定文化遗产保护各方的权利和义务，使文化遗产的保护工作有法可依，形成文化遗产保护的"举国体制"。

2. 日本文化遗产保护政策的两次转型

（1）有形文化遗产到无形文化遗产的转变。

日本的战后重建工作是全面而彻底的，文化遗产保护工作也不例外。通过对之前半个多世纪保护工作的反思，在1950年前后，以《文化财保护法》颁布为标志，日本文化遗产保护迎来了第一次转型。这一次转型极大地拓宽了文化遗产保护的视野，在20世纪50年代到20世纪70年代间掀起了文化遗产保护的热潮，文化遗产保护的范围也一再拓展。1954年，《文化财保护法》修订案中设定了重要无形文化财及其所有者认定制度，这就是后来被称为"人间国宝"的传承人。这也是第一次将人列入了文化遗产保护的范畴。1960年颁布《古都保护法》，这是整体保护和区域保护概念在日本的第一次实践。1975年《文化财保护法》修订案中，将重要民俗资料改称重要有形民俗文化财，把衣食住、民间信仰、民俗活动、民俗艺能等加入到了保护范围中。此外，该次修订还创设了重要传统建造物群保存地区制度，明确了区域保护的概念。

（2）驱动模式与保护方式的转变。

第一，国家主导转向民间驱动。1996年修订中最引人注目的是有形文化财注册制度的引入。所谓有形文化财注册制度，是相对于以往的文化财指定制度而言的。在文化财指定制度下，只有国家有权限规定需要保护的文化遗产，并进行强制保护。日本政府意识到仅仅由国家层面选定文化遗产进行保护，在广度和弹性上都有所局限，开始引入由地方和民间团体、保有者提出申请，对符合条件的文化遗产予以登记注册的制度。平日的维护工作仍由地方、民间团体或保有者进行，政府根据情况予以一定的经费资助。

第二，收束式保护转向发散式保护。从保护方式上看，以往的文化遗产保护主要倾向于对其原貌的保留和传承，保护活动主要是对有形文化遗产的维护和修理，对无形文化遗产的传承人认定和资助。近年来，日本政府开始重视如何发挥文化遗产的作用，产生经济或者社会价值。例如，对于有形文化遗产，国有的部分采取的是一律向公众开放的政策，如姬路城、平城宫遗迹、旧岩崎家住宅等建筑、史迹，都向一般民众开放。美术工艺品一类的则以博物馆为主体进行定期展示。非国有的文化遗产，则由各地的非营利性团体主导，在文化厅的支援下对具有代表性的有形文化遗产进行宣传和展示。事实上，自2010年起，每年文化厅都拨款用于利用文化遗产进行地区文化振兴。2010年有故乡文化复兴项目，传统文化儿童教室项目；2011年起，每年都有运用文化遗产促进地域传统文化综合活性化项目；2013年增设支援综合运用展现地域特性的史迹项目等。

二、日本旅游文化

（一）观光立国政策

1. 观光立国的含义

按照日本政府对观光立国的界定，观光立国就是把日本建设成为让当地居民以自己居住的地方为自豪并由此感到幸福的国家。并且当地居民的这种自豪感和幸福感，能够让国内外到访游客感受到日本是一个富有独特魅力的国家。总之，观光立国就是要把日本建设成一个"当地人都愿意居住、外地人都愿意来游玩的国家"。通过对观光立国的内涵进行解读可以发现，实施观光立国，在日本国内进行景观建设，改善旅游基础设施，建设美丽日本，能够使日本国民感受到自己家乡的魅力和感觉到作为日本人的生活是多么幸福和美好。由此，观光立国的最终实现对日本国民能够产生巨大的文化凝聚力。另一方面，实施观光立国，就要大力发展国际旅游，吸引世界其他国家游客访问日本。外国游客在日本各地观光旅游的过程中，能够感受到日本独特的传统文化，如体验"茶禅一味"的日本茶道、品味风味独特的日本料理，观赏热闹火爆的大相扑比赛、与自然融合的传统庭园，接触外表和蔼可亲、举止彬彬有礼、内心充满幸福感和自豪感的日本国民，享受四通八达的便利交通、安全有序的社会治安环境，由此加深了对日本文化和日本国民的理解，感受到日本是个充满魅力的国家，从而在内心深处由衷地喜欢日本。由此，观光立国对外国游客能够产生强烈的文化吸引力。

2. 观光立国战略的基本内容

（1）旅游法律体系。

构建完备的旅游法律体系是一个国家旅游发展战略能够得以长期稳步实施的基础。日本政府在制定实施观光立国战略过程中，能够坚持依法行政，通过完善观光立国相关法制建设，确保国家旅游发展战略在今后很长一段时期内能够得以稳步实施。具体来说，日本政府专门为观光立国战略制定了《观光立国推进基本法》，并依据该法制定了《生态旅游推进法》《观光圈整备法》，适时实施了《景观法》。由此，观光立国战略就在法律层面上获得了稳固的支撑。

（2）国家旅游行政管理机构。

设置国家旅游行政管理机构是确保国家旅游发展战略顺利实施的组织保证。日本政府在实施观光立国战略的过程中，构建了完备的战略推进体制推进观光立国的发展。具体来说，2003 年 9 月增设观光立国担当大臣职位（由国土交通大臣兼任），并于 2008 年 10 月在国土交通省内设置观光厅，专门负责观光立国的具体工作。2009 年 12 月，为进一步推进观光立国，日本政府在国土交通省内成立了跨省厅的观光立国推进本部，本部长由国土交通大臣担任，成员由其他省厅的副大臣组成。此外，国土交通省下属的各地方运输局和当地政府紧密合作，与中央政府保持一致，积极贯彻实施中央政府的观光立国政策措施，共同推进观光立国的发展。

（3）旅游人才培养战略。

实施国家旅游发展战略，旅游人才是关键。培养旅游人才是确保国家旅游发展战略成功实施的根本保障。日本政府在实施观光立国战略的过程中，通过鼓励国公立大学发展旅游高等教育、日本政府观光局（JNTO）加强培养高素质的外语导游员、与民间团体紧密合作开办"旅游超人学校"等措施培养旅游专业人才①。

（4）旅游国际化战略。

旅游国际化可以理解为一个国家或地区旅游功能日益与世界接轨，国际旅游知名度不断提高并吸引众多的外国游客访问该国，从而使该国家或地区逐渐融入全球旅游网络的过程。日本政府在实施旅游国际化战略之际，主要对亚洲国家尤其是中国大陆开放旅游市场，并根据旅游发展形势，采取有效措施拓展重点国际客源市场（如英国、澳大利亚、法国、新加坡等客源市场）和新兴国际客源市场（如印度、俄罗斯等客源市场）。

（5）国家旅游形象传播战略。

国家旅游形象是指能对游客产生核心吸引力、在游客心目中代表整个目的地国家文化的抽象概念的综合，可以简单地理解为游客对旅游目的地国家的印象和旅游期待。日本政府在实施观光立国战略的过程中，主要采取国家公共关系策略、魅力型领袖宣传策略、影视文化名人效应、形象广告传播策略、举办大型国际活动（如奥运会、国际体育赛事、世博会等）、申请世界遗产、互联网传播、举办国际旅游交易博览会以及两国地方政府之间结成姐妹友好城市等措施，多渠道、全方位地开展传播国家旅游形象的工作，有效地传播了日本国家旅游形象。

（二）旅游产业发展

1. 日本旅游业发展特点

第一，与其他旅游业发达的国家不同，日本旅游业形成独特的市场格局。与美、英、意、法等国际旅游业发达的国家不同，日本国内旅游的比重远远超过国际旅游比重，占有绝对主体地位。而在国际旅游方面，出境旅游人数远高于入境旅游人数，是一个客源大国，入境小国。形成这一独特市场格局的原因正是经济环境和政策环境互动的结果，战后经济高速发展，为了鼓励旅游消费，政府出台了《旅游基本法》和其他旅游专项法来促进和规范国内旅游业的发展，因此国内旅游迅速发展。20 世纪 70 年代到 20 世纪 80 年代，日本经济持续稳定地增长奠定了它世界第二经济强国的地位，国民收入的大幅度提高和休闲意识的转变使得国内旅游市场进一步升温。为了缓解 20 世纪 80 年代愈演愈烈的中美贸易摩擦，日本政府又颁布了"海外旅游倍增计划"鼓励国民前往海外旅游，出境旅游迅猛发展。21 世纪初，经济持续低迷使得日本政府不得不寻找新的经济增长点，2003 年提出了"观光立国"战略，希望通过大

① 凌强．日本旅游教育新特点探析［J］．日本问题研究，2006（4）：40–44.

力发展旅游业来振兴经济，并在战略中将发展入境旅游提到了相当重要的位置。可见，为了与经济环境相适应，日本政府选择"国内旅游—出境旅游—入境旅游"的发展道路，并在每个时期推出相应的政策为旅游业的发展保驾护航，三大市场板块发展的先后顺利导致了如今日本国内旅游一枝独秀、出入境旅游不平衡的格局。

第二，旅游接待服务行业比旅游吸引物本身更具优势。虽然日本的旅游吸引物具有精致和谐的特点，但其种类并不丰富。相比较而言，日本的住宿业、旅行社业和交通服务设施更具优势。首先，日本住宿业可谓是传统与现代的完美结合，既有富有日本传统文化的温泉旅馆，能使那些海外游客感受到日本独特的"妈妈式"服务；也有与国际接轨的高档酒店，为商务游客提供高质量的服务。日本的旅行社业在世界上具有较大的竞争力，最具代表性的就是 JTB（日本交通公社），它作为唯一两家跻身世界 500 强的旅行社企业之一，通过密切关注国际旅游市场需求和建立覆盖全球的网络系统，推出各类满足个性需要的旅游产品。JTB 跨国跨地区的经营规模虽然庞大，但仍能为每一个团队和每位游客提供个性化服务，这种精致化经营在全球是独一无二的，因此具有较强的国际竞争力。最后，日本具有完善发达的交通设施；连接全国的高速公路网推动了汽车旅游发展；日本铁路提供丰富线路供游客选择；而其发达的航空、水路进一步完善了日本的立体交通网络，为国内外游客的出行提供了便捷。可见，传统与现代相结合的住宿业、具有国际竞争力的旅行社业以及完善的交通服务设施都使得日本的旅游接待服务业比旅游吸引物更具优势。

2. 日本旅游资源的开发与利用

（1）旅游资源再包装。

旅游资源再包装是把有名气、有魅力的旅游资源，通过某种再包装方式重新提高知名度，增加旅游消费。基于旅游地生命周期视角，对旅游资源的再度包装也可以减少游客遗忘曲线。申报世界遗产实施世界遗产品牌效应，是旅游资源再包装型开发重构的重要途径。世界遗产是全人类公认的具有突出意义和普遍价值的文物古迹及自然景观，被世界遗产委员会列入《世界遗产名录》的古迹或景观往往成为一个国家重要的旅游品牌和无形财富，对游客能产生强大的旅游吸引力。

（2）历史文化挖掘与重构。

历史文化挖掘与重构战略意在寻找历史文化的亮点，塑造以历史文化为特征的旅游资源开发，以满足旅游者的特定需求。历史文化保留着本地区的记忆，反映出本地区的文化特征及地理特征，通过历史文化挖掘与重构，使旅游资源得到提炼与形象定位，推进"旅游资源+"发展途径的运用。结合实践来看，"石见银山"是近年日本历史文化挖掘与重构型旅游资源开发的范例。"石见银山"原本是日本岛根县的一座银矿山，开发于 1526 年，当时"石见银山"的银产量占了全世界银产量的 1/3。"石见银山"持续开采约 400 年，直到 1923 年停止了矿山开采活动。当时，一般矿山开发会耗去山林里很多薪炭类木材，可是"石见银山"却看不出被破坏的情形。由于"石见银山"的森林资源得到有效保护，矿山遗址与丰富的自然环境融为一体形成宝贵的历史文化景观。2007 年"石见银山"被列为世界文化遗产，这也是亚洲首次以矿山遗址为内容被列入世界遗产。"石见银山"的历史文化挖掘与重构的价值表现为：其一，以矿山开发为依托进行贸易往来；其二，完整保存了当时的采银技术及各种遗址；其三，完整展示了当时的白银开发场面和居民生活场景。

（3）特色资源驱动。

特色资源驱动指以区域内有魅力的自然资源及人文资源为基础，形成特色旅游目的地。特色资源驱动以旅游资源为基础，大力推进旅游业与其他产业的融合。例如，日本把特色旅游资源与温泉、和食文化、当地民俗、春季樱花、秋季红叶等联系在一起，创造大量的旅游周边产品，使日本的旅游产业逐渐形成了自己的风格，打造出了自己的品牌。让外地游客既能体验当地特色旅游资源又能感受当地文化特征，使得日本的旅游产业不再仅仅局限于自然风光，还逐渐向着人文观光的方向发展。

第六节　日本冠婚葬祭文化

一、日本冠婚文化

（一）日本婚姻制度的演变历程

1. 访妻婚

所谓"访妻婚"，就是婚后夫妻双方各自仍然生活在自己的母家，若想团聚，男方必须去女方家里，时间可长可短。访妻婚具有明显的母系氏族社会的色彩，它鼎盛于大和时代，一直延续到平安时代，时间长达一千多年。访妻婚最明显的特征就是女性在婚姻生活中起主导作用，这就决定了日本女性在那个时代具有较高的社会地位。在这种婚姻制度中，所生子女跟随母亲一起生活。但这并不意味着访妻婚对女性来说十全十美，访妻婚属于对偶婚，对偶婚的一个主要特征就是一夫多妻制。根据日本以及我国关于古代日本记载的各种资料显示，在当时的日本社会，一夫多妻制不仅在贵族当中，而且在庶民当中也非常普遍。

2. 招婿婚

就是女方家庭招婿上门，男方要和女方家庭一起生活，称岳父母为父母。招婿婚是个体婚，从这个方面可以说是时代的进步。招婿婚作为当时日本社会最主要的婚姻形态持续了很长时间。在这种婚姻形态中，女性依然拥有较高的地位。最有力的证据就是当时的许多上层女性都拥有自己的庄园和家仆。更值得一提的是，从大化改新确立了天皇制度到奈良时代结束的百余年间，日本即位的9位天皇中有5位是女性。不仅社会地位差别不大，男女在财产继承方面也是较为平等的。但是在此时，日本女性的社会地位已经日薄西山、岌岌可危。大化改新时，当时的政权颁布了确定子女归属的"男女之法"，男女之法"明确规定良民子女随父姓。此法的颁布并不是依靠大化改新一蹴而就的，而是因为在当时的社会意识形态中男权制已经抬头，它只是以法律的形式把它明文确定下来。

3. 嫁娶婚

嫁娶婚可以说是男权制的象征，在婚姻关系中，男性居于统治地位，女性从属于男性。嫁娶婚是伴随着武士时代的到来而产生的。公元11世纪，日本进入武家社会，男权意识达到顶峰，招婿婚显然已经不适应这个社会的需求，嫁娶婚继而取代了招婿婚成为当时社会最主要的婚姻形态。武士时代以前，日本女性一般都拥有继承权和财产处置权。进入武家社会以后，武士家庭实行长子继承制，女性的继承权和财产处置权被完全剥夺。这意味着女性在经济地位上已经完全失去了独立性，在家庭中没有了发言权。

4. 恋爱婚

现代日本社会的嫁娶婚是以男女双方的意愿和感情为基础的。越来越多的男女通过自由恋爱走上了婚姻之路，这种婚姻被称为"恋爱婚"。同时，随着女性受教育水平和社会地位的提高，许多女性开始走出家庭，参加社会工作，"男主外，女主内"的传统观念正在被动摇，这些都促使婚姻关系中夫妻双方的地位发生变化，妻子不再是丈夫的附属品，而是积极争取和丈夫拥有同等的地位。近些年来，许多女性结婚以后不再改姓夫家的姓，而是仍然继续使用原来的姓氏，这可以说是日本女性争取婚姻关系中夫妻地位平等的一个具体体现。

（二）日本结婚仪式的类型

1. 基督教式婚礼

严格来讲，在日本婚庆市场占据六成以上比例的"基督教式"典礼基本上都是一种模仿，也就是说举行仪式的并非真正的教会或圣堂，而是专为举办婚礼而建的、带有鲜明教会特色的婚庆会所，因此，既不需要明确教派所属，甚至不少建筑本身追求的便是旧、新教"混搭"的风格样式（迄今为止，还未出现以东正教礼堂为范本的"婚礼用教会"）。这么一来，自然对出席者的宗教信仰没有任何禁忌与顾虑。

2. 神前式婚礼

尽管自古以来日本传统婚礼仪式与其独有的神道信仰存在着密切关联，但以一定的仪式步骤固定下来并普及开来则是始于 1900 年 5 月 10 日的一场"世纪婚仪"，当时的皇太子、后来的大正天皇在这一天举行的大典仪式成为普通民众竞相效仿的榜样，在此风潮之下，位于东京的神宫奉赞会（现在的东京大神宫）于第二年 3 月 3 日首开为民间举办皇家婚仪之先河，从此以后，神前仪式日渐流行，"神宫奉赞会"版典礼是为正统。

3. 人前式婚礼

与前两种方式最大不同之处在于，采用这种仪式的新人是在父母亲朋的面前见证婚姻的神圣而非借助信仰的力量。此类婚礼多在会馆或饭店内举行，如今正日渐流行。其实，整个行礼仪式的推进步骤几乎就是对基督教式婚礼的克隆，唯一不同的就是无需牧师的主持参与，观礼亲朋的掌声、欢呼就是对新人们最大的祝福。

（三）日本婚俗文化

1. 婚礼色彩

在日本，如果举行"神前式"婚礼，新娘的头发会挽起来，用龟壳子束紧。在婚礼上新娘的脸会用脂粉画的雪白，头上戴一块白盖头和面纱，从内衣、和服到外套都会以穿白色的来装扮。日本人觉得白色是纯洁，简单的象征，全部用白色装扮意味着新娘从精神到身体都归于"空白"，从此开始新的生活，投入家庭。白色的喜好包含日本人认为婚姻从"空白"出发的含义。

2. 婚礼氛围

日本人认为婚姻是严肃认真的事情，他们把婚礼办得庄重而严肃。这是因为中日两国都具有"天人合一"的东方思想，但是日本人比注重神道哲学中的"自然即神"。崇尚自然、敬畏自然、上禀神明以求保佑庇护。因此，他们严肃而庄重的举办婚礼以此求自然的保护。因为这种观念上的不同，婚礼的气氛出现热闹和严肃两种基调的对比。

3. 数字偏好

在日本的传统婚礼中有着和中国相反的数字偏好。中国人认为双数吉祥如意，日本人认为成双成对的东西容易分离，单数更具有稳定性。在日本有"三三九杯"的说法，这是因为根据中国的阴阳学说，奇数是阳，而双数属阴，三则表示天、地、人，三乘三最高数九是可喜庆的意思。所以婚礼上要"用三只酒杯，每杯喝三次，一共喝九次"，这是男女交杯酒必须完成的数量。此外，日本人在纳礼金时也多为一万、三万、五万这样以单数为主的日元。

二、日本葬祭文化

(一) 日本葬礼仪式

日本的葬礼一般为佛教仪式，也有神道仪式和基督教仪式。采用何种仪式根据死者生前的宗教信仰决定，如果既无宗教信仰，又无遗愿，通常采用佛教仪式。近年来，还出现了与宗教无关的"告别仪式""音乐葬礼"等。无论何种葬礼，代表死者的家属主持葬礼的人叫作"丧主"。另外，最近不办葬礼的人家也有所增加。

通常在葬礼和告别仪式之前，首先要通宵守灵，也就是家属以及死者生前好友聚集在死者遗体或者灵柩旁边，一起缅怀死者的生前事迹直至天明。守灵一般在死后第二个夜晚进行，参加的也仅限于近亲，称为"假守夜"；等到第三天晚上以后才可以安排前来吊唁的其他人参与进来，是为"本守夜"。而葬礼也好，告别仪式也好，都必须在守夜的第二天以后举行。

守灵一毕便可进行白昼葬礼。根据法律规定"土葬、火葬必须在死亡24小时之后举行"，以及想要避开不宜出殡日子的风俗习惯，选定适宜的出殡日期。举行葬礼时，家属通常跪在祭坛的右侧，吊唁者则跪在左侧，中间是僧侣。葬礼的基本程序是：僧侣诵经；宣读悼词和唁电等；僧侣再次诵经；主持葬礼的僧侣率先烧香，而后按照与死者的亲疏关系依次进香。接着僧侣退至一旁，留出祭坛前的空间让家属和吊唁者进行告别仪式。最后，把棺柩从祭坛上搬下来，打开盖子以便家属最后再看一眼他们的亲人；将供奉着的鲜花一同放入棺内后，用石头钉封棺。按习俗，从脚所在那头把棺柩装上专门的灵车，运往火葬场火化后下葬。参加葬礼，无论是丧主方，还是参加方，男士都必须身穿黑色礼服，系黑色领带；女士亦穿黑色服装，不戴宝石饰物。

根据葬礼的规模，费用有所不同。就连灵柩与祭坛，也有各种各样的等级。佛教的葬礼，会为死者取一个来世的"法号"，据说根据布施给寺院的超度费，其等级也有所差异。即使是死，也要花去一笔不小的费用。葬礼结束后，要在寺院或共用墓地买块地安置灵柩，因为日本土地较狭窄，一般只是形式主义地置一块立式的墓碑和小小的祭坛，以备祭扫。而寺院的收入之一也是整理和出售墓地。

与没有血缘和婚姻关系的人合葬，是日本丧葬形式中较有特色的一种。身后愿意和他人葬入同一块墓地的人会组成一个会员制的组织，在身前就互相交流加深了解。会员亡故后就葬入共同的墓地，剩下的会员会追悼死者。多数这样的墓地还会在盂兰盆节等时期举行共同的法事。共同墓地一般能容纳100份以上的遗骨，有的甚至能容纳几万份遗骨。费用通常为几十万日元，最低只需几万日元。除尽量节约丧葬用地外，生态环保也是近年来日本殡葬业重点考虑的问题。

日本许多殡葬服务公司纷纷开始提供"家族葬"服务。所谓家族葬，即葬礼只有近亲属参加，谢绝近亲属以外前来吊唁的客人。这种葬礼规模小，参加人数少，消耗的物资、能源自然比传统葬礼要少很多。此外，许多殡葬服务公司在棺材的环保方面也下足了功夫。目前越来越多的公司为客户提供环保棺材，比如，一款环保棺材完全以棉纤维或其他天然纤维打造而成，并使用天然黏合剂，这种棺材焚烧时排放的氮氧化物、二氧化硫和一氧化碳不足传统合成板棺材的1/3。其他环保方面的努力还包括，按火化遗体的数量，以一定倍数进行植树造林；葬礼用车推行环保驾驶等。另外，最近10来年，树木葬以及把骨灰撒入山岭、大海等丧葬方式正被越来越多的人接受。费用较低和对环境友好是这些丧葬方式受关注的原因。

（二）日本扫墓及祭祀仪俗

东京地区的扫墓习俗，一般是从死者的遗骨埋入墓地的当天开始，在最初的七天，家属每天都要前去墓地扫墓。头七天过后，下一次扫墓的时间一般是在第四十九天。扫墓之前，家属需要预先准备四十九块供给死者的饼，因为这天之后，死者的灵魂就会前往黄泉，与家人正式告别了。这一天，家属只需穿着平时的衣服即可，但严忌穿着鲜亮的服饰。扫墓之前，根据佛教习俗，不能食用鱼类、肉类等食物。"七七"之后，就是一周年祭的时候再去扫墓了。人们相信，死者死去一周年时，会从黄泉之国返回人间，看望在人世的亲人。同样的，死去三周年的时候还会再返回一次。所以，一周年祭和三周年祭都是日本人相当重要的扫墓时间。除了东京地区外，和歌山县、德岛县和高知县也有这样的扫墓传统。

　　民俗调查资料显示，明治时期岛根县邑智郡樱江町坂本地区以土葬为主，安葬后家中要用死者生前用过的碗盛膳供奉佛坛，"三七""五七""七七"忌日举行佛事供养，此后继续进行 1 年忌、2 年忌、3 年忌和 7 年忌，墓旁立卒塔婆（顶部为塔形的细长木制墓标），七年之后死者就转化成了祖先神灵。另有些地区，将 33 周年作为最后忌辰，墓前竖立带有枝叶的塔，标志着死者已经祖灵化。此外，大分县姬岛地区最终供养年限则为 50 周年，最终的忌年也要立枝叶塔，行法式。

　　埋入墓地的死者，经过长期的供奉祭祀就会成为祖神，而祖神会长期保佑一个家族繁荣和昌盛。为实施祖灵化而举行的祈祷冥福的礼仪中，包括日常生活中在佛龛前的拜佛、在死者忌辰时的拜佛、周忌辰以及年忌辰等。这些频繁的祭祀仪式，让日本人对于逝去的亲属，长期活在心中。人死之后其子孙在长达 33 年、50 年的漫长岁月中对其进行不断地祭祀使之成为神灵，成为家族的保护神。日本民间民俗里，在人成为神的形态中，最普遍的便是通过子孙后人不断地进行祭祀活动，经过祖灵化的过程最终成为了"御灵神"。所以日本会如此重视祭祀仪式。

　　日本人在扫墓的时候，除了和中国一样会带食物、扫帚之外，还会随身带一个小桶，在墓地水池装满水之后，用木柄像墓碑上浇上数次水。这并不是出于清洗墓碑的考量，而是意味着，借由纯净的水来净化逝者的灵魂。亲人会正坐在墓碑前，双手合十，轻轻击掌三次，闭眼念念有词，与逝去的亲人进行灵魂的沟通。一般关系的友人，同事或者同学等，扫墓的时候带一束花，即可表达心意。

第三章　日本的艺术商业文化

日本文化有着丰富的内涵，不仅包括礼节文化、饮食文化、冠婚葬祭文化，更包括那些更为高级的建筑文化、商业文化和艺术体育文化，了解这些文化，不但能加深对日本文化的整体感知，还能提高个人文化修养和素质。本章即对日本建筑文化、商业文化、艺术与体育文化展开探析。

第一节　日本建筑文化

一、日本传统木建筑

（一）日本传统木建筑风格形成的原因

1. 建筑技术的限制

很长一段时间以来，日本国民都是居住在一种"竖穴式房屋"之中，这种建筑最大的特点便是使用寿命短，居住 10~20 年就已经达到承载力的极限，此时的房屋便出现腐朽的迹象，需要重建。另外，由于地理环境的影响，日本经常发生大大小小的地震，这些频繁的自然灾害也导致日本无法建筑永久性的房屋，只能居住在寿命较短的木建筑房屋中。虽然日本现在的建筑技术已经比较领先，但是古代的建筑手段和水平也是十分有限，以致于无法建造出那种绝对坚固耐用的房屋。几乎所有的古代日本建筑寿命都较短，不管是普通的民间建筑还是象征权贵的天皇宫殿，出现这种现象的原因还与日本人根深蒂固的思想观念有关，即他们原本就未曾想过一个建筑物要流传几代使用。因此，传统木建筑风格的形成也就不足为奇了。

2. 自然条件的影响

日本的气候温和，夏季高温多湿，雨量较大，四季分明。由于日本自然灾害多发，深切感受到大自然的威胁，注意与自然共生。岛国环境不太受外敌威胁，单一民族国家即使改换统治者还是相同民族来治理国家。在这种风土和社会条件下，日本不需要威慑外民族的巨大建筑和象征统治者特定民族的特殊建筑。传统木建筑最容易融入周围的自然环境之中。另外，在古时夏季高温多湿季节里，降温是个大问题，在当时条件下夏季降温只有借助于自然通风。钢结构之前，只有石建筑、砖建筑等砌体施工法和柱、梁构成的框架结构施工法两种。前者通过外墙承重支撑建筑物全部重量，因此墙壁必须坚固，需要增加墙壁厚度或者减少墙体开口来实现。而框架结构即使没有墙壁立柱和横梁也能够承重，可以最大限度地在梁柱之间上下左右扩展开口。这样的建筑可以达到夏季高温多湿地区通过自然通风实现冷却目的。此外，将房檐延伸出来，使光照不能直射到建筑物的侧方，起到了防止室内温度上升的作用，可以在盛夏时增加室内的凉爽。

3. 精神信仰的影响

在日本，精神信仰会影响到国民生活的方方面面，建筑当然也不例外。具体来说，精神信仰对于日本传统木建筑风格形成的影响主要体现在三个方面。其一，厌恶污秽。日本人对污秽十分厌烦，他们不仅追求心灵的纯净，还非常在意外界环境的洁净，这一点从古时每代天皇的皇都都要更换地点修建宫殿就能看出。其二，巫术信仰。日本文化的形成有着鲜明的开放性特征，这种开放性使得世界上许多文化传入日本，其中就包括佛教文化，此后，日本传统建筑就或多或少的体现出某些佛教特色。其三，树木信仰。日本人本身就对自然十分崇敬，树木作为自然景物的重要组成部分，也被看作非常神圣的物体。在日本人看来，如果他们使用神住过的树木建造房屋，就会得到神的庇佑。综合这些精神信仰的元素，日本人自然喜好用树木建造房屋。

(二) 日本传统木建筑的类型

1. 神社

神社是在神道教影响下兴盛起来的建筑物，主要用来尊奉各种神灵，在日本人的日常生活中占据重要的位置。神社非常讲究环境的选择和营造，其主体建筑有鸟居、山门、拜殿、本殿、钟楼、附属社等。鸟居是一种木制的门型牌坊，是神社最典型的标志物。拜殿和本殿是所有神社都有的，而钟楼、附属社等建筑则因各种神社的特点可有可无。神社中的本殿使用悬山造的两坡屋顶，上覆修剪整齐的茅草或铜皮，山花处或做成人字形的"千鸟破风"，或做成弓形的"唐破风"，正脊上安置坚鱼木，脊的两端设有千木，极富日本特色。

2. 寺院建筑

寺院建筑在日本建筑史上有着非同寻常的意义，可以说，寺院建筑的出现，标志着日本真正建筑样式的开始①。不可否认，日本传统木建筑的风格在一定时期内受到佛教观念的影响，但这种影响并不是旷日持久的，而是随着禅宗思想的传入开始发生改变。在禅宗思想的影响下，日本传统木建筑逐渐演变出了自己的新特色。

3. 日本府邸

日本府邸经历了"寝殿造""书院造""主殿造"及"数寄屋风"的书院造四个时期，其中以"书院造"影响最为深远，并成为现代和式住宅建筑的原型。"书院造"府邸一般都是居间兼书斋，室内以白色为主色调。建筑物平面是矩形，内部以"田字形"来分割各功能室。书院集寝室、书斋、橱架、"上段间"等建筑要素，有的书院还包括会客作用，具有多功能的实用性。书院建筑内部装饰有豪华素雅型，也有排除一切人工装饰，力求朴素型的。无论哪种，书院建筑在韵味上都追求一种闲寂的精神美。

4. 茶室

日本茶道经历了三个重要的历史时期，其中以"草庵茶"最能代表日本文化，"草庵式"茶室便是这一时期兴盛起来的。"草庵式"茶室由茶室本身和茶庭两部分组成。茶室建筑一般都较小，常依山傍水而建，并多与自然园林相结合，讲求动静之间的变化②。茶室取材均来自于自然材料，如木材、竹、泥土、麦秸等。在修建茶室的过程中，日本非常注重对材料自然属性的保护，尽量避免留下人工痕迹。茶庭一般很小巧，常用写意手法布置。茶室门前摆放由大块蛮石凿成的水钵，供茶客洗手。庭园铺置精选的山石，并种植松、竹和苔藓等植物，象征纯洁、清寂的精神。茶室将日本建筑的典型性格发挥到极致，是日本最具特色的建筑类型之一。

二、日本现代建筑

（一）日本现代建筑的发展历程

随着经济的发展，日本的传统建筑逐渐暴露出与现代社会不相适应的因素，因此，传统建筑开始革新，现代建筑风格逐渐萌芽并发展开来。20 世纪50 年代后，日本建筑师对使日本变化成大都市的现代建筑开始进行探索，其

---

① 古市撒雄. 日本的现代建筑历程 [J]. 建筑创作, 2011 (9)：22-27.
② 刘森林. 日本和式住宅及其室内 [J]. 家具与室内装饰, 1997 (3)：20-23.

中就包括非常著名的建筑师丹下健三。丹下于 1958 年设计的香川县厅舍，成为日本现代建筑在早期表现地方性的代表作品。对于地方性，丹下认为："现在所谓的地方性往往不过是装饰地运用一些传统构件而已，这种地方性总是向后看的……同样地，传统性亦然。据我想来，传统是可以通过对自身的缺点进行挑战和对其内在的连续统一性进行追踪而发展起来的。"从这段话中，我们可以看出丹下对地方性的理解，以及地方性与传统性的关系。20 世纪 70 年代后，日本第二代现代建筑师对创造日本的现代建筑又有了新的发展和贡献。黑川纪章在 1979 年开始使用"共生"一词，1987 年出版《共生的思想》一书。他将"共生"阐述为异质文化的共生，地域性与普遍性的共生，人的建筑与自然的共生等等，以此来反对把西方文化作为唯一的价值观和标准，倡导不同文化的多元共生。20 世纪 80 年代后，日本的现代建筑在经过三十多年的独特发展和几代建筑师的共同努力下，越来越受到国际建筑界的重视。

（二）日本现代建筑的多元化特征

1. 历史主义模式

通过挖掘东西方的建筑历史思想，找到其与现代建筑的契合点。这种历史主义模式不仅来源于对日本传统建筑的重新发掘与解读，而且也来源于对西方传统建筑的重构，从而形成自己独特的风格。例如，矶崎新在世界文脉中寻找可供使用的视觉语言，筑波中心引用西欧建筑样式，他超越了现代建筑运动的冷漠，对各种文化兼收并蓄，把目光转向世界，形成了建筑设计的多样风格。而黑川纪章则是在东洋的思想中表现现代日本的主题，他的国立文乐剧场引用了日本传统建筑的样式，通过体现地方特色来表达文化共生的重要性。

2. 自然主义的回归

日本人从古至今都对自然有着特殊的情感，他们热爱自然，感恩自然，对自然流露着强烈的欣赏之情。于是，日本人对于建筑的要求绝不仅是生硬地适应经济发展和城市扩张，而是希望从自然的视角让现代建筑回归生态。不得不说，日本建筑师的这种建筑观点十分有预见性，随着经济的腾飞，城市中的现代建筑变得愈发冰冷，人们只能感叹其建造技艺的精湛，却无法感受到人间温情的存在，而倡导现代建筑的自然回归，便是改变当前城市建筑现状的极佳方式。例如，形象设计集团对现代日本的消费经济论和高度系统化的产业社会持反对态度，致力于发展民俗世界、生态世界的重要性和趣味性，他们的建筑均体现出建筑与自然、与场所融为一体的设计思想。伊东丰雄设计的长野县取访湖博物馆赤彦纪念馆是建筑与环境同化的流动体建筑的典型。

3. 机械主义情结

日本民族在近代具有一种机械情结，这在日本的文化作品中多有体现，如宫崎骏的《天空之城》《风之谷》等作品都表达了对机械的痴迷。对机械的热爱极大推动了日本近现代工业化，而这种情结在建筑上逐渐得到体现。例如，渡边诚把机器般的金属造型与计算机技术联系起来，使设计更靠近科学，他的饭田桥地铁站是世界上第一个完全由电脑自动生成程序设计并实现的建筑。

4. 现代主义的本土化再生

这一流派在当今日本建筑界占有重要地位，继承和发展了以包豪斯派和密斯为主流的建筑思想，讲究纯净、均质、抽象，多用素材的原色。初期现代主义的这些主张，吻合了日本人的审美意识，日本传统建筑所拥有的特质：轻盈、透明、简洁精致的构成、素材感、细部的精美处理以及由此带来的永恒感在这一派建筑师的作品中得到充分体现[①]。例如，安藤运用源于西方的现代建筑语言，用混凝土创造出一种能够隐喻日本文化的空间本质，让人们思索宇宙与自然，用现代手法来表达多元化的、丰富的物质生活空间，创造出具有日本本土气质的现代建筑。

第二节　日本商业文化

一、日本的商业结构

日本商业的最普遍的国际形象集中在工业方面，例如，丰田和索尼。日本经常被塑造成一个由大型贸易公司主导的经济体，这些公司拥有大量职员，结构错综复杂，参与的活动繁多。虽然大公司在日本经济中扮演着重要角色，大多数日本公司都是中小型规模，而且很多公司的业务极其有限。日本对小户型家庭的关怀随处可见，从便利店到小型工厂。大型公司及其分包商之间的关系则非常复杂。

很多关于日本经济的学术研究都集中于大公司，这些大公司充分利用了连锁的结盟方式，即经连会。经连会有两个主要形式——横向的经连会（不同行业的结盟），以及纵向的经连会（特定行业，它们的供应商和经销商之间的结盟）。

---

① 吴耀东. 后现代主义时代的日本建筑 [J]. 世界建筑, 1995 (4): 16-27.

鉴于很多西方公司的大部分董事会成员都是从外面聘用来的，所有日本公司的董事会成员有很大部分是由内部人员所构成。日本公司由一名社长领导，董事会成员由他任命。董事们通常拥有生产和技术的管理经验，这和很多英美公司的会计师主导型董事会恰恰相反。关于日本公司所遵循的集体决策行为也有很多相关资料，包括"禀议制"，即传阅协商备忘录，以达成共识。这种提案制度鼓励员工提出修改意见，逐级呈报，最后递交到董事会。然而，大多数日本机构都是以自上而下的金字塔结构为基础，而且很多大公司都是由一名关键人物所管理主导的。

传统上，日本公司把精力都放在了核心业务上，对开展其他业务则不是很热衷。但是，从20世纪80年代以来，出现了一股多种经营的趋势。大公司越来越多地将核心产品转移到了海外，降低了人工成本，也将国内的经营活动变得更加多元化。同西方相比，兼并与收购变得越来越少。但是，设立子公司（最初是母公司完全所有）的现象越来越普遍。由于核心企业越来越庞大，不能有效地管理所有活动，次级业务一般都转让给子公司分担。这些子公司，可能位于日本地租较廉价的区域，甚至是海外，其人工成本通常比核心企业要便宜一些。表现欠佳的高级员工也可能被明升暗降到子公司的一些名义上的高位，这种调任可以鼓励他们尽早退休。

二、日本商业登记法律制度

（一）日本商业登记的内涵

在日本，学者认为商业登记就是关于商人的登记。由于日本本国并不存在固有的商业登记制度，而是主要继受于德国，因此其"商业登记"的名称也基本上是来自对德语的译文。尽管如此，关于商业登记的含义，日本学者及其各自的著述中仍然存在几种不同的表现形式。我妻荣、石井照久等认为，商业登记是依据商法的规定在商业登记簿上进行的登记，是通过公示商人营业上的事项，保障营业活动的顺畅及安全的制度。鸿常夫认为，所谓商业登记是指通过公示商人的内容，对与商人相关的经济主体的利益进行调整的制度。

对于上述日本学者对商业登记的不同认识和定义，根据不同的基准，我们可以将其进行不同的分类。首先，按概念所包含内容的不同，我们主要可以将其分为三种情形。第一，认为商业登记仅仅是一种登记程序，即从登记程序的角度来认识和定义商业登记；第二，是从商业登记的目的或价值角度来理解，认为商业登记的目的或价值在于保护交易的顺畅和安全进行，是为了保护交易安全而存在；第三，认为商业登记既具有登记程序的性质，也具有保护利害关系人利益，并通过公示作用保护交易安全的功能。其次，按各概念对商业登记性质的不同，可以分为两种，即一种是把商业登记作为登记行为来处理，认为商业登记重点在于登记行为本身；而另一种认为商业登记不仅作为登记行为，更是作为一项制度而存在。显然前者是从登记行为的角度来认识商业登记，而后者是从商业登记整体上来认识的。

综上所述，在日本，商业登记是指为了保护交易安全，按照法定程序，把与交易相关的商主体的有关重要事项进行公示的登记制度。

（二）日本商业登记制度的法律价值

商业登记法律制度体现的是多层次的法律价值，它包含了正义、秩序、自由、安全、效率甚至更多的法律价值内容。但是，商业登记法律制度同时包含有多种法律价值，并不意味着这些法律价值在商业登记法律制度中具有同等重要的地位，这是由法律价值本身的个体性所决定的。法律价值的个体性特征要求商业登记法律制度在体现一般的法律价值目标的基础上，突出其作为"商主体"这一特定主体所要求体现的法律价值。也就是说，在商业登记法律制度中，与诸如正义、自由等一般性的法律价值目标相比，其个体性所要求的法律价值更值得我们去研究。由于商主体的存在本身是为了通过从事商事交易活动达到营利的目的，因此，我们认为，商业登记法律制度中所要体现的法律价值主要应当是交易安全的价值与交易效率的价值。

三、日本商业银行制度

（一）战后日本商业银行的发展历程

（1）战后重建到 20 世纪 60 年代的快速发展。战后日本企业债务负担沉重，商业银行自身资金匮乏，在日本政府的推动下，银行对企业评估采取了新旧两本账的方式，按新账目条件发放贷款，用盈利冲销企业旧债，这一融资模式为日本商业银行重建和关系型融资模式形成打下了基础。20 世纪 60 年代，主银行关系得到正式确立，关系型融资有了长足发展，成为银企关系的主流，而财阀系列企业的成形也导致了"协同融资"关系的出现。而银行作为企业的股东对企业的监管效应也开始发生作用，进而形成了良好的银企治理机制，日本商业银行的资产质量和管理水平得到稳步提升。

（2）20 世纪 70 年代的变革加速。资本市场快速发展，关系融资的基石出现松动。从资金来源看，日本的居民和企业可以通过资本市场渠道实现投资增值，商业银行的低成本资金来源有所萎缩。从资金运用看，一方面，企业债市场抢夺商业银行的客户资源，金融业脱媒现象严重；另一方面，金融混业化的改革进展缓慢，日本商业银行难以开展新兴资本市场业务并获得新的投资途径和资产配置，不得不开始向中小企业和高风险项目转移。

（3）20世纪80年代极盛到速败。经过战后几十年黄金时期的高速发展，日本商业银行无论是资产规模、业务收入、利润水平还是市场品牌都名列世界前茅。但在金融脱媒浪潮下，商业银行逐步失去对企业的话语权，银行监管机制基本缺失。在日本企业大举投资房地产和股市的热潮中，商业银行不仅没有行使监督治理职能，反而任由企业将贷款投入到股市和楼市中，使得投资市场的泡沫和风险在银行系统泛滥。随着泡沫破裂，商业银行的资产质量急剧下降。

（4）20世纪90年代的调整。在日本政府的主导下，日本银行业开始了漫长的资产清理以及并购重组，但由于日本企业和银行相互持股程度极为严重，清理难度大，工作进度缓慢。而日本经济的停滞不前也使得日本商业银行缺乏有力的业务增长支持，造血功能缺失。在这种情况下，日本逐步推进商业银行混业经营，实现商业银行业务多元化的目标，同时通过并购重组，形成了日本商业银行体系的新架构。

（5）21世纪初的重构、恢复与发展。虽然日本经济恢复缓慢，但凭借资产规模优势和稳定的客户业务支持，日本商业银行在一系列破产、并购、重组后，逐步形成了一批有实力的新型银行金融集团。这批商业银行利用日本国际金融中心的优势，大力开展投行业务和中间业务，商业银行的整体竞争水平有所提升，在国际金融市场的声誉和影响力也有所恢复。

（二）日本商业银行的各种制度

1. 决策机制

股份制商业银行的决策机构一般包括股东大会、董事会、监事会等机构，其中股东大会是最高权力机构。由股东大会选举产生董事会，董事会代表股东对商银行的大小事项行使决策权。

对于日本商业银行的决策机构，主要就是股东大会、董事会以及董事会下的各种委员会（主要包括提名委员会、薪酬委员会、风险管理委员会等）。虽然日本的股东大会、董事会以及执行机构比较齐全，但是由于日本商业银行法人股权比较集中，单一股权又比较分散，导致股东大会并没有实际的权力。在董事会成员中，大部分都是来自于公司内部的内部董事，他们不仅掌控商业银行的决策权，同时还履行高层管理人员的执行权。因此，决策权和执行权的统一使董事会成为日本商业银行内部真正发挥作用的机构。

提名委员会，大部分成员是非执行董事，主要负责董事（包括执行董事和代表董事）和高管人员候选人的提名。然后经由第三方评估机构和银行首席执行官对候选人进行全方位的评估讨论，最后由首席执行官将讨论结果报告给董事会进行审批。在董事会看来，这样选拔董事和高管人员可以确保人事决策的公正性、透明性和客观性。此外，首席执行官评估决定候选人的基本政策和任命标准，也与提名委员会讨论的结果密切相关。

薪酬委员会，由独立的非董事组成，主要负责讨论确定公司职工的薪酬及公司薪酬制度等。由首席执行官将其报告给董事会，同时通知集团旗下各个子公司。由薪酬委员会来确定薪酬制度确保了该制度的透明度和客观性。

2. 激励机制

终身雇佣制、年功序列制和企业内工会是日本企业特有的激励机制，在很长一段时间时期内发挥了激励经营者和企业员工的积极作用，也有人将其称之为日本式经营的"三大法宝"。

3. 约束机制

第一，代理人之间的相互制衡，即董事、经理、监事等之间关系的制衡。这种约束机制发挥作用的前提条件是产权明晰、权责明确、经理和董事不交叉任职、各方都能独立履行自己的职责。其中任意一方在做出决策时，都会考虑到其他代理人的意愿。然而对于日本商业银行，这个前提条件不能成立，决策机构和执行机构的统一使日本商业银行的经营者和董事交叉任职的情况普遍存在。

第二，审计监管制度的约束。日本的商业银行的监督机构一般设有监事会和内部审计委员会。监事会是一个独立的机构，其主要职责是监督董事职责的履行情况，并通过列席董事会会议和其他重要会议，查阅银行重要文件和内部审计报告等对银行的经营业绩和财务状况进行监督。其中监事由股东大会选出，且监事不得与银行的董事、经理等交叉任职。日本商业银行的内部审计委员会在首席执行官的管理下执行内部审计职能。该委员会的主要职责是在银行基本政策的基础上，对重要事项进行内部审计，并将审计结果报告给董事会，同时还对集团核心内部公司的控制结构及相关信息等进行内部审计。内部审计委员会又分为内部审计组和外部审计组。

第三，股票市场和经理市场的约束。在股票市场，股东可以通过在股票市场上抛售股票对商业银行经营者进行约束。在经理市场，经理之间的相互竞争给经理带来了一定的压力，约束其为了自身的长远利益，更好的为银行服务。

第三节　日本艺术与体育文化

一、日本艺术文化

（一）茶道

1. 日本茶道的观念特征

（1）"和、敬、清、寂"。

虽然日本社会中的茶道最初源于中国，但是日本人很快就把这种茶文化内化成了具有本民族特色的文化。16 世纪末，千利休继承、汲取了历代茶道精神，并创立了正宗的日本茶道，尤其是他提出的"和、敬、清、寂"四个字，将日本茶道的基本观念特征表露无遗。

"和"指的是和谐、和悦；"敬"指的是纯洁、诚实，主客之间互敬互爱；"清""寂"表示饮茶环境清洁、纯净、幽雅、宁静，饮茶人要凝神沉思，摒弃欲望。其中"和"不仅限于人与人之间的和，还包括人与自然之间的和、人与器物之间的和。按照日本的茶道观，任何一件茶道具都是有生命的，就像人有正面和背面一样，道具也有正面和背面之分。在日本茶道里，任何一件茶具都会受到极大的尊重。我们在欣赏它们的时候，要用双手慎重地捧起，不仅观赏它们的形状、色泽，还要通过对它们的触摸来感觉它们的质地和内在的情感。与参观美术馆中的艺术品不同，茶道中所使用的任何道具都没有什么禁止动手之说，而是让客人们尽情地去爱抚他们。只有在爱抚中，这些茶具才会越来越焕发出生命力。

（2）茶禅一味。

日本茶道，是用一种仪式来向人讲述禅的思想，正如参禅需要顿悟一样，其中蕴涵的人生的经验，需要饮茶者用生命的一段时光来领悟。茶道以禅道为宗，宗是宗旨、宗趣的意思，是事物的第一义。即茶如果不得"禅"这第一义，便不得真义。茶本无形，其灵魂乃是禅道。茶道不是游戏，不能作为游戏和娱乐来学习，而是必须以此来真正地磨炼自己的心。用禅语来表达，就是觉悟自己的本心和本性。在茶道漫长的历史中，从村田珠光的时代起，茶道就开始受到哲学思想的影响。村田珠光参禅于一休和尚，武野绍鸥参禅于大林和尚，千利休参禅于古溪和尚。茶道与禅在精神上是一致的，即是指发展提高自己的生活，达到自己的生活体系的最高境界。

2. 茶器与茶道礼法

茶器在这里主要指茶道所使用的工具，一般有釜、柄杓、茶碗、茶巾、茶筅、水差、茶杓、建水等。"釜"是烧水用的，一般为铁制。"柄杓"是把烧的水倒入茶碗的用具，一般为竹制品。"茶碗"是饮茶用的，一般为陶瓷制品，是茶道中重要也是最具代表性的器具。因在茶道艺术里，有一重要内容就是对茶器的欣赏，其中对茶碗的种类、形状、色彩等的欣赏是所有参加茶会的人们所期待的。"茶巾"是擦拭茶碗用的。"茶筅"是搅拌粉抹茶（抹茶）的一种竹制圆刷。"水差"是盛放往"釜"里加点水或洗"茶碗"和"茶筅"时用水的器具，一般为陶瓷器。"茶杓"是往"茶碗"里放茶的竹制小勺，"建水"是盛放洗完"茶碗"等用过的水的器具。

茶道的礼法一般分为三种，即炭礼法、浓茶礼法和薄茶礼法。其中炭礼法包括为烧沏茶水的地炉准备炭的程序，浓茶礼法为茶道中最郑重的礼法，饮茶之前，要请客人先吃叫作"怀石"的简单却是精雕细琢、充满美感的饭菜。薄茶礼法是茶道中最基本的礼法，一般学习茶道都先从薄茶礼法开始。茶道中使用的茶为粉末茶，是将四月末五月初采集的优质嫩茶，经洗、蒸、干燥后再研磨成粉末状后而成。在茶道的礼法当中，最受重视的是叫作"点前"的表演，是指在茶室的固定位置，按规定摆放、使用茶具，为客人沏茶的一系列动作。同样，客人饮茶时也有规定的顺序及一系列的动作。一般敬茶时，主人用左手掌托碗，右手五指持碗边，跪地后举起茶碗，恭送至正客前。待正客饮茶后，余下宾客才能一一依次传饮。饮时可每人一口轮流品饮，也可各人饮一碗，饮毕将茶碗递回给主人。

3. 日本茶道的教育功能

（1）社交教育功能。

茶道中的"和""敬"等，侧重于人际关系的调整，要求和诚处世、敬人爱民、化解矛盾、增进团结，有利于社会秩序的稳定。在日本，茶道是一种通过品茶艺术来接待宾客、交友的特殊礼节。茶道是通过遵循一定的礼法，以主人和客人的心的共感来饮茶的文化体系。日本人把茶道视为社交的手段，通过茶道的学习和茶会的进行提高人们社交的能力和增进在社交过程中的和谐。正如桑田中亲所说"茶道已从单纯的趣味、娱乐，前进为表现日本人日常生活文化的规范和理想。"茶道已经成为一种特殊意义上的宗教，它以独特的方式让人们享受美的极致，给人以人生的启迪，是人们日常世俗生活的精神补充。茶道始终保持着神奇的魅力，成为追求艺术、感悟人生、陶冶精神情操的重要文化形式，发挥着特殊的社会功能作用。

（2）艺术教育功能。

在茶道中，无论茶室、茶庭，还是茶花、茶道具，或是点茶饮茶的过程和礼仪，都充分体现了日本人的审美意识。要想成为一名好的茶人，需要学习的东西太多了。比如，茶室力求古朴、幽雅，茶具要与茶室的布置协调，茶花则要与季节时令相适宜。可以说，茶道中的一切都在展现着自然、流畅、协调的美。人们在学习茶道和参加茶事时，自始至终都处于美的享受和熏陶之中，自然会受到美的洗礼，提高对美和艺术的感受性。茶道不仅讲究形式的美，还强调心灵的美，注重形式美与心灵美的统一。茶道中蕴含着来自艺术、哲学和伦理的丰富内容，寓精神修养于生活情趣之中。通过茶会的形式，宾主配合默契，心心相通，以用餐、点茶、鉴赏茶具等形式陶冶情操，培养朴实、自然、真诚的意识和品格。从用茶之人的言谈举止和良好风度中，可以感受到茶道的文化艺术底蕴。

（3）精神教育功能。

茶道有着很深的深邃意境，是由简单的饮茶技艺表演升华为追求自我净化、淡泊名利、宣扬正义、不屈服于邪恶和暴力、守旧与创新共举、实现天地人万物和谐这一最高境界的理论与行动统一的学问。中国古语讲，"腹有诗书气自华"。通过日本茶道的学习，人们可以在精神层面上有一个提高和升华。人们的一举手，一投足都会显示出与众不同的，特有的气质。

茶道同样提高了人们的道德观念。日本良好的社会风气和较高的道德水准给他国之人留下了很深的印象。日本的犯罪率很低，社会秩序井然、安定。人们之间彼此谦让，非常有礼貌。晚上一个人走在大街上也很安全。一般民宅的房屋，很少看到窗户上有铁栏杆之类的防盗装置。醉卧街头的公司员工第二天早上醒来之后，散落在身边的公文包、钱包、钥匙等基本上不会有丢失。

（二）花道

1. 日本花道的形成因素

（1）自然环境。

日本位于温带地区，国土狭长，环海多山，因而四季分明，风景迷人。漫山遍野的百花与红叶，高耸入云的山峰，宽广清澈的河流，日本这个岛国在大自然的眷顾下，形成了优美壮丽的风景，同时也培养了日本人崇尚自然、热爱自然的观念，体现了日本人的自然观和审美意识。在日本人的眼中，自然界的花草树木都是有生命的，通过观察这些植物的发芽、吐枝以及开花、结果，表现出强烈的生的意识，进而感受到其强大的生命力。因此他们特别热爱自然，爱惜大自然的这些生命，希望和自然的生命融为一体，渴望寻求心灵和情感的寄托，正因如此，他们对大自然怀有一种景仰和热爱之情。日本人对自然界和四季的变化是非常敏感的，他们从这种变幻无穷的自然中，感受着独特的四季美景。把自然中盛开的花草和枝条放到精美的花器中欣赏，这种插花历史，就是源于对大自然的崇拜和热爱。每每看到这些植物，日本人心中便会产生一种共鸣，涌现出对花草木的爱惜之情。

（2）民俗信仰。

古代日本人相信神灵是拥有神秘力量，并且以他们看不到和摸不着的形态存在的，因此在日本的民俗信仰中，他们认为自然界的树木丛林中栖息着神灵，或者说这些地方是神所依附的场所，即神的"代依"。所谓"代依"，就是指神灵降临或依附的场所，包括树木、花草、岩石等物。因此，无论是在日本花道文化还是在日本人的民俗信仰中，他们将除了花以外的依据某种特定条件而具有神性的木、石、竹、草、松等都视为"花"，在日本人眼中"花"是有神性的，他们是把"花"视为神来看待的民族，认为它们都具有灵性。

2. 日本花道的文化内涵

（1）天、地、人三位一体的思想。

日本花道各流派虽然各具特色、各有千秋，呈现出百花齐放的繁荣景象，但基本点是统一的，那就是天、地、人三者的和谐统一。天、地、人中的天是指由宇宙掌管全部的"引导物"，地是指大地的"跟随物"，人是指由人类所代表的万物指示的"和睦物"。这三者性质调和的姿态是支配自然界的法则，同时也是所谓的人类生活方式规范形成的插花理念，并由这个理念所构成的花型。三位一体的思想受到了儒教的影响。由于关于插花审美意识的理论有阴阳五行说、仁义礼智信的五常的说法等等，因此被说成是儒教色彩浓厚的表现。这说明插花在成立过程中很大程度上受到了儒教思想的影响，而儒教起源于中国，由此也可以看出日本花道与中国源远流长的关系。

这种三位一体的思想贯穿在日本花道的整个发展过程之中。日本人把各种各样的植物素材融合在一起，通过它们来展现出大自然永恒的真谛，以小见大，具有超凡脱俗的意境。花道的精神理念是要求插花之人具有一颗平静的心，不可三心二意，亦不可具有邪念。花作可以体现出插花者的心态，用一颗平静心做出来的花作，插花人的内心是可以领悟得到的。

（2）内心世界的反映。

日本花道注重用插花表现内心世界，将人的内心世界体现在外在的插花作品中，这一点在日本的古典文献中可以看到。在日本天文元年相传的《池坊秘传》中，就写到"花之心应为我之心也"。强调花心即人心、人心即花心，体现了心正花正、花正心正的思想，无论是插花还是赏花，都要求人们心无杂念。通过花枝高高向上、笔直竖立的姿态来领悟正直、端正的含义，意在陶冶与净化人们的心灵，进而提高他们的品德和修养。到了江户中期以后，则要求花匠在插花时必须专心致志，要将内心所想构成花型，且所插之花不能违背花草的自然生长姿态。关于这一点日本人运用儒家思想解释为：因为插花是表现人内心世界的文化活动，所以插花是要人们理解善良之心，通过插花这一行为去理解花的"正直"姿态，因此就要求插花之人本身就是一个"正直"的人，通过插花作品来表现自己的内心世界，同时也要世人理解插花人的内心。

3. 日本花道的代表流派

（1）池坊流插花。

池坊流是日本最为古老的插花流派，已有五百多年历史，它恪守日本插花艺术传统，以"立花"（"立华"）为主，枝条数目取奇不取偶，一般以九条枝条最为常见，这九条枝条各安排在上、中、下段，形成特异的格调，插时各枝有一定的顺序和位置，不能前后倒置，总体成垂直并稍成圆柱型。它的插花构图着眼点在于线条的构成，讲究线条美。池坊流昔日只作为一种供花的式样，现今已成为插花艺术的一个大流派，并在形式上有了不少的改进。

（2）小原流插花。

小原流插花是以色彩插花和写景插花为主。在色彩插花当中又分为写实与非写实两种。写实手法注重插花材料的季节性，形式上有较严密的约束，而非写实手法则不同，它并不受花材季节的限制，除了植物本身外，一些非植物的东西也可以配合使用，这也是一种自由式的插法。以色彩插花为主的作品，不管在什么场合都强调色彩美。写景插花则表现了插花者在描写风景方面的主观愿望，常常以石头、花、青苔来表现。一个插花作品有远、中、近景，在浅盘中，创造了"集自然艺术于一体，缩崇山峻岭于咫尺之间"的境界。小原流的表现手法是以"盛花"为主，即是把花"盛"于浅水盘中，表现出面的扩展。"盛花"的出现，打破了以立花于瓶中及投花于瓶中的传统插法。

（3）草月流插花。

草月流插花，着意于使插花艺术和当前的生活实际相结合，以反应新生活为主，崇尚自然，各类花材与表现手法兼收并蓄。在花材的使用方面，除了生花外，还配以干燥的、染色的、枯萎的植物，甚至剥了皮的树头等，常以此描写一个变化多端、五彩缤纷的世界，所强调的美、是夸张的、富于想象的，它不是简单的模拟自然，而是追求自然中所难寻的美。所插的花，在多变中保持平衡，在多向中保持统一。一般以三个主枝为构图中心，每一主枝取一个方向，其他的花材作为从枝衬托整个作品蕴藏着丰富的想象和无穷的变化，达到较高的艺术境界。

（三）绘画

1. 日本绘画的装饰性特征

大部分国家的绘画艺术发展均起源于陶瓷，日本绘画也同样如此。在日本绘画发展起源的绳文时代，我们就可以发现其抽象性中的装饰意义。日本绘画的对象大部分为人们的日常生活，画家将日本生活中的事物以更加夸张的造型进行简单呈现，加上绘画艺术和技巧的使用，就能够使绘画作品本身更加具有抽象代表意义。日本绘画采用的一般是平面式的绘画方法，结构较为简单明了。当然，画家可以将绘画的事物简单化、单纯化，也可以使用大量鲜艳的色彩来增添画面的立体感和丰富性，而这就是日本绘画抽象性特征中装饰作用的具体体现。

2. 日本绘画的精神性和时空性

日本绘画艺术受禅宗思想的影响较深，早期的日本绘画艺术发展拘泥于社会物质条件，而禅宗思想则赋予日本绘画更多精神上的感悟，这也使得日本绘画走向精神性和抽象性发展道路。通过对日本绘画的赏析，我们也能看出其中包含着的日本民族精神，以及日本人民的日常生活节奏和对抽象事物的简单理解。日本绘画抽象艺术的发展主要特征之一在于将动态的空间感进行消除，赋予其静态的生命力，这也是日本绘画经常以线性描绘手法和简洁明了的构图形式进行构图的重要原因。通过线性手法和平面空间的刻画，日本绘画为人们展示出独特的时空观念，这是日本绘画的重要特征。以《源氏物语》为例，其对具体细节进行具体刻画，又对日本建筑结构进行形式抽象刻画，利用二者的对比，给人带来了视觉上的协调和平衡之感，具有明显的日本绘画特征。

（四）歌舞伎

1. 歌舞伎在日本的思想基础和社会基础

儒学思想被世人认为对日本人的思想有着很大的影响。德川幕府以朱子学作为理论基础，统治了日本长达263年的历史。歌舞伎的发展史，离不开民主文化的历史，特别是离不开社会环境和所有的民主文化的思想认识的根本。儒学思想对日本思想文化有着重大的影响，而且其思想已经成为日本文化所不可缺少的一部分。歌舞伎在德川幕府时期发展并确立，正是在那一时期，德川幕府大力提倡儒学。儒学思想完全渗入了日本社会生活的各个领域，也渗透到了日本民族意识和文化当中，因此，歌舞伎也是受到了儒学的很大影响，歌舞伎也正是彻底地将这一思想进行了传达。另外，保留至今的日本古典传统艺术除来自中国的雅乐以外，能乐、歌舞伎、人偶净琉璃均发源于日本民间。过去，它们也不过是一种乡土艺术而已，只是出于某种历史原因它们才得以发展，逐渐摆脱了民间艺术的性质，艺术性得到升华，由乡村民间艺术发展成为具有代表性的日本古典传统艺术。因此，歌舞伎对日本社会思想的影响为其奠定了如今这样高的社会地位的基础。

2. 歌舞伎的特色

歌舞伎的特色正如"歌舞伎"这三个字所表示的，"歌"即音乐，一般由日本的传统乐器三弦、鼓等做音乐伴奏，配合演员的道白与动作等，有着独特的节奏感。"舞"即舞蹈，"伎"即演技。另外所有演员均为男性，饰演女子角色的叫作"女形"。演员的服饰也很艳丽，在舞剧及舞蹈演出时，演员也勾画类似中国京剧中的脸谱。舞台是旋转式舞台，场景变换时不需一一落幕。还有被称为"花道"的舞台与观众席相连的通道，除供演员上下场时使用外，还可作为舞台的一部分，作为剧中场景的河流或房屋的走廊等，同时也起到了增加演员与观众交流互动的效果。

歌舞伎的表演剧目既有描写贵族、上流社会、武士阶层的历史剧，也有真实表现平民百姓生活的现代剧。不管是历史剧还是现代剧，歌舞伎都追求着一个形式美的世界。歌舞伎的台词，即便是日本人一般也很难听懂，因此剧场都配有背景解说及台词的现代语翻译。歌舞伎的演员几乎都是代代相传，演员从幼小时期开始就要接受前辈的严格训练。

（五）漫画

1. 日本漫画的发展与现状

"漫画"二字起源于日本。1818 年，葛饰北斋出版的《北斋漫画》使"漫画"一词进入了人们的视线，而这里的漫画指的是漫画的原始形态——讽刺漫画。日本现代漫画（即日本战后漫画）的形式则是起源于 20 世纪 30 年代的欧洲故事漫画。1946 年以手冢治虫《新宝岛》的问世为起始，日本现代漫画开始快速成长，形成了具有自身典型特点的漫画风格样式，树立了日本漫画品牌。20 世纪 70 至 20 世纪 90 年代，日本漫画以其细腻的内容、独特的形式、丰富的内涵及完备的产业发展模式，领军世界动漫市场。在亚洲内部，漫画经历了从日本向中韩、东亚、东南亚等其他国家输出的过程。在全球范围，日本漫画重新影响欧美漫画，实现了漫画的"东学西渐"。

随着动漫影响的增强，产业市场日益扩大，各国动漫人才的增加和产业链的完善使得世界漫画得以快速发展。各国力量的崛起使得具有日本漫画风格的非日本作品的数量迅速增加，质量大大提高。日本漫画受到全球化的巨大冲击，加上本身题材和形式的创新不足，从 1995 年左右开始走下坡路，国内销量和国际影响下滑趋势严重。

2002 年开始，日本为了抵抗动漫业的颓势，加快了漫画文化输出。《周刊少年 JUMP》*RAIJIN COMICS NEW TYPE* 等日本漫画杂志相继在德、美等国发行。从 2004 年起，日本从国家的角度开始正式提出要保护并振兴动漫产业，自此日本开始实施诸如寻求海外市场，积极发掘新人，产业内部的调整及细化等一系列漫画振兴措施。漫画本身也从内容、形式、产业等多方面进行积极的调整。

2. 日本漫画成功的原因

日本漫画成功的原因：一是政府的支持，二是社会的包容，三是产业的发展。

（1）政府的支持。

为了扩大动画和漫画产品在国际上的销路，加大传播日本文化的力度，日本政府以及东京都政府都在对日本的动画、漫画产业实施支持和扶植政策。日本政府不但将两者作为一项重要的出口产业，而且还将其作为一种独立的文化来培养，在政策、资金和组织上都给予极大帮助。日本外务省还决定利用"政府开发援助"中的 24 亿日元作为"文化无偿援助"资金，从制作商和发行商手中购买其产品的播放和出版权，并将这些购来的动画、漫画无偿提供给那些无力花费巨资购买的发展中国家，让他们的观众和读者有机会去欣赏日本动画和漫画。日本政府此举不但有推动经济发展的目的，同时也有力图通过动画和漫画向海外推广日本文化和某些政治上的目的。

（2）社会的包容。

日本漫画从 20 世纪 40 年代后期不断发展，到了 20 世纪 90 年代的鼎盛时期，漫画出版物几乎占图书出版总量的一半，迄今仍保持三分之一的高比例，这是日本漫画最突出的特征。在日本漫画市场中，成人漫画和电影等一样是最主要的娱乐方式之一。日本漫画的发展在社会上是没有断层的，存在着各种年龄、性别、文化的和多层次的需求，各式各样的漫画也就相应地培养了起来，漫画在如此宽松的环境内才得以充分发展。

（3）产业的发展。

漫画产业的触角延伸到日本的各个经济领域，其中包括动画、游戏、广告、影视、旅游、服装乃至建筑等多项产业。著名的新制度经济学家青木昌彦认为日本正处于自明治维新以来又一次伟大历史转折中，其结果是在日本出现了动漫、娱乐等一系列超过汽车工业的赚钱产业，"日本正在借助新文化产业的兴起尝试一种渐进式的经济转型"。

二、日本体育文化

（一）相扑

1. 相扑的产生与发展

相扑是一种类似摔跤的体育活动，秦汉时期叫角抵，在南北朝到南宋时期叫相扑。大约在唐朝时传入日本，现为流行于日本的一种摔跤运动。

在日本，相扑的产生已有 1500 年的历史，最早叫"角力"相扑来源于日本神道教的宗教仪式。人们在神殿为丰收之神举行比赛，盼望能带来好的收成，公元 6 世纪末 7 世纪初，相扑逐渐从寺院转移到宫廷，成为供观赏的一种。在奈良和平安时期，相扑是一种宫廷观赏运动，而到了镰仓战国时期，相扑成为武士训练的一部分。"18 世纪兴起了职业相扑，在町室时代出现了'武家相扑'。随着社会的发展，相扑开始逐渐商业化，其相关的技巧、规则、场地、服饰等也逐渐完善，相扑每年举行 6 次分别有'初场所''春场所''夏场所''秋场所''名古屋场所''九州场所'我们可以看出这些都与农业丰收有关联。"①

在 400 年前，由于生产力不发达，土地面积少，自然灾害频发，日本人对粮食的渴求显得极其迫切，此刻相扑被用来作为庆祝粮食丰收的一种类似于祭祀活动的表演。现在，我们仍然可以从相扑比赛的名称上看到相扑类似于祭祀活动的影子。当然，现在相扑已超出了它最初的形态和功能，而且在当今，祭祀活动的属性已经弱化，我们现在很难把相扑和粮食的丰收联系在一起。随着社会的发展，特别是进入近代社会，相扑才开始走向商业。其实，日本人对资源（以前是粮食，现在是各种资源）的渴求随着社会的发展，特别是生产力的发展，越来越突出，越来越强烈。因此，对"大"的渴求可谓是与时俱进。

2. 相扑的精神内涵

相扑运动尽管是一项看似粗糙的角力运动，但却有着很深刻的精神内涵，那就是在相扑中讲究谦虚端庄的礼仪和殊死拼搏的精神。相扑运动有三个精髓，列其一的就是高度的精神境界，这其中包括忍耐力、斗志力和修养。从进入部屋的第一天起，相扑士就开始在训练的点滴中体会这样一种境界。每天早上五点起床，低等级学徒要老实地伺候师兄们的起居活动，从煮饭、洗衣、擦地，到训练时的擦背递水，不得有任何怨言。训练时，也不许叫苦累。相扑的学徒生涯被视为一种封闭的修行，平日严禁喝酒，不许随便外出，每天早上 5

① 张爱平. 日本文化 [M]. 北京：文化艺术出版社，2004.

点起床训练，晚上八九点熄灯休息，日复一日，年复一年，没有任何改变。每天相扑士先进行三项基础训练（四肢着地施展腰部，推撞大圆柱，滑步），此后才可进入真正的赛场训练。因为训练艰苦，甚至发生过学徒因不堪负荷而出走的事情。但这样严格艰苦的训练是为了培养相扑士的意志力和修养，此关不过，将难以应对以后更为艰难的挑战。

相扑运动更要求它的参与者——"相扑士"有较高的精神境界和修养，因为每个大力士不只是一个运动员，他还同时是日本文化精髓的体现者，肩负着将承载日本文化的相扑运动加以发扬的责任。这也是为什么日籍横纲才真正是日本国民心目中的英雄，而外籍横纲只是赛场上的冠军，因为前者才真正体现相扑文化。每次比赛时，参赛力士在角逐前都必须完成一整套仪式，仪式的时间甚至要比选手对峙的时间还长。相扑竞技的场地被称为"土俵"，上撒泥土，被认为是圣洁的地方，如果在赛场上口出秽语，则是对相扑和观众的大不敬。作为最高级别的相扑士——横纲，不仅要实力强大，更要具备一定的人格水准。

（二）柔道

柔道是一种以摔法和地面技为主的格斗术。日本素有"柔道之国"的称号。柔道是日本武术中特有的一科，是由柔术演变发展而来的。它具有悠久的历史，明末清初浙江人陈元赟于公元 1638 年去日本帮助创建柔术，日本人学到了其中的踢、打、摔、拿等技术，结合本国武术和本国国情以及外国武术形成了新的流派——柔术。1882 年，被誉为"柔道之父"的日本东京帝国大学学生嘉纳治五郎综合当时流行的各派柔术的精华，创立了以投技、固技、当身技为主的现代柔道，同时创建了训练柔道运动员的讲道馆。从日本战国时期到德川时代（公元 15 世纪到 16 世纪），一直把柔道称为柔术或体术。所用的柔道这一名词，是由"日本传讲道馆柔道"简化而来的。柔道成型在 20 世纪初，成为世界性体育竞技项目是 20 世纪 50 年代。嘉纳治五郎 1939 年逝世，讲道馆的后继者主动进行改革，使柔道成为世界范围内被广泛接受的运动竞赛项目。

柔道运动也非常注重礼节，强调始于礼终于礼。礼法分"立礼"和"座礼"，练习与比赛时根据需要区别使用。由于柔道运动通过进攻与防御的练习，不仅可以强身健体，又可以通过柔道礼法在与对手的接触中，尊敬对方的人格，调整人际关系，达到提高自身精神修养的目的。

柔道这项运动，在日本有着十分广泛的群众基础，深受人们的喜爱，目前在日本全国从事这项运动的有 160 万人以上。日本每年围绕着全国柔道比赛大会，要举办名目繁多的各种类型的比赛。例如，各地区的中学生（相当于我国的初中生）柔道比赛。高等学校（相当于我国的高中生）的全国比赛、全日大学生优胜赛，以及各种形式的对抗赛等。柔道在日本不仅仅是娱乐性质的体育运动，而且是学校体育的一个教学项目。这就使日本人民从少年时代起就有机会接受系统训练，为提高柔道技艺奠定坚实的基础。因此享有"柔道之国"美誉的日本，在历届奥运会和世界比赛中，几乎每次都获得半数以上的金牌和团体冠军。

（三）棒球

1. 日本棒球运动的起源

19 世纪 70 年代，日本开始了明治维新，开办了近代意义上的许多各种职业学校，并聘请了很多外国教师。1872 年，美国人霍雷斯·威尔森首次将棒球带入日本，并作为一项学校运动，当时他是东京开成学校（东京大学的前身）预科班英语教授。1878 年，在美国学习工程学的平冈宏，将这个棒球游戏介绍给他日本国家铁道部的同事。他和他的同事建立第一个棒球队——新桥运动俱乐部，这也是第一个有组织的棒球队伍。1896 年，来自东京精英大学预科学校击败了来自横滨国家和体育俱乐部的球队，29 比 4，一夜之间棒球在日本风靡开来。这场比赛是亚洲第一次有纪录的国家棒球比赛。日本同时代的媒体称赞这支球队为国家英雄，这场胜利之后，日本多所大学采用了这个运动，并迅速地传遍全国，并且这场比赛的新闻大大促进了棒球作为学校运动的流行。

2. 日本棒球运动的发展

日本的职业棒球比赛始于 20 世纪 30 年代，现有的两个联盟创立于 1950年，其中一个是中央联盟，另一个是太平洋联盟，每一个联盟各有 6 支球队，在总共 12 支球队的分组循环赛后，两个联盟的冠军队再争夺日本第一的总冠军。

自从 1992 年棒球成为奥运会正式比赛项目，日本棒球队几乎在每届奥运会都有斩获，共摘得 1 银 2 铜。2000 年悉尼奥运因明星选手未能为国效力只获得第四。在 2003 年亚洲棒球锦标赛暨雅典奥运资格赛中，尽管松井秀喜、铃木一郎、佐佐木主浩、野茂英雄等效力于美国职棒大联盟的超级球星仍未归国效力，井川庆等一流日本职棒选手也没有参加比赛，但日本队还是以三场比赛全胜且仅失 1 分的骄人战绩轻松夺取冠军。2006 年首届世界棒球经典赛上，日本击败古巴，夺得冠军。2007 年 12 月北京奥运会亚洲预选赛中，星野指挥日本队打败了韩国队和中国台北队，赢得了奥运会入场券。2014 年，时任日本首相安倍晋三领导的自由民主党提议，将 NPB 球队扩到 16 支，即每个联盟增加两支球队。此举的目的是对球队的当地经济起到促进作用。冲绳、静冈县、四国、新泻地区，每年都会举办一些棒球 NPB 比赛。

（四）足球

1. 日本国家足球文化的构建

（1）日本足球器物文化。

器物层是文化的物质外壳或载体，是文化的最外层部分，是构成文化的骨架。足球器物文化表现为足球运动场地、器材、物品等物质材料，是开展足球运动的物质保障。日本足球运动的崛起，首先是器物文化的发展，主要包括资金投入的加大、物质设备的改善等。日本号称世界第二经济强国，对足球运动有较大的资金投入。在职业足球方面，日本有无数世界知名的大企业，许多对 J 联赛球队提供强大的经济支持。

（2）日本足球制度文化。

1）青少年训练体制。

日本足球水平快速上升源自于他们注重对青少年球员的培养。日本队领队原博实在比较中日足球时说，"我们有规模化的学校联赛，进国家队的很多人都是参加过高中联赛和大学联赛的球员，这是日本足球成功的一个重要因素。"日本根据本国国情、民族特点、身体条件、足球基础等因素，制定了切合本国实际的足球训练体系。该体系由低到高分为：基层地区中小学；47 个都道府县；9 个地域；由日本足球协会直接管理的国家训练中心等四个层级。

2）教练员培养体制。

日本建立了完善的裁判员培养体制，突出表现在经费保障、资格认证方面。为了保证球员从小接受正规的训练，日本足协大力推进教练员的培训工作，对教练培训投入巨资。在 2010 年日本足协的预算中，关于教练普及事业一项的支出就达到 33. 74 亿日元（约合人民币 2. 77 亿元），仅次于日本国家队相关事业支出的预算。从 2004 年开始，日本足协对其教练员资格认定制度进行了改革。由以往的四个等级改为五个等级（由高至低分别为 S、A、B、C、D），另外还增设针对 4 岁以下幼儿教练的认定。其中持 B 证的教练员是专门负责初中足球运动员的指导工作。

3）足球竞赛体制。

青少年训练和裁判员培养工作的扎实推进，为足球竞赛活动的开展打下了坚实的基础。日本足球拥有完善的竞赛体制，主要体现在科学的竞赛制度和系统、密集的足球赛事。

2. 日本校园足球的成功对我国足球发展的启示

（1）紧随足球整体发展目标，落实工作扎实明确。

我国发展校园足球的初衷，不单是要振兴中国足球事业，更重要的是要以校园足球为龙头，有力地推动中国学校体育的改革，达到增强学生体质，塑造综合全面的社会栋梁人才的教育目的。与日本教育部门、足球协会、社会、家庭多方共同营造校园足球环境这一成熟的发展态势相比较，目前我国校园足球的顶层设计已经出台，"由国家体育总局转向教育部主导的校园足球面对各方利好条件，但同时在发展运行中也存在着诸多问题：对前期阶段总结得不够及时深入；校园足球发展的角色定位错位；发展目标设置重结果轻过程、脱离现实；实施内容缺乏育人意蕴；责任主体的权责划分不清"。因此，从目标落实和解决问题而言，未来需要从教育部门与体育部门等多部门的协调机制、青少年足球训练规律、教练员与指导员的科学化指导能力、国家省市区县多层次的竞赛体系设置、高水平足球运动员的文化教育与足球专项训练的同步培养、社会与家庭的后援保障机制等多方面科学论证，脚踏实地、因地制宜地设计与完善，只有这样才能实现校园足球发展目标和中国足球发展目标。

（2）增强校园足球教练员队伍力量及其科学化指导能力。

日本校园足球的蓬勃开展与人才辈出，与庞大的教练员队伍和教练员科学化指导能力强有着直接的关系。日本足协不仅抓教练员的数量，更重视教练员培养质量。教练员执教理念、各年龄段足球训练教程的落实程度、每年指导的学生数量和竞赛成绩，既是每一名教练员晋级的重要考核指标，也是遴选一名教练员是否具备指导更高水平训练工作能力的主要参考依据。加强师资队伍建设已成为我国校园足球发展的重要工作之一，目前已出台的多渠道、多方式保障措施包括：鼓励专业能力强、思想作风好的足球教练员、裁判员，有足球特长的其他学科教师和志愿人员担任兼职足球教师；创新用人机制，为退役运动员转岗、足球教师或兼职足球教学创造条件；加强高校体育教育专业建设，鼓励学生主修、辅修足球专项，培养更多的合格足球教师；制定校园足球教师培训计划，开发相关培训资源，组织开展足球教师教学竞赛、经验交流和教研活动；等等。

第四章 日本的"龙"文化

龙文化的传入，使得尚处于愚昧时代的日本人，对风调雨顺、稻谷丰收的感激之情，天旱无雨、稻谷歉收的恐惧之心有了诉求的对象，解决了心理失衡，在日本社会发挥了神道教力所不及的功能。龙文化在适应日本这块土壤的同时，必定要经历由边缘文化进入主流文化的过程。龙在中国的角色在日本并不完全适用，因此，日本人对其进行了本土化改造，使中国的"龙"文化在日本又焕发出了新的生机。

第一节 日本农业社会中的龙文化

一、相关概念

（一）日本龙

在日本人的眼里，龙和蛇的区别非常小，蛇进入江河湖海可以变成龙，飞到天上也可以变成龙。龙是想象中的动物，蛇却是现实里的动物，一个具有象征性，一个具有真实性。日本龙的起源本就是生活于深山湖泽之中，管理水源的蛇，在地下冬眠和蜕皮，代表着死亡和新生，象征着轮回和永恒。它凭借中国阴阳五行说，将本地的蛇和中国的龙融合起来，并且融入了佛教思想，创造出了有日本特色的龙神，它们是神圣不可侵犯的农田之神，水神、海神、山神、婚姻神，可以呼风唤雨，左右农民的生活，大多性格柔和，乐于助人，对人类十分友善，和人类友好相处，给人以恩惠。

日本"龙"的基本内涵与中国"龙"的基本内涵几乎是一致的，也有着天人合一，团结和谐；综合创新，兼容并包；自强不息，厚德载物的特点。但是由于日本"龙"在日本与蛇的区别不明显，所以也带着一些蛇的文化内涵。

在本书中主要进行的是"龙"的研究，所以对于与蛇相似的内涵不做过多的涉及。

中国与日本同属于亚洲国家，在世界上被统称为"东方国度"。中国与日本文化中都有与"龙"相关的文化，在传播与交流中不免出现一些摩擦和冲突，在分期、形象、内涵等很多方面有相同之处，也有不同之处。这些不同之处是值得我们进行深入的研究与分析的。

（二）日本现代社会

日本社会在近现代，虽然也曾有过激烈的变革，但还不是彻底的革命，没有进行过类似中国革命这种对旧制度彻底否定的思想政治革命。因此，新旧混搭现象明显，各种思想均有各自的地位和影响。在历史发展和缓慢的社会变革中，有的消亡，有的保留，基本上是自然变化的结果。

（三）民俗主体

民俗主体指俗民。日本人在千百年来形成的崇龙习俗中生活至今，根据自己的生产、生活模式建立起自己的信仰，在固定的民俗模式中生活，成为俗民。他们"进入了一个既定的生活世界，即他的整个生命过程，都将由民俗模式贯穿始终"。① 在日本农村社会中，至今仍保留着定期的祭龙习俗，从事水稻种植的农民成为祭龙活动的主角，他们的精神需求支撑着这一习俗的传承。

（四）日本人对龙文化的认同心态

本书所涉及的日本龙文化，主要指在日本本土化后的龙信仰习俗。由日本的俗民创造、发展、传承的日本龙文化，受到仍保留水稻种植的日本农村社会的认同，即便在日本科技高度发达的现代社会中，仍是支撑人们精神世界的力量。传统习俗的力量在日本仍具有极强的生命力。

（五）研究预定结论

日本从中国得到的是一条已经成型、进入相对稳定期、功利性强的龙，日本人在这条龙的基础上造就出日本龙的性格。从龙文化传入日本直至今日，在以稻米种植为主的日本农村社会中，龙信仰作为在日本人心目中已彻底内化的

---

① 马志华，郝苏民，马忠才. 从娱神到娱人的智慧·民间舞龙习俗中的民俗主体和乡土文化[M]. 北京：中央民族大学出版社，2008.

舶来文化，依然具有极强的生命力。日本的龙神祭祀活动已有很长的历史，具有节日化、程序化的特点。鉴于日本现代社会的特点，可以断言，日本的龙神祭祀活动，目前只有来自于时代变迁因素导致的形式上的嬗变，而没有质的改变。

二、司水龙神的传入与稻作文化的关系

随着中国文化的东传，龙深深扎根于日本人的生产生活中。虽然龙在日本并没有获得与中国相同的地位，但是，龙作为神的一种，在日本民间精神信仰中仍旧起着不可替代的作用。

龙在日本最多是作为农耕神而存在的。弥生时代，龙随稻米种植技术传入日本。当水稻种植在日本成为最主要的农耕方式的时候，水也随之成为农业生产中最重要的生存条件，这时，日本人认识、了解并接受了龙，还把龙融入民间神话，使其成为雨神、雷神、水神、农耕神等多种形象。在日本的农耕社会中，龙是非常实用的一种神灵形象，虽然没有人见过龙，但人们对其仍旧深信不疑。但是，龙在日本并没有成为众神之长，只是成为众神之一。

日本神话中本就有关于蛇的传说，所以，龙在日本的地位略低于蛇，如在8世纪形成的记纪神话中出现的八岐大蛇，被认为是日本大蛇神话的始祖。在日本众多神话中，始终占据着十分重要的地位。

龙在传统信仰方面，中国与日本还是有着很大的差异的。中国对于龙的信仰和崇拜要大大高于日本对龙的崇拜，所以，龙在中国的地位要远远高于龙在日本的地位。这是中日龙在传统的信仰中最大的差异。

龙文化产生于中国。虽然在世界各地都有着称为"龙"的神话传说，但基本上与中国有关的龙，原型都在中国。与中国文化无关，而又称之为"龙"的西方神怪，只是在中西文化词汇对译时处理不当导致的概念混淆，从中国龙、西方龙的产生、成长、成熟几个角度看，相互之间都没有什么联系。

存在于日本列岛的龙与龙文化，在日本文明产生史中找不到作为土著文化发生的证据，不具有雏形、演变、发展、成熟、传播的系统性结构，可以断定是传自大陆的外来文化。据史料记载，日本从大陆吸收稻米种植文化的初期，曾缺乏作为与稻作农业的要害——需水的性质相匹配的、信仰领域的支撑，日本土著的水神大蛇已无法应付日益发展的社会需求，日本农耕社会急需一个替代大蛇的新形象的水神。就这样，龙神信仰在佛教的大规模传入中应运而生。

在公元6世纪，佛教和道教传入日本列岛，并迅速普及开来，为日本列岛的精神文化增添了新的内容。原始宗教神道教在强势的大陆文化面前，迫于生存，开始寻求与佛教、道教的共存和融合之路。平安时期"神佛习合"运动

中出现的"本地垂迹"观点就是日本人对神道教融入佛教体系所做的努力。从此，以祈祷狩猎和农耕的收获、免遭自然灾害为目的的泛神崇拜的神道教，开始在佛教的影响之下，采取"佛主神从"，将佛教、道教、儒教的思想体系作为统治国家的正统意识形态。

佛教受到尊崇，为其守护神八大龙王和中国道教、土著宗教的龙作为农业，特别是稻作守护神在日本列岛的定居铺平了道路，使之成为日本古代农业社会尊崇的司水龙神。如同神道教寻求与佛教相融合一样，日本古代曾有过的水神大蛇借助于龙产生过程中曾有过的蛇形象要素，与龙结下亲缘关系，功能上有了相近之处。但是，大蛇文化建立在"恶蛇"的基础上，属于被英雄所斩的对象，不是日本农业特别是稻作农业发展所需的神灵。从这一点来说，大蛇必须与龙结合，改变作恶的形象，从而使自己承受住以强势佛教文化为背景的龙文化的冲击，不至于被历史湮弃。

从另一角度说，以龙神为代表的中国龙文化在日本"定居"，并成为日本农业特别是稻作的守护神，是以稻米种植为中心的农业社会发展的结果，是稻作文化需要一个功能性精神支柱所致。民以食为天，传自中国的龙文化和稻米种植文化可以说对日本列岛先民的生存、繁衍和文明的发展起到了重要作用。换言之，中国龙文化在日本的传播基础是稻作文化，确认稻作文化是日本古代文化的主流就显得非常有必要。

在日本学界，曾有过日本文化是稻作文化还是山文化、海文化的争论。从历史事实来看，稻作文化为主流是没有错的。虽然现在日本农业全面衰退，但仍作为日本国民的基本生计和日本文化的精髓，保留着一些稻米种植的农业。上溯至古代，稻作文化使日本列岛的先民们脱离了以植物采集、狩猎和捕捞为主的落后生产方式，进入农耕社会，使社会大大进步。这种以稻米种植为主的农业模式一直持续到第二次世界大战后。

日本的稻米种植技术传自中国大陆。这一点是不可否认的。但是，学界还有印度起源说，即起源于印度，经中国、朝鲜再传到日本的说法。在日本发现的最早的稻谷实物是在岗山和鹿儿岛发现的，可以追溯到六千年前的绳纹时代前期，被称为烧田种植的"热带 japonika"。此外，还有的日本学者从遗传基因的角度，证明传播途径有朝鲜和大陆两条。日本从弥生时代就开始种植"温带 japonika"，只有三千七百年历史的印度稻，在时间上就十分勉强了。

日本的研究人员曾对亚洲各地的水稻进行过品种分布和变异的研究，结果表明中国西南地区是水稻品种的变异中心，证明了中国长江下游地区是栽培稻的起源地。中国的考古调查成果还表明，在湖南道县玉蟾岩遗址、江西万年仙人洞遗址发现了至今八九千年前的稻谷遗迹。浙江河姆渡遗址还出土多达百吨的古代栽培稻的实物，据碳14测定，距今大约七千年。这样，比国际学术界一直认为的印度起源说早了三千多年，从印度经中国再到日本的说法就越发站不住脚了。

证明水稻中国起源说，不仅仅是为了支撑早期中国稻作文明产生的事实，在本书中，目的在于佐证日本稻作农业与司水龙神的发生、发展的同步性，为龙神信仰与稻作的密切关系夯实基础。

三、向司水龙神灵嬗变

随着日本整个国家进入现代化，农业领域也有大量的新技术应用，良种、化肥、机耕、机种、机收、水利设施等为农业的高产和旱涝保收奠定了稳固的基础。可以说，日本的农业科技与国家的工业、科技的水平相当，在亚洲和世界上都属于先进行列。然而在传统的信仰领域，日本人仍离不开神佛，相信物质的创造是上天保佑的结果。高科技如此，工业、渔业如此，农业的丰收也不例外。与中国不同，在日本，时代的变化对农村的信仰领域冲击不大，龙神就是在这种环境下，从古至今受到供奉、祭祀的。

古代日本有与水有关的大蛇神话，是日本人大蛇崇拜的主要依据。至今，九州地区仍有根据当地神话进行的、以祈祷风调雨顺为目的的大蛇祭祀活动。大阪民族博物馆中保存有草编大蛇的实物，介绍了日本农村社会，主要是稻米种植地区的水神祭祀活动。在九州地区还保留着水神大蛇传说，而且根据这个传说每年都组织舞蛇活动。

外来的龙成为司水神的背景和原因很多，其中土著信仰中的大蛇本身的功能欠缺是导致龙登场的重要原因。龙文化通过几种形式传入日本，农耕社会的司水龙神则是随着佛教传入日本列岛。水是农业的命脉，尤其是靠天上来水的四国地区，可以用生死存亡来形容对水的依赖。在脱离以植物采集、狩猎、捕捞为主的原始生产方式，进入以水稻种植为主的农耕社会后，日本列岛居民们的生活、生产方式大大改观，社会文化进入发展期。公元6世纪，佛教普及，通过"本地垂迹说"与日本本土的神道教融合，司水龙神受到尊崇，原始土著宗教神道教的祈祷丰收、风调雨顺的功能，有相当一部分集中到龙神的身上。佛教的"因果应报"观促使人们在喜获丰收后寻找报答对象，以表感激之情。又在旱魃为孽、如恹如焚之时，急于向拥有超自然力的神灵寻求帮助，以解燃眉之急。

在古代，社会生产力发展到某一阶段时，人们便需要某一个超自然的力量来解决生产中遇到的难题。考古学认定中国栽培水稻历史比司水龙神的产生稍早一些，可以理解为龙从氏族图腾到一般的司水神灵需要一个转变形象、功能的过程。而水稻以及作物栽培的普及、技术成熟也需要时间，二者在不同的两条轨道上行驶一段时间后，便并入同一条轨道，产生相互依赖。以稻米等为首的作物栽培需要神灵满足人们确保丰收的祈愿，龙在社会变革中需要获得新的生存动力，逐渐向司水龙神发生嬗变。这样，二者在漫长的农业社会中一起走到今天。

第二节　龙文化在中国的象征意义

一、祖先的象征

人们在无力改变自然界突发状况时总是希望出现超越自然的力量来帮助他们渡过灾难，而龙恰好集合了所有人们需要拥有的力量。所以龙在适时地出现于夏商时期，作为信仰的图腾，龙被赋予是神灵，能通人性，能使人逢凶化吉。这里有一个有趣的现象，龙并未像其他古老文明中的图腾一样，随着新时代的来临，被新事物替代走向消亡，反而随王朝的更替、华夏地域的变化而逐渐强大，纵横贯穿南北东西。这使龙的存在更像是民族的象征，而非单独的图腾。

如今，图腾时代虽早已逝去，但龙在人们心目中的地位仍然可以说是至高无上，这其中的原因不只是对神灵的崇拜，更多源于后世对帝王对龙纹的利用以及长期形成的民族认同感的缘由。这里我们弄清了古代文物与文献中龙的来源之后，进一步要探讨的是人类早期对龙文化的利用，它为帝王的天命论提供了必不可少的依据。

早在商代人们就塑造出完整的龙的形象，随着中原文化的扩散龙不仅成为商王朝的神灵，也被各周边国家接受，并共同尊崇为能通天的神兽；巫术盛行的蛮荒时代曾以鳄鱼代替龙的形式进行祭祀，这样的代替又给了人们更为生动而深刻的印象。于是，龙就有了可链接的实体，人们将龙定位于有神通、聪明的神兽。历史在发展随着文明的到来，民族逐渐形成，为了本民族的发展强大，人们将有关于祖先的传说与龙联系在一起，用以提高民族的地位、尊严与凝聚力，这件事成为历史之必然。

据史籍所载，中国古代不少民族具有尊龙的习俗，越民族就是其中之一。在中国传统观念中，龙是一种生活于水中并掌管水中生物、能赐福降祸的神兽，越人很自然地会认为这些威胁的根源在于龙。于是，他们模仿龙的形象，以此来祈获龙神的保佑。他们认为，纹身，也就取得了成为"龙子"的资格，就能赢得人们的尊敬。由此足以看出越人对龙的崇敬之心。由此我们可以推想出，当时的越国统治者兼大巫师身上所纹的图案，必定也与龙有着千丝万缕的联系。

二、祥瑞的象征

在中国龙文化中，龙不仅被视为一种通天的神兽，而且还被视为一种吉祥瑞兽。在古人看来，龙既然能沟通天地，当然也能代表天或神，给人庇佑。所以，人们很自然地把龙当作昭示吉祥幸福的瑞兆。古代统治者甚至还把龙的出现当作国泰民安的象征。

据古代文献记载可知，古人认为，凡统治者的作为顺乎天意，就可以令年景风调雨顺、社会平定昌盛，就会有奇禽异兽出现来显示祥瑞。这种奇禽异兽可有多种，其中主要为龙、鳞、凤、龟四灵。《礼记·礼运》云："故圣人作则，必以天地为本，以阴阳为端，以四时为柄，以日星为纪；月以为量，鬼神以为徒，五行以为质，礼义以为器，人情以为田，四灵以为畜。……何谓四灵？麟、凤、龟、龙，谓之四灵。故龙以为畜，故鱼不淰；凤以为畜，故鸟不；麟以为畜，故兽不；龟以为畜，故人情不失。"这里明显指出，"圣人"应该是能够掌握与利用四灵，使之为自己服务的人。《管子·小匡》载有："昔人之受命者，龙龟假，河出图，洛出书，地出乘黄。"这里的龙、龟与河图、洛书、乘黄一样，既显示祥瑞，又是为"受命者"服务的。

更重要的是，使用带"龙"字的年号的帝王们，是希望龙神显灵，为他们带来更多的好运，使得他们的政权能够长治久安。因此，可以说，"龙"在中国文化中早早地即被赋予了"神圣·祥瑞"这一象征意义。这一象征意义延续至今，在前面所举的拜年短信中，运用最多的即为此义。

汉代是动物显示灾祥观念盛行的时代，这种观念与"五德终始说"相融汇，所以产生了《史记·封禅书》中"黄帝得土德，黄龙地见。夏有木德，青龙止于郊，草木畅茂。殷有金德，银自山溢。周得火德，有赤之符。今秦变周，水德之时。昔秦文公出猎，获黑龙，此其水德之瑞。"的说法。那么汉代应以何德王天下呢？"鲁人公孙臣上书曰：'始秦得水德，今汉受之，推终始传，则汉当土德，土德之应黄龙见。宜改正朔，易服色，色上黄。'是时丞相张苍好律历，以为汉乃水德之始，故河决金堤，其符也。年始十月，色外黑内赤，与德相应。如公孙臣言，罢之。后三岁，黄龙见成纪。文帝乃召公孙臣，拜为博士，与诸生草改历服色事。其夏，下诏曰：'异物之神见于成纪，无害于民，岁以有年。朕祈郊上帝诸神，礼官议，无讳以劳朕。'"由此可知，西汉初期，张苍的"水德说"曾占据上风，而公孙臣的"土德说"竟以远在成纪（今甘肃天水一带）的黄龙出现事件而终获胜利，张苍也"由此自绌，谢病称老。"像这样的朝廷大事竟以一次"见龙"的偶然事件为依据，显然只有在当时的宗教背景下才会出现这种现象。

三、专制王权的象征

帝王们喜以"龙"作为年号，不仅是因为神龙可以为他们带来更多的好运，使得他们的政权能够长治久安，也是因为可以通过年号再次昭告天下，自己即为真龙天子。王家范先生也曾指出："纵观中国封建社会的历史，统治者将自己与龙相联系，无不带有明显的功利主义目的：或因其出身低微借此提高威信，或因社会动荡以此麻醉人民。从某种意义上说，政治中的龙只是一种推波助澜的添加剂。"[①]

（一）龙文化——帝王天命观的表现

在中国封建帝王统治时期，帝王们想尽办法剥夺人民使用龙的权利，将龙攫为己有，不准老百姓沾龙的边，他们以真龙天子自居，把龙变成了他们的私有财产。所以与皇帝衣食住行有关的用具上，到处都装饰着龙。这些现象都是帝王天命观形成的具体表现。

崇拜与帝王崇拜结合在一起，是中国龙的最大特色之一。在中国历史上，尤其是汉代之后，龙被视为皇帝和皇权的象征。帝王的相貌称为龙颜，帝王的身体也被视作是龙体，帝王的后代子孙统统成为龙种，连帝王所穿的衣服也被称为龙袍或龙衮，衣服上的龙纹图式称为龙鳞，帝王的专用座椅叫作龙座，帝王的卧床称为龙床，帝王乘坐的车称为龙辇，乘坐的船称为龙舟或龙船，登基、即位时称作龙飞，帝王完全被神化，最基本的行走也称为龙行虎步，去世时也与龙脱不了干系被称为龙驭宾天。皇帝自身以及与皇帝有关的一切都能与龙拉上关系。此外，许多帝王还把自己的诞生神秘化，说成与龙有关，是龙子龙孙。最为典型的例子是汉高祖。历史上不少帝王都有类似的传说，这些都是为了说明帝王不是凡人，而是龙子，使人们像崇拜龙那样尊崇帝王，以树立帝王的绝对权威。

龙，换言之，帝王因为相信自己为"龙种"，赋有"龙性"，他们才断发文身以像"龙形"。这完全是图腾主义的心理。图腾既是祖宗，又是神，人哪有比像祖宗，像神更值得骄傲的事呢。龙之所以有资格被奉为图腾，当然有个

---

① 王家范. 中国历史通论 [M]. 上海：华东师范大学出版社，2002.

先决条件。那就是信奉者一定是先假定了龙有一种广大无边的超自然的法力，然后才肯奉它为图腾，崇拜它，信任它，皈依它，把整个的身体和心灵都交付给它。在这里，巫术——模拟巫术便是其得以实现的重要手段。"断其发，文其身"——人一像龙，人便是龙了。人是龙，当然也有龙的法力，这一来，一个人便得到老祖宗的呵护，自然就没有谁敢伤害，能伤害得了他了，依"避害说"的观点就是，一个人要老祖宗相信他是龙。前者如果是"欺人"，后者便是"自欺"了。"自欺"果然成功了，那成就便太大了。从此一个人不但不怕灾害的袭击，因而有了"安全感"，并且也因自尊心之满足而有了"尊荣感"了。人从此可以以神自居了。先假定龙是自己的祖宗，自己便是"龙子"，是"龙子"便赋有"龙性"，等装扮成"龙形"，愈看愈像龙，愈想愈是龙，于是自己果然是龙了。这样一步步的推论下来，可称为"人的拟兽化"，正是典型的图腾主义的心理。

此外龙又是强大力量的象征。古人以为雷电交加是龙王爷在呼风唤雨。每当天旱，便到龙王庙烧香拜佛，祈求龙王降雨。封建皇帝虽自命真龙天子，但只会搜刮百姓，决吐不出甘露以救众生，因此他们也乐于利用善男信女对龙王爷的虔诚心理，赞助这一活动。明成祖后，开始公开封龙王。清雍正二年，正式册封了四海龙王——东海里仁，南海昭明，北海崇庆，西海心恒。黄河历代为患，统治者不思治理，反求助龙王爷帮忙，清顺治皇帝册封黄河神为显佑通济金龙四大王，求其镇守黄河，消除水患。可能是龙王爷不听皇帝调遣，黄河决口闹灾日益频繁，统治者这样做，不但暴露了本身的愚昧无能，连人们崇敬的神灵也给亵渎了。

（二）帝王文化与龙文化的结合

历代帝王都把自己说成是"真龙天子""龙子龙孙"，使龙成为封建帝王的象征。故宫中到处是龙的形象，只太和殿龙雕龙画中的龙就有1万多条。回顾龙的形成过程，龙是由商朝的统治者对"远方图物"进行综合而创造的，因而龙本身就是政治垄断的产物。东周以降，礼崩乐坏，龙纹在客观上获得了一定程度的解放。进入封建社会以来，随着统治者对龙的利用，龙纹的使用又从"开放"走向"垄断"，这"紧—松—紧"的变化，从侧面体现了中国政治制度的变革与演进。与统治者禁止民间使用龙纹的情况相对映，是统治者自身对龙纹的滥用。历代帝王对龙纹的厚爱并没有什么玄机奥妙，无非是借通天神兽来表示自己的非凡能力，以维持其统治地位而已。到了封建末期，龙也就成为帝王的标志。

龙作为中华民族最古老的图腾出现于夏商时期，并且作为中华民族共同认同的祖先，在社会上形成了对龙这一图腾的特殊崇拜。这一古老的神兽几经朝代的轮回，始终活跃于中国封建制度下的政治斗争中，并最终与帝王的天命观紧密结合，形成了大清王朝完美的运行体制，并作为一种思想渗透于各个阶层，可谓发展到了鼎盛。同时也成为统治者在思想上控制百姓的有力工具。并为其统治的权威性披上合法的外衣，为封建帝王的统治提供了合理的理由，缓和了阶级矛盾，保证了封建政治秩序的稳定。龙文化这种特殊的文化现象，被中国的先民刻印在历史的车轮之上，几经变革，最终注入中华民族的血液，即可被称为民族精神，亦可作为民族之灵魂。然而在我们为之骄傲的同时追溯根源，它终究是人类社会生产力水平低下时期的产物，当自然现象的发生超越人类的认知能力，本能的会虚构出鬼神的存在，以寻求心理上的慰藉。封建统治者更是利用鬼神存在同自身"天命"相结合，将龙的神性转移到自身，凭借百姓对神对龙的敬畏，执行帝王的专制统治，并借神的名义将统治者的权力凌驾于法律之上，圣意之下，情法不合，随意践踏老百姓的利益。当人们在无休止的压迫中觉醒，打破帝王"龙身天命"的骗局后，看到的只是统治者在"真命天子""龙的化身"虚幻的色彩下掩盖的专制独裁统治。

总地来说，龙文化与帝王天命观的结合，在推动古代封建制度发展方面有其积极的一面，但与此同时也显现出了诸多弊端。无论统治者怎样为专制套上神性的光环，曲解专制的合理性，都无法掩盖其独裁统治的一面，封建制度的发展更难迎来根本性的变革。当新时代鸣起强劲的号角、唤醒沉睡千年的民族、驱走黎明前黑暗的专制统治时，帝王及他们的"天命观"也将随之泯灭于历史的车轮之下。而"龙"却作为一种独立的文化符号将永存于世，随着新中国的建立，以其崭新的一面走进中国发展新时期，以其新的精神力量感召华夏儿女共筑中华民族的美好未来。

四、民族文化的象征

20 世纪 80 年代以来，《龙的传人》《中国龙》《相聚在龙年》《中国，龙的故乡》等通俗歌曲广为流传、家喻户晓，"龙的传入"的说法深入人心。从中可以看出，人们把龙当作民族文化的象征。

说"龙"可以指代中国或者中华民族，相信大家都不会有什么异议。2009 年 6 月 26 日的《解放日报》上，刊登了一篇题为《从"龙象之争"到"龙象共舞"》（作者王德华）的文章，仔细阅读文章可以发现，其中"龙象之争"和"龙象共舞"中的龙和象分别指代中国和印度，如今用"龙"来象征中国或中华民族的情况越来越多。其实，早在 150 年前，中国人就开始在外国人面前以"龙"作为国家和民族的象征了。19 世纪，中国的国门被打开，清政府不得不适应近代外交的需要，设计了一面"国旗"，国旗为三角形，黄色底面上绘有一条青龙，悬挂于中国的官船之上，代表中国。在确定三角黄龙旗为国旗之前，总理衙门曾向慈禧太后提交了很多备选方案，包括八卦旗、麒麟旗、虎豹旗，但是慈禧认准了"龙"是君主的化身，金黄色又是皇家独享的颜色，既然"朕即国家"，那么用黄龙来代表大清，是最为合理的。此时的"龙"，不仅象征着国家，也象征着王权。

清朝灭亡后，中国不再以黄龙旗为国旗了，但"龙"被赋予的"国家和民族"这一象征意义却被保留了下来。虽然目前有学者提出要重新建构向世界展示中国国家形象的品牌，"龙"可能不再作为中国以及中华民族的象征①，但是本书认为，经过几千年的发展逐渐成为"中国大陆各部族不同文化、宗教、风俗的统一融合体"的"龙"是最能够代表中国、代表中国人民的。因此，今后应该将摆脱了封建王权的"国家·民族"这一象征意义发扬光大。

综上所述，中国的"龙"文化在其漫长的历史发展过程中，逐渐被赋予了祖先、神圣·祥瑞、王权、禁忌、江河湖海、民族·国家这六大象征意义。这些象征意义之间既有区别，也有联系，共同构成了一个统一融合体，促进中国"龙"文化进一步发展。

第三节　中国龙文化与日本龙文化的融合

一、传入日本的中国龙

蛇作为自然界物种之一的性质，使蛇图腾的产生早于龙图腾。以蛇为原型的龙在形成和定型阶段还吸取了某些鱼类、鸟类、爬虫类如蜥蜴、鳄鱼等其他动物的体貌特征和性格。而当时的日本列岛在地理、气候上没有其中许多原生动物，不具备将蛇演绎成龙的要素。换言之，神话中的大多数动物形象的神灵都在体貌上保留着原状或最重要的体貌特点。在日本凭空创造龙的形象，从结果——今天龙的形象上来看，是不太可能的。

近年来，日本有人演绎日本龙的产生，说日本列岛是龙形，岛下有龙潜伏等等。其实，这些都是近现代以来的演绎，没有史料支撑。虽然龙与大蛇都是

---

① 庞进．广义图腾、精神象征、文化标志、情感纽带——中华龙的定位［J］．甘肃行政学院学报，2008（1）：115-119.

传说中的水神，本身就是愚昧时代的产物，对其进行民俗学领域的科学研究，就是为了确认这种信俗产生的原因和过程，如果研究本身建立在唯心主义、不科学的基础上，这个研究就不可能得出正确的结论。日本的考古发掘还没有一例证明龙产生的蛛丝马迹，没有一个合理的解释来证明龙的形态、功能如何形成，只能说龙是来自于中国的外来文化。在中国考古调查中发掘出的种种龙产生的证据链面前，"龙国日本"的论调显得苍白无力。

龙是司水神灵，在佛教普度众生的口号下，以为农业带来风调雨顺为己任。大蛇则是水害神灵，兴风作浪、制造洪水是其在传说中的主流形象，因而在日本古代传说中，成为被诛杀的对象。设想，当年如果没有龙以及龙文化的传入，日本的农业社会会怎样？日本的古人将寄托着人们风调雨顺夙愿的司水大权委给何种神灵还是一个未知数。从民众心理上看，日本土著的水神大蛇是水害之神，以制造水害的负面形象出现在传说中，人们祭祀大蛇多是出于恐惧，舞蛇游街带有猎人将诛杀猎获物作为战利品示众的意义，起到警示大蛇不要兴风作浪的效果。因此，大蛇不能承担起全面进入农业社会后的司水神灵的角色。而龙，在中国土著的龙与佛教的那迦结合中，成了为人们带来风调雨顺的吉祥龙神。人们祭祀龙是出于内心的崇敬，舞龙则是为了迎接龙王爷的降临而一睹其风采。总之，龙的性格和功能，决定了它在司水领域的至高地位。

从文化产生的顺序来说，由于龙形象中具有蛇的要素，蛇图腾崇拜应早于龙崇拜。龙文化是作为后来居上者超越蛇文化的。

但是，龙传入日本并没有导致龙信仰顶替日本先期已有的大蛇信仰，而是经历过一系列的本土化进程后，与原有的土著大蛇文化在形象上相重叠，或在类似文化基因——司水功能上相融合，成为日本民间信仰中诸种神灵之一。基于神话传说产生的龙，在日本也产生了不少原生本土传说。东北上越地区流传着许多关于龙的传说，这些民间传说包含着大量佐证日本的龙性质、功能的信息，是研究"和龙"的极好资料。

日本神话传说中出现的龙的形象更像蛇。例如，日本最古的文学作品《古事记》中记载的多头龙蛇怪物，以及其他神话故事中出现的龙头蛇身的怪物。这些所谓的龙的形象，乍看之下和蛇是一样的，但是具有龙的很多特征。所以日本人对于龙蛇形象划分并不是很清晰。在日本的神话传说中，龙蛇的区别没有明显的界线，两者有时甚至是可以互相转化的。如果要追究这种龙蛇形象暧昧的原因，恐怕要归结于日本人一直以来对于自然的崇尚。日本是一个神道教信仰的国家，神道教最初以自然崇拜为主，属于泛灵多神信仰（精灵崇拜），视自然界各种动植物为神祇，要求人要热爱自然、崇尚自然并与自然合二为一。所以相对于中国虚幻的龙的形象，在日本人的心中，更愿意相信龙本属于自然，所以自然而然地将它与自然界中存在的、与龙略有几分相似的蛇的形象合为一体。《古事记》中出现的多头龙蛇妖怪的形象和中国的蛟的形象颇有几分相似，都是龙中的恶类。但是，日本人眼中的龙并不完全是恶龙，在日本动漫大师宫崎骏的代表作《千与千寻》中出现的小白龙就是正义和善良的代表。在谈到故事里的小白龙时，宫崎骏坦言是从中国《白蛇传》里获得灵感的。

在他看来，蛇的身上有龙的特征，龙的精神里也有蛇的性格，这就是日本人内心深处龙蛇一体的体现。

二、日本龙的分期

随着时代的发展，各个地区之间有了更加密切的联系，这也让中国的龙传播到了日本。龙传入日本之后，产生了一些变化，在各个时期有着不同的特点。为了便于理解，我们用日本比较知名的时期为分界点，对日本龙的历史时期进行了分期。

（一）弥生时代至奈良时代

弥生时代，中国龙通过方士传入到日本，对弥生时代土器上的龙图纹研究是最具代表性的。这一时期，龙在日本基本确定了形象和作用。古坟时代的日本龙和弥生时代并没有太大差别，只是在日常生活中更为常见。并且在这一时期，日本龙开始与虎相对而言，成为强者相争的标志。这时的龙也开始出现在刺绣、镜子、马具、刀具上。六世纪以后的古坟时代，龙开始出现在壁画之上。但是这时的龙只是出现在象征王权的事物之中，普通人是不能用龙来做装饰的。

奈良时代是日本龙的成型期，也是日本龙的初步发展时期。

（二）飞鸟时代至平安时代

随着时间的逐步推进，飞鸟时代，日本各种宗教礼仪日益盛行，龙在日本也发展成为主管降雨的神灵，与中国的龙王的功能相似。根据有关九世纪中期的资料显示，室生时期出现了"龙穴"这一事物。这种龙是生活在洞穴之中的，因此，龙穴只是一种称呼。这一时期，主管降雨的神灵得到极大的推崇，成为当时主要的信仰，这其中，又以龙最为典型。

平安时代是日本龙的成长时期，也是日本龙最为活跃的时期。这一时期，日本龙也与宗教有了融合，成为当时日本宗教势力的代表，也是宗教体制的思想基础。

（三）镰仓、南北朝、室町时代

中世日本的龙有了一些变化。人们开始认为，地震、火山喷发是龙在地底的活动和鸣叫作。人们相信，龙是日本国土的守护者。到了这一时期，龙、龙王、龙神这几种神灵形象在日本彻底融为一体，成为主管风雨的水神。

这一时期，由于蒙古的入侵，日本国土受到了巨大的威胁，在战争中，人们相信龙会保佑日本的将士们百战百胜，也会保护日本人民免收战争之苦，保护日本国土不受外族侵犯，因此，龙也成为守护日本国土的守护神。

中世是日本龙的成熟期，也是日本龙的守护内涵的形成时期。

（四）江户时代

江户幕府的统治下，日本封建体制进一步强化，日本禁止了除了中国和朝鲜以外的所有的对外航海和贸易，开始形成了孤立的状态。1633 年，第五次锁国令发布，直到 1854 年，才重新开始了中断了将近 200 年的航贸。这一时代，浮世风俗题材流派的画家在日本开始流行，这时日本的龙也发生了相应的变化，风格开始偏向浮世绘风格，但是整体形象和内涵并没有太大的改变，仍旧和前代差不多。这一时期，日本的《和汉三才图会》出版，以中国的《三才图会》为蓝本，编集者是大阪的医生寺岛良安和教师和气仲安，这本书的第 36 卷龙蛇部是对日本龙历史概况首次进行详尽描写的章节。这可以看出，这时的龙，在日本已经占据了历史的一部分，成为日本神话历史中不可或缺的重要组成环节。

江户时代是日本龙稳定发展的时期，也是日本龙确立历史地位的时代。

（五）明治、大正、昭和时代

19 世纪后期，江户幕藩体制土崩瓦解，中央集权统一制度的资本主义日本逐步形成，明治政府天皇亲政体制的转换带来了一系列的改革，受到西方思想的影响，日本的近代化过程也在加速。这时的日本开始剔除传统的中国各种思想的限制，西方独立自主的思想日益深入人心。但是，作为代表中国的符号——龙，在变革的过程中并没有被强行剔除，而是继续作为一种重要的信仰而在日本广泛流传着。

这时，日本龙的地位得到进一步的巩固和发展，日本龙的形象越来越丰满，内涵也越来越丰富。

综上所述，日本龙大致可以分为五个时期，每个时期的龙有传承，也有发展变化，这些传承和变化形成了日本神话历史中的龙文化。

三、中国龙文化与日本本土化的结果——和龙

日本"和龙"基本上是中国龙和日本本土大蛇混体的结果。中国龙大约在日本的弥生时代后期传入日本，例如九州南端发现了公元1世纪的龙花纹铜镜。同样农业经济占重要部分的日本，求雨和农业丰收成为民间信仰龙的重要条件。在中国龙传入之前，日本信仰的是本土大蛇。本土大蛇的存在不是作为农业的保护神，而是阻碍农耕的"恶蛇"，在流传的传统故事中，都是要斩杀大蛇的。

公元6世纪，佛教和道教传入日本，日本本土的宗教神道教开始了与大陆文化的佛教、道教共存之路，平安时期"神佛习合"运动中出现的"本地垂迹"就是表现，处于泛神崇拜的神道教在佛教的影响下，将佛教、道教、儒教的思想体系作为统治国家的正统意识形态。而此时一同传入的中国龙已完成了与佛教、道教相结合的过程，佛教的八大龙王守护神和道教的龙从形象和功能上都已经相当成熟。

"和龙"可以理解为中国龙文化在日本本土化的结果，是一条完成去边缘化，成功进入日本主流社会的龙。用"和龙"来表现日本龙，是为了表明日本龙特有的性质，建立一个表现符号，使其有别于中国龙。

历史上，虽然以中国文化为首的大陆文化大规模传入日本，占领了日本的上层建筑领域，而日本人心目中的自然崇拜的原始宗教情结不曾彻底消散，对本土产生的土著文化仍很执着，甚至曾发生过几次对外来宗教、文化的排斥运动。上层建筑的佛教首当其冲，成为被打击的对象。在这种情况下，一般来说，佛教中的守护神八大龙王作为同一体系中的重要部分，本应难逃厄运。但是，日本人还是采取实用主义态度，此时把龙神从佛教中"剥离"出来，让它继续为农业司水。

随着人们对祈求农业丰收、风调雨顺的需要，有过蛇形象元素的中国龙与本土大蛇进行了结合，改变其作恶的形象，日本"和龙"作为司水神进入日本农业社会。日本"和龙"在日本不同地区有定期的祭祀，山口县下关市川棚地区每年四月第一个周六举行舞龙祭，静冈县远洲滨北在每年六月的第一个星期六、星期天举行飞龙祭，香川县三丰市仁尾酚在每年八月的第一个星期六举行"仁尾龙祭"等。

同时，还必须指出的是，龙在中国是与帝王观、雄性、尚武思想、争斗、阳刚的概念紧密联系在一起的神灵，与其配套的一般是凤凰。慈禧太后在其陵墓的装饰雕刻上将凤凰置于龙之上，就是想表现自己凌驾于皇帝之上的野心。可以说，在封建社会，龙凤成为雄雌的代表性概念。与中国不同，在日本的龙

形象与封建社会的帝王观、雄性、尚武思想、争斗、阳刚的概念联系并不紧密，历史中虽有皇家、皇族身着龙纹衣装的记载，但没有达到皇室着装典范的程度，与中国象征皇权相比，作为吉祥图纹的装饰意味似乎更强一些。

在日本民间，普遍存在美女变龙入河、龙女乙姬报恩、龙夫妇、龙妻成佛、美女龙人间寻婿等雌类龙的传说。这些传说，使龙的形象在一定程度上阴柔化，从高不可攀、主宰民众命运的神灵，变得贴近民众生活。有一个例子可以证明阴柔化的龙的存在事实。四国地区水塘畔"祠"中供奉的龙神居然是与日本女儿节女娃人偶相似的座像，不具有中国龙的任何典型特征，与一般人认为的"和龙"形象也完全不同。虽然并不是普遍现象，但是，人们认可这种女儿节女娃人偶的座像，说明在心理上需求龙对人以及人生活的亲近，对龙原有帝王观、雄性、尚武思想、争斗、阳刚等概念有所排斥。人们，具体地说农民们最需要的是顺应人愿、带来风调雨顺的龙，阴柔化带来的结果正是人们所需的。

从故事传说的情节上看，不少是在日本的原创或对中国素材的再加工，其中也不乏与中国龙故事传说相似的部分，可以理解成对大陆原生态传说的进一步演绎，是日本人精神需求所导致的本土化结果。

当然，龙毕竟是龙，"和龙"在整体形象上并没有摆脱中国龙的原型，否则就不是龙了。"和龙"体现出的阴柔化倾向更多地表现在功能、性格上，通过阴柔化，想表达的不过是人亲近龙，也希望龙亲近人的主观愿望而已。

第四节　中国龙文化在日本的传承与创造

一、中国龙与日本"龙"的区别

日本"和龙"吸收了中国龙的一些文化象征，如龙是神圣、祥瑞的，是江河湖海的保护神，也代表着民族和国家。但是日本"和龙"与中国龙在国家政治统治、民间信仰、功能甚至形象等方面大有不同。

（一）象征皇权、民间信仰上的不同

在中国，长达两千年封建王朝的帝王乐于用龙作为代名词，称自己为"龙子龙孙"。因此显现龙性的帝王故事在史书中不断能够看到，如唐太宗出生时"有二龙戏于馆门之外，三日而去"；宋太祖"赤光绕室，异香经宿不散，体有金色，三日不变"；清世祖"生有异禀，顶发耸起，龙章凤姿，神智天授"等等，龙的地位崇高及其独有性成为皇权的象征。龙作为日本皇权的象征曾短暂地被使用过，如《续日本纪》中"天宗高绍天皇龙潜之日"，但是由于日本人对神道信仰和对外来文化的戒备，日本"和龙"没能成为天皇的象征。

在民间，中国龙受到了各种祭祀，渔民每年都会在龙王的生日和汛期结束时"谢龙王"，除了定时祭祀，还有随时祭祀，如有干旱、龙卷风等天灾时，祈求的人也会来祭祀龙王。封建制度崩溃后，龙不再是统治者的象征，摆脱了迷信、神灵等旧有观念，被赋予了新的生命，作为中华民族精神的符号，成为中华民族的共同文化的认同信码，发挥着凝聚中华民族的象征性作用。在日本民间信仰中有龙蛇不分的模糊部分，佛教宣传的故事中经常会发生龙蛇转换的故事，且"和龙"的兽性和邪恶的一面比中国龙要大。日本在信奉并祭祀龙的同时，本土大蛇没有被放弃，在很多地方仍然可以看到大蛇祭。

（二）功能上的不同

中国龙从被创造开始，就被赋予了很多功能，保佑丰收、掌管降雨和江河湖海，来自阴阳五行中的四神之一青龙有镇邪的功用。佛教经典中龙作为佛的守护者被称为龙王，成为天龙八部的部众。道教受佛教的启发，创造出许多种类的龙王，不同职责的龙称呼也不同，"守天宫殿持令不落者谓天龙，兴云致雨益人间者谓神龙，决江开泽者谓地龙，守王大福人藏者谓伏藏龙"，也就是守卫天庭、呼风唤雨、开江辟河、守卫宝藏。其他的还有四海龙王、五方龙王、诸天龙王、清净龙王、大地龙王、法海龙王、三十八山神龙王、天星八封钟龙王等等。道教的龙王还兼管安葬起坟、住宅凶危、官职疾病、生育寿考等事。

随着佛教和道教传入日本，中国龙与日本大蛇相结合后产生的日本"和龙"，在日本农业社会中这种神灵的主要功能是司水神，由于日本处于地震带，多发地震和火山爆发，因此日本"和龙"还能引发地震和火山爆发；历史上日本曾遭外国侵入，日本"和龙"还具有化身英雄、抵抗外国侵略的功能。

（三）形象上的不同

日本"和龙"与中国龙大体一致，日本"和龙"保留了中国龙的绝大部分形象特征。中国龙有五爪、四爪、三爪的区别，这些不同呈现了龙形象演变的阶段性特征，到后来中国龙与国家政治相结合，龙爪数量的区别成为封建等级的一种表现。而日本引进了中国的三爪龙，并保留了龙三爪的形象。

在中国，龙被认为是雄性的，龙王庙中的龙形象基本上都是男人，人形的龙王雕像有一般龙王概念的胡须，暗示了人们对龙的阳刚、权利、力量的普遍性认识。但日本祭祀的龙可以是女性，丰中町本山寺中现存一尊名为"善女龙王像"的龙王木雕像，日本民众似乎并不在乎善女龙王的性别，有的地方流传的善女龙王像呈明显女性特征。日本"和龙"主要的功能是降雨、保佑丰收，将龙阴柔化、女性化更能满足民众对龙顺应人愿、风调雨顺的需要。

（四）中国龙与日本龙产生区别的原因分析

龙文化在中国与日本发展结果不同，从根本上说是日本本土文化和外来文化的区别。在中国，龙作为天与人之间的交流纽带，受到了顶礼膜拜。龙文化发展经过了几千年，人们对龙的想象经过对大自然动植物以及自然现象的取舍初具形态，龙的形象特征和功能是人们顺应现实的需求以及融合佛教、道教文化不断完善形成的，龙文化的与时俱进和兼容并包成就了中国龙。

龙作为祥瑞之物成为中国皇权的象征，这是统治阶级用以承奉天命、顺应天意实施政治统治的理论依据。黄帝时现黄龙，夏有木德见青龙，殷有金德见白龙，周有火德见赤龙，秦有水德见黑龙，龙的现身乃祥瑞之象征，然而却也是历代君主改朝换代之产物。改朝换代尤其是农民起义的领导者用象征皇权的龙造势，带有异姓建立新政权的性质。

对于日本来说，龙文化是外来文化，同时由于与佛教和道教的关系，使得它也不可能成为日本统治者的象征。日本是个很谨慎的民族，对于外来文化很善于吸收和利用。大陆儒家文化、佛道教思想对于日本来说是有巨大吸引力的，日本以"本地垂迹""神佛习合"的方式接受了大陆儒、佛、道思想，但是对外来文化的戒备一直没有消失，信仰本土神道教的日本，历史上曾发生数次摩擦和对抗——"毁佛灭释"，在近代发生社会变革和动乱后，佛教遭受了毁灭性冲击。

龙由于与日本大蛇进行融合已成为日本"和龙"，但是龙神作为具有佛教背景的外来神灵，而且还具有易姓革命之性质，不可能成为以神的子孙自居的日本统治者的象征。

二、中国舞龙在日本的传承

（一）长崎的舞龙

长崎的舞龙表演在当地被称为"龙踊"与"蛇舞"同音，至今已经有

250 多年的历史。长崎的龙踊以其所具有的浓郁的异国风情以及威武有力的表演而闻名日本。

长崎的龙踊是由中国传入的，早在 250 年前的享保年间已经有了在诹访神社举行的敬神仪式上表演龙踊的记录。当时，与"唐人屋敷"相邻的本龙町的居民在华侨/华人的指导下，学会了舞龙的技巧，进而形成了具有日本特色的龙踊，并一直延续至今。

居住在长崎的华人并不是龙踊表演的主体，但是以华人为主体的吼狮会在日本很有代表性。吼狮会专门表演狮子舞，并不表演舞龙。吼狮会在定期举行的长崎灯笼节、崇福寺举行的中国盂兰盆节活动以及孔庙的祭孔活动中起着重要的作用。

（二）神户的舞龙

在神户表演舞龙的团体中，以南京町中华街的华人为主体的舞龙队以及神户市立兵库商业高中的龙狮团最具影响力。

南京町于 1981 年开始重建，1987 年举行了重建后的第一届春节庆祝活动。为了能够在南京町的庆祝活动中表演舞龙和舞狮，提升南京町的活力，当地成立了南京町舞龙队（后于 2001 年扩大为南京町龙狮团），现有来自不同国家、从事不同职业的队员 40 余人。

神户市立兵库商业高中龙狮团舞龙队曾经在香港举行的 2001 年世界夜光龙醒狮邀请赛中获得夜光龙舞龙比赛第三名的佳绩。该校的舞龙队于 2007 年、2009 年连续两届代表日本参加了亚奥理事会主办的"亚洲室内运动会"的夜光龙比赛，这表明该校的舞龙水平超越了学生普通课余社团活动的程度，是日本全国范围内具有代表性的舞龙队。龙狮团每年参加 60 多次各种演出活动，包括在神户南京町以及横滨中华街举行的庆典活动。

（三）横滨的舞龙

横滨的舞龙团体主要包括横滨中华学院、横滨山手中华学校、横滨中华学院校友会、横滨华侨青年会龙狮团。其中，以 2010 年应邀参加国立民族学博物馆"舞动在日本的中国狮子和龙"展演的横滨中华学院校友会以及中华学院的舞龙表演较具代表性。

在日本的华侨学校采用全套的双语、双文化学习体制，舞龙和舞狮被列为学校的课外活动，使得华人子弟从小就有机会接受这些传统艺术的熏陶。在教育学生学习日本文化、风俗习惯的同时，每逢春节等传统节日之际，学校会组织学生参加、观看舞龙、舞狮表演，引导学生理解中国的风俗习惯和文化。由于横滨中华街的规模是全日本最大的，华人的社会影响力大，而且当地的华人子弟从小就有很多机会接触中国文化，甚至幼儿园的孩子也会观摩舞龙、舞狮表演，这使得横滨的舞龙和舞狮有着较为深厚的社会基础。

三、中国龙的象征意义在日本的传承

日本江户时代，以中国《三才图会》为摹本的日本插图百科辞典《和汉三才图会》中，对没有手足的蛇和有四足的龙分别进行了描述，并提到龙是由九种动物组成，具有春分升天秋分入渊的特性。虽然承认了龙具有多种动物的形象特点，但是对于龙的描述是在和蛇对比的基础上进行的，这样看来，日本人依然是将龙看作是一种和蛇并存的自然界的动物。

中国和日本同为东方国家，但是对于龙的形象却有着不同的理解。日本是神道信仰的国家，崇尚自然、回归自然的思想深入人心，所以在对于龙的形象的认识上，更愿意相信它是实际存在的自然神灵，所以就出现了龙蛇形象不很明朗的现象。而中国，自古以来受到佛教、道教等虚无思想的影响，所以很容易接受被神化了的龙的形象。再加上封建统治者对于龙的神圣形象的深化，使得龙的形象对于中国人来说成为特别的存在。直到现在，世界华人依然以龙的传入为骄傲就很明显地能够感受到龙文化在中国的特殊性。

中国的"龙"文化传入日本之后，逐渐与日本固有的民俗信仰相融合，其内容、形式以及象征意义等也发生了一些变化。具体表现在以下几个方面。

（一）融入日本人"崇八排九"的思想

日本人将中国传入的"龙"文化中融入了日本人的"崇八排九"的思想。在中国文化中，"九"是个虚数，经常被用来形容数量之多或者程度之高，所以龙有九个儿子，龙背上有九九八十一片龙麟，建筑物大门外作为屏障的墙壁上也绘有九条龙（九龙壁）。而在日本，虽然今天神奈川县的箱根神社和长野县的户隐神社有"九头龙"的传说，但是日本人更多地将"八"与"龙"联系在了一起。

崇"八"的日本人也是排"九"的，因为在日文中，"九"读作"ku"，与"苦"字同音。由此可见，中国"龙"文化中频繁出现的"九"是与日本的传统习俗不符的，用"八"代替"九"是日本人对中国"龙"文化的一大改造。

正因为接受月满则亏，日本人并没有将他们的"龙"填得如中国的"龙"一样丰满，日本的"龙"并非全才也并非至高无上，更没有被哪个阶级所垄断。换句话说，它没有被完全定型，因此有更多的自由发展空间，可以在有需

要的时候起到相应的作用。

(二) 融入日本人的神道思想

日本人将中国传入的"龙"文化中融入了日本人的神道思想，并且，在这一过程中，"龙"被赋予了"国家的保护神"这一新的象征意义。

据16世纪成书的《八幡愚童训》记载，弘安四年（1281年），元军第二次大规模进攻日本。当来到鹰岛时，"青龙"出现，元军因为害怕而退回到海上，随后遇到了暴风。也就是说，"青龙"的出现阻止了元军进攻日本的步伐，随之而来的暴风又将元军赶走。为此，日本朝野上下惊喜万分，认为暴风因日本八百万神的威德而起，是"神风"。而先于神风出现的"青龙"更被认为是保护神的先驱。虽然《八幡愚童训》的文字是以宣传八幡神为目的的，不可尽信。但是我们至少可以看到，在保护国家的重要环节，"龙"是被特殊提及的神，而这可能是源于它的身上融入了多种自然物、自然现象的精华，能够同时满足不同地区人民的心理需求的缘故吧。

(三) 融入日本人的女性观念

日本人将中国传入的"龙"文化中融入了日本人的女性观念。在日本的记纪神话中，太阳之神天照大神是女神，月亮之神月夜见尊是男神，并且太阳女神拥有至高无上的地位，这与大多数民族正好相反，是日本历史上女性曾拥有较高地位的一种反映。在日本历史上，先后出现过8位女性天皇，不仅如此，女性长期在家产继承和经营方面与男性享有同等的权利。

与在中国兴云布雨的"龙"身上充满着阳刚之气相比，进入日本后的"龙"的身上多了几分阴柔之美。海神女儿变回龙形产子的传说便是一例，丰玉姬命的性格柔中带刚，与中国儒教中所倡导的三从四德的女性形象相去甚远。与此同时，丰玉姬命也是神秘的，兼有《三国志·魏志·东夷传》中的女王卑弥呼的一些特征。

因此，本书认为，不同时期、不同身份的女性龙神也是各个时期、各个身份的日本女性的象征。日本人的这一创新从浦岛太郎传说中龙女的形象随时代的发展而发生变化这一点也可以略窥一二。

第五章　日本文化的"哀"因素

日本民族有"哀"的文化传统，他们面对自然也好人生也罢，都仿佛有一种与生俱来的哀伤感，但是通过对民族精神的塑造，他们能够将这种哀伤转化为乐观和超然，转化为一种自我牺牲和奉献的精神。本章即从日本文化中"哀"因素的起源讲起，进而对日本动漫作品中的物哀情结、"哀"因素的文化内涵及其与日本文化的相互作用展开分析。

第一节　日本文化中"哀"因素的起源分析

一、历史传统

"哀"因素的形成有着极其丰富的原因，其中十分重要也是必不可少的影响因素便是日本的历史传统，通过对日本历史传统的分析，我们一定能够发现"哀"因素产生的客观条件。首先，从日本的民族来看，提到日本，大多数人都能直接反应出日本是由单一的大和民族构成的，但是殊不知，日本大和民族的统一经历了一个十分漫长的融合与调整过程。从单纯的人种构成分析，最初的日本人是蒙古、马来等人种与当地土著人的混血，这样的民族构成必然是复杂而又充满不确定因素的。但是，令人吃惊的是，大和民族的最终形成并没有经历激烈的矛盾和冲突，而是始终以一种和平的姿态进行不同民族间的融合，进而形成了以日本土著居民为主的大和民族。其次，从日本传统的生产方式看，其主要以农耕为主，并不是像近代那样通过大肆的侵略与扩张获取某些生产资料，日本人在很长一段时间内过着自给自足的生活。加之其独特的地理位置，始终远离欧亚大陆，几乎很少受到战乱的波及，这样的社会环境使得日本人的生活状态平稳安定。基于这样的生活背景，日本人骨子里似乎很少有粗犷豪迈的因素，取而代之的便是细腻温婉、多愁善感的民族性格。

在中国渡来人①大量迁入日本以前，日本一直处于比较落后蒙昧的绳文时代，渡来人的到来不仅带来了农耕文明，还带来了中国的文化和先进生产生活方式，使得日本历史得到质的飞跃，从而进入了弥生时代。但日本在吸取外来文化时，并非照单全收，而是结合自身，有选择地吸收并加以改造。在绳文时代，日本恰处于母系氏族社会，因而其文化带有明显的女性色彩，即思考方式感性大于理性，看待事物直观感受大于逻辑推理。而这一时期形成的绳文文化在之后日本的历史发展中一直起着核心支撑的作用。日本著名学者上山平导认为现如今的日本社会分为三层，表层是具有国际化特色的现代的表层社会，剥去表层，下面是带有中国文化特色的农业社会文化，而对日本文化起决定性作用的是最深层的日本本土的绳文文化，是构成日本文化的核心部分。公元7世纪，日本大量引进唐文化，儒学和佛教在这一时期传入日本，但并未对日本本土核心文化的地位产生巨大的影响。中日两国的思维方式和文化具有相似性，这对儒学的传播奠定了基础，但相比于中国儒教一味冷酷地强调伦理纲常，禁锢人欲，日本儒学更看重人情伦理，对"情"与"欲"持宽容的态度。而这样一种对人伦情感宽容理解的态度也促使了日本文化中"哀"这一特点的形成。

二、地理环境

不得不说，日本的地理环境为其"哀"因素的形成起着不小的推动作用。众所周知，日本是一个岛国，其不仅与外界有着海洋的分割，更在自身的地形上显示出鲜明的"南北狭长"特征，山脉便是整个日本的脊梁。日本的山脉众多，不管你身处何地，几乎都不难发现某个高大的山脉，这也成为了日本一道独特的风景线。当人们置身山脚下，不但可以与脚下绿油油的田地亲密接触，还能欣赏到半山腰迷人的红叶，更能观赏到山顶皑皑的白雪，这便是大自然对人类的馈赠。日本人从古至今都在与大自然的亲密接触中生活，他们乐于欣赏自然中的美景，因为这些景观能够为其带来内心的平静。

任何事情都有两面性，日本人在感恩大自然赋予的美好景物时，也对日本的地理位置、国土环境产生了某些不满。日本是一个列岛国家，不但国土面积十分有限，就连地理位置也非常独立，这些不可否认的客观因素自然而然地让日本人产生了小国寡民的思想。更为雪上加霜的是，由于日本横跨了多个气候带，不仅南北温差极大，南北两端的气候状况也十分不宜居住，这就造成了大多数的日本国民集中居住在日本列岛太平洋沿岸的状况。日本人的生存状态其

---

① 渡来人：因战乱逃荒或文化交流而来到日本的，掌握一定先进生产技术的外来移民。

实并不太好，这也是许多土著日本人常常抱有自卑心理的一大原因。另外，日本还是一个多灾多难的国家，其经常遭到各种台风、地震等自然灾害的侵袭，在这样的土地上生存难免缺少安全感。所以通口清之才会有这样一段感慨："中国有句俗话叫'稳如泰山'，而日本人甚至连脚下的土地都不稳定。如果说日本人的人生观、世界观中有一种刹那感的话，那么，它不正是出于连大地都在变动这一经验的积累吗?"① 在这样的环境里，日本人习惯性地将人生看作蜉蝣一般，轻如草芥、短暂易逝。因此，无论是对于自然还是人生，对外物还是自身，他们都抱有一种悲悯之心、哀切之感，这就是"哀"情绪之所以会深深融入日本的国民性格之中的原因之一。

三、审美视角

审美最基本的特性是反映一个人的欣赏能力，从审美视角出发，我们同样能探寻到日本文化中"哀"因素的起源。人之所以能够通过审美获得心理上的满足和精神上的愉悦，在很大程度上依赖于审美的移情作用。简单来说，移情作用就是人类情感的转移，当人们在观察一个事物时，总会从自身的情感出发，赋予事物以生命，思考该事物的相关状态。当然，这种对待事物的心理也反作用到了人类本身，此时人似乎与事物融为一体，同事物共思考，和事物发生共鸣。② 这种移情作用并不少见，甚至可以说常常出现在原始民族的形象思维中，这也是时代发展的典型产物。例如，我国《诗大序》中指出诗可以"兴"，可以"托物见志"便是指诗歌可以借助外物抒发诗人的情感。在西方，审美的移情说也是由来已久。亚里士多德就曾在《修辞学》一书中说到用隐喻格描写事物应该"如在目前"，即"凡是带有现实感的东西就能把事物摆在我们眼前"。黑格尔也曾经说过，"艺术对于人的目的在于使他在对象里寻回自我"。而在日本，与自然的亲近使得这个民族无时无刻都流露出对山川草木、宇宙万物的同感之意、喜爱之情。春观夜樱，夏望繁星，秋赏红叶，冬会初雪……四季的景致都是日本人赏玩的对象；春花秋月杜鹃夏，冬雪皑皑寒意加……将四种心爱的自然景物排列在一起，在日本人眼中看来就是最朴实动人的诗句。

日本人的情感是丰沛的，他们热爱自然，更乐于吟咏自然，希望用诗歌将自然中的四时风物描绘出来。当然，日本人对自然的吟诵绝不是单纯的，这种

---

① 通口清之. 日本人与日本传统文化 [M]. 王彦良，陈俊杰，译. 天津：南开大学出版社，1989.

② 朱光潜. 西方美学史 [M]. 北京：人民文学出版社，2003.

吟诵通常包含着作者对世事无常的感慨。一位日本高僧良宽曾经写下这样的诗句："秋叶春花野杜鹃，安留他物在人间。"这句诗的意思并不难理解，无非就是要表达诗人没有什么东西能够留在人间的感慨，但是这位高僧却不曾遗憾，虽然自己的宗教思想是虚无的，但是自然的美好却是永恒的，这就足以成为自己在人间最好的纪念物。通过这句诗，我们获知的不仅是某一个人的情感表达，更是全体日本人对美的发现与感悟，以及他们对大自然的尽情体验。作为一个华夏儿女，我们看到美好的事物首先想到的是用心欣赏或者如何保留，充分享受那一刻的心灵满足，但是大和民族的日本人却不这样想。当一片美丽的樱花盛开时，日本人首先涌上心头的情绪便是樱花凋落的哀伤之感，这样的想法甚至被渗透到了人的生死之中，人应当生而壮烈，死而利落。这种特殊的审美角度，造就了日本人特殊的审美倾向，形成了日本文化特殊的哀之美。

四、政治经济形态

在政治形态上，日本在历史上很早就完成了民族的统一，形成一个以皇室为中心的中央集权制国家。在整个历史发展过程中，没有经历过像欧洲中世纪那样的混乱无政府时期，也没有经历不同种族的对立，基本一直维持着稳定统一的政治局面，没有大规模的流血战争冲突。这样的政治环境给予日本人相对安定的生活，安定悠闲的生活养成了人们礼貌谦和的性格。在经济形态上，在渡来人大规模涌入日本以前，日本还处于比较愚昧落后的绳文时代，那时候的人们主要与狩猎与渔猎为主，农业的发展落后。到了公元前 2 世纪至公元前 3 世纪，大陆民众为了躲避战乱和苛政，大批迁入日本，为落后的日本带来了先进的文化和生产技术。日本进入弥生时代后，农业取得巨大发展，日本由狩猎向农耕经济转变。相比于游牧民族的骁勇善战，漂泊不定，农耕民族由于生活来源稳定，性情也相对平稳温和。

任何事物都需要我们用辩证的眼光看待，科技的发展同样如此。不可否认，科技的发展使人类社会得到了飞速的前进，人们的生活越来越便利，但是，高深的科技同样给了人们警示和重创。1945 年，日本广岛和长崎遭到了原子弹的猛烈轰炸，人们的生活秩序完全被打乱，有的人甚至失去了生命。经过这样的惨痛教训，日本人开始反思高科技对于人类社会发展的意义，越来越多的日本人开始陷入不知为何一味渴求科技发展的思维漩涡中，日本人也由此变得更为悲观，物哀情结也得到了深刻体现。

第二节　日本动漫作品中的物哀情结

一、日本动漫作品中物哀情结的具体表现

（一）作品主题突出物哀情结

1. 物哀之"乐"

日本文化中认为，人的种种情绪中，苦闷忧愁，即一切不如意之事才是让人感动最深的。但物哀不仅限于抒发"悲"的情绪，物哀也感叹一切让人感动快乐有趣的事物。物哀之"乐"不同于美式的以插科打诨、夸张搞笑、幽默讽刺为乐，物哀之"乐"是以感动为基础的，不是开怀大笑，而是会心一笑，是充满温情的快乐。

2. 物哀之"和"

不管是与自然的相处方式，还是人与人之间的相处方式，日本人都崇尚中庸之道，以"和"为贵。自古以来，以农耕为主的日本民族崇尚与自然合而为一、和谐共处。不管是在本土形成原始信仰——原始神道教，还是后来舶来的信仰——禅宗，它们都有的一个共同点——与万物和谐共生，日本人认为人类不是孤立的存在，而是大自然不可分割的一部分。这不同于西方的自然观，在西方的自然观中，外在环境是加以改造和否定的对象。日本人的自然观与中国人的"天人合一"的思想是共通的。日本人的重"和"不仅体现在和自然的合而为一的相处方式上，还体现在现实生活中。面对人生中的困境和不幸，日本人很少激烈地反抗，或愤愤不平地责骂命运的不公；也甚少因为遭遇挫折打击而从此一蹶不振，颓废堕落，当人生遭遇低谷，他们更多是顺应，甚至可以说是逆来顺受，苦中作乐，看似随波逐流却永远心存希望。看似云淡风轻，实则内心早已经历过百般煎熬。"和"介于"乐"与"哀"之间，是一个广阔的没有强烈情感倾向的情绪领域。哀乐交融，是阅尽繁华后的平淡，历尽沧桑后的坦然，看破世事后的豁达，复杂向本真的回归，破茧后的新生。

3. 物哀之"悲"

在很多人的印象里，物哀首先对应的情绪便是悲，因为悲是哀愁最直接的体现。物哀之"悲"出现在日本可谓顺理成章，天性多愁善感的日本人在愉悦的事物中都能联想到悲哀的结局，更不用说本身就足够悲哀的事物了。出现

这种现象的根本原因依旧是日本并不算理想的地理环境和频发的自然灾害，因此日本人常常发出某些悲哀的感叹。当然，日本人在表达物哀之"悲"时同样不是剧烈激荡的，而是依旧用一种压抑和隐忍的态度予以表现。

（二）场景设定突出物哀情结

1. 美丽的自然

通过自然风物的描写，让观者感知物哀是日本物哀美学的主要表现形式之一，因为自然之美即是日本美之核心。日本动漫影片对大自然的关照直接反映在影片的场景设定上，就是体现在各个作品中的，对大自然毫不吝惜笔墨的描绘和赞赏，森林田园、古树苍野、清溪小路，这些表现了自然之美意象，在日本的动漫作品中随处可见。

2. 都市、废墟

城市是现代文明的产物，因为有了城市，人们的生活更为便捷。每个生活在城市中的人都会留下或欢畅或悲伤的足迹，这便是城市的魅力。发展是任何事物的存在规律，于城市而言，它可以往好的方向发展，也可能会沦为废墟，越变越好当然是大多数人的心中所想，但是废墟也是一种美。在废墟中，人们能够找寻到自己曾经的生活印记，而这种印记便是回忆。回忆往往处于一个人的内心深处，若是任何外物能触及到这一领域，人立刻就会与该事物产生共鸣，这种共鸣恰恰是契合了物哀之美的审美内涵。因此，废墟便是非常能突出物哀情结的一个场景。

3. 虚幻空间的构建和营造

虚幻空间的构建和营造离不开科技手段，伴随着科技突飞猛进的发展，越来越多的人开始通过科技手段反衬人类的渺小。人类虽然生活在现实空间之中，但是却常常通过虚拟空间获得某些情感，虚幻空间的构造一方面满足了人们的好奇心理，为人们带来精神上的满足，另一方面也深刻揭示出了与高深的科技手段相比人类力量的薄弱，人们的物哀心理由此产生。

（三）声音意境突出物哀情结

听觉作为人的五感之一，同视觉一起构成了对外界的真实感受，而自有声电影出现以来，声音在电影里的作用不可或缺，一部优秀的影片不能只有画面，声音也是极其重要的部分，它和画面一起配合，承担起了一部影片叙事和表意的作用。而在日本动漫作品中，音乐可以配合画面一起来为虚幻的世界添砖加瓦，并让动漫里的那些亦真亦幻、似是而非的景象变得立体而真实。日本动漫配乐也延续了日本的物哀之美，或哀伤真挚或清脆灵动或悠远深邃，配合画面一起把影片的情感氛围烘托的淋漓尽致。调查发现，日本动漫作品中的很多配乐往往不追求夸张动感，或者庞大恢弘的音效来夺人耳目，而是在空灵之余更伴有淡淡的哀伤，就像一种静谧的叙述，把一段段故事娓娓道来，更深层次地去挖掘和表现物哀之哀。

二、新海诚动漫作品中的物哀情结

（一）作品主题

1. 孤悲与爱恋

爱恋的主题是新海诚作品中最偏爱也最常见的一部分。其中最为能体现爱恋主题的作品是2013年制作的动画电影《言叶之庭》，影片《言叶之庭》讲述的是一个年仅15岁的以制鞋为梦想的高中生秋月孝熊，母亲出走，哥哥工作不顺利，使得整个家庭都处于贫困无奈之中，还是学生的秋月为了生计，不得不利用课后闲余时间打工，在这种生活中，秋月感觉人生前景一片迷茫。梅雨季节的一天，想找一片安静之地释放心中苦闷与压力的秋月，来到了一个闲暇乘凉的日本庭院，而同在亭中的一人就是女主角雪野百里香，因为工作中的烦恼，雪野在落寞中喝着啤酒，两人相见有一种同命相怜的感觉，于是两人定下了每当梅雨来时，就来这里躲避烦恼，相会在这世外桃源般的幽静角落。在梅雨季节的日子里，雨渐渐地拉近了两个人之间的距离。与雪野的逐渐熟识，使得秋月发誓要做一双与雪野相配的鞋。虽然梅雨已过，但是两人的相会仍然继续。

从实质上讲，日本的恋汉字依据就是"孤悲"，因此，恋与孤悲本身就存在着密切的联系。新海诚第一部以"孤悲"为主题的动漫电影就是《言叶之庭》，这部作品饱含着创作者浓浓的"恋"。实际上，恋与恋爱是两个概念，二者之间既有相似性，也有不同之处，而在日本传统的思想观念中，恋爱是不存在的，所有的珍惜与依赖之情都是恋。发展到现代，恋爱开始出现。需要注意的是，虽然新海诚的《言叶之庭》是现代场景，但是其在情感的表达上依然选择了传统观念中的恋，而这种恋，甚至都不能算作真正意义上的恋，仅仅是恋爱的前奏。新海诚对于孤恋的刻画并不是肝肠寸断的，而是采用一种淡淡的描写手法，将恋的哀思一点一点传递给观众。

2. 遗憾与生死

生与死的主题是物哀永远的话题，新海诚的电影作品中将这个主题发展和创造的作品就是《追逐繁星的孩子》。影片讲述的是渡濑明日菜生活在一个山村，在每天放学之后，她都会独自爬到山顶上，利用她父亲遗留给的一块石头，接听不知来自何方的音乐。有一天，明日菜走到桥上时出现了一头怪兽，在被攻击时，被一个叫瞬的男人救了下来。原来瞬并不是地上的人，而是来自地下的雅戈泰，在传说中，雅戈泰是引导人类发展的神的住所，也是接收亡灵的世界。瞬自知寿命将至，所以来到向往已久的地上世界寻找人生的意义，纯洁的友谊在少男少女之间开始萌芽。在明日菜享受与瞬之间的友情时，却不知道瞬已经逝去。森崎龙司作为明日菜班级的新老师，在课堂上讲述了一个传说，也就是关于雅戈泰的传说，而这一传说，也勾起了明日菜对瞬的认识。然而森崎老师的身份其实是专门研究雅戈泰的地上组织一员。当瞬的弟弟心来到地上寻找瞬留下的歌薇丝，却被森崎老师的组织发现，同时明日菜也来到了山顶，于是在心的带领下明日菜和森琦老师一同来到了地下世界的入口进入了雅戈泰世界。森崎老师目的是复活妻子，明日菜也希望能够将瞬复活，于是在雅戈泰世界，森崎、心和明日菜开始了一段冒险追逐生命的旅程……

新海诚的动漫影片中始终体现出浓浓的物哀，这不但源于其个人的审美特点，更是受影响于整个大和民族的审美特点，这是一个民族的审美风气，更是一个国家人民选择的审美方式。正如日本国学家本居宣长对物哀进行定义时说的："世上所存之事物，若能够予以心灵上的深切感动，就必须不加以抑制，把它表现出来。所以作者通过虚构的人物和事件，去演绎这种感动和思考，以此展现作者觉得有趣，想传达的事物"①。新海诚通过虚构的事件传达物哀的感受从而让观众体味物心物哀。

（二）场景设定

1. 雨

影片《言叶之庭》的最重要的物哀元素就是雨水，将写实与景象结合在画面里，情与景相融，掀开一个个美不胜收的镜头。从影片开始开镜的第一幕，就由雨滴敲落的湖面泛开圈圈涟漪，由近及远隐隐点题，雨也作为影片的一个物哀符号贯穿于全篇始末。与自然景物映衬的电车，展开了故事的描述，翠绿的树枝扶着湖面，伴随幽静的鸟鸣，以静制动，统率了全篇的开端和氛围。男女主人公的第一次相遇是在下雨天孝雄逃一节课来到一个公园开始，"六月"两个大字幕，镜头从雨幕中的高楼往下摇，直到湖面的涟漪，孝雄穿过公园，来到日式庭院初次见到雪野，由于男主角对制鞋的追求，使得他开始观察雪野的脚部，镜头多次对女主角脚部的特写，因为这与男主角的梦想是联系在一起的，这也是两人之间产生关系的引线。在两人对视的镜头中间却存在着庭柱的分隔，这也是刻意制造的情境，虽然开始有了关系的产生，但是仍然

---

① ［日］本居宣长．日本物哀［M］．吉林：吉林出版集团有限责任公司，2010．

存在着隔离，这种陌生又孤独的两个个体使场景变得如此尴尬，通过这样分割式的构图，意在积攒情绪，为不久到来的高潮做铺垫。

雨在这部影片中的作用十分关键，不管是最初故事的开始，还是中间故事情感的转折，都是通过雨这一物象实现的。可以说，雨在这部影片中扮演着两个角色，一是场景，二是重心。具体来说，这部影片的第一个场景和最后一个场景都发生在雨中，主人公在雨中会面，主人公之间的故事也在雨中结尾。雨不断推动着整部影片的故事情节，同时又将各种看起来毫无关联的事物联系起来，甚至为故事的发展烘托情感，这些都是雨所起到的作用。总而言之，影片的核心情感——孤独与恋的哀思被雨表达得淋漓尽致。

2. 车站

《言叶之庭》中的车站是影片开篇部分的主线，车站人流以及火车奔驰的场景，曾被很多著名导演运用，其最主要的原因就是，车站其实是一个离别与相逢的地方，车站在电影中，就代表着即将出现的离别之悲伤，相遇之兴奋，车站包含了太多的情感，各种情愫都蕴含在这里，通过车站的描述，既表现了这里的各种情感，也反衬了人们对平常生活的渴望。在现实生活中，车站是人流的转折点，而从人生的方面考虑，人生的匆匆，就如同火车一般，昨天的逝去，以及明天的将近。车站这一场景，是一个集万千情感于一体，并且交织形成了复杂的情感，这也是整个人生需要面对的情感，有悲伤，也有快乐，有失落，也有兴奋。车站的人流纷杂，人们在车站中，只是一个随波逐流的点，是一个无法撼动车站的点，只有在人群的大潮流中，进入自己不可预知的命运中，这又是人生宿命的一种无助和悲哀。

（三）声音意境

1. 独白

独白给影片增添了更多的物哀情愫，在影片《秒速五厘米》中就大量运用主人公内心独白和采用平行叙述的方式，比如第一话《樱花纱》中，在明里家附近的樱花树下两人的第一次接吻，主角的内心独白是"那一瞬间，我似乎明白了永远、心灵、灵魂的含义，就像共同分担的这13年的人生，之后，下一个瞬间，情不自禁地感觉到悲痛，要怎样对待明理的体温和灵魂，要把它们带去哪里，这些我都还找不到答案，我们清楚地明白了今后也不可能一直在一起，在我们面前的是前所未有的巨大无比的人生，茫茫的时间无情地横在我们面前"。纵然之后无法相守，纵然下一刻就会感到寂寞和悲伤，纵然阻挡在我们面前的是迷茫的人生，阻隔在我们之间的是广阔无际的时间，此刻的美好却无比的真实。相拥相吻的瞬间，是两人之间最短的距离，也是心灵交织在一起的时刻。这一瞬间是最美好的，又是短暂的，当两人分开，也预示着心与心之间的距离逐渐地扩大。两人的分离是必然的。

2. 配乐

音乐的力量是无穷的，聆听音乐，人们烦闷的情绪能够得到缓解，忧愁的思绪能够暂时放空，在动漫电影中增加配乐，其作用更是不容小觑。一方面，电影的内涵通过配乐能够更加丰富，不至于让人觉得空洞、枯燥；另一方面，电影的主题也能通过配乐得到进一步的升华，或许有些人并不能从单调的人物独白中完全明晰电影主题，但是恰当的配乐却能为观影人指明方向。除此之外，电影配乐还能增强主人公的情绪，让主人公始终以饱满的情绪状态出现在每一个场景。由于新海诚的动画几乎都是以物哀为主题的，所以，其配乐也具有固定的形式，因此也就有了为其配乐的固定的搭档——天门。天门的配乐与新海诚的创作主题有着极大的协调性，舒缓的音乐中带着淡淡的悲伤，这对新海诚的电影来说，无疑是最佳搭档。在《秒速五厘米》的第二话《航天员》这一段中，贵树在草原上编辑着没有收件人的短信，却又思念着远方的明理，虽然存在着浓重的思念，却不知该如何传达，只能盯着远方，心中产生无法抑制的哀伤。这里的配乐，选用的是更加纯净的钢琴曲，配乐的提升，对贵树心理的矛盾有着极强的表现力和烘托作用。天门在电影配乐中，主要是通过从小感觉入手，然后一点点地发展情绪，逐渐地让观众受到感染。

三、宫崎骏动漫作品中的物哀情结

（一）技术层面的独到创新

从动画的制作来讲，科技对其有着十分重要的影响，当今时代，正是有了科技的飞速发展，动画的制作水平才在不断提高。在整个动画行业，日本算是起步较早的。就技术层面而言，动画的发展曾经经历过一个对技术手段要求极高的阶段，即画技突破阶段，这个阶段的产生并非偶然，而是伴随着经济的发展，观众对于动画画面质量的要求也随之提高，越来越多的人希望通过动画作品获得空前的视觉享受，因此动画技术迫切需要进一步发展。此时的日本动画，佳片迭起，如《超时空要塞》《机动战士》等，刻意强调视点的快速移动，以造成视觉上极佳的动感，并且在明暗对比上下足功夫，甚至用上了反光效果。宫崎骏则不然，他利用物哀里的情节——对大自然的尊重、对生灵的尊重来进行作画技术层面上的创新，因此他的画面完全精细写实，如在《幽灵公主》中那长达16分钟的人类与森林生灵的战争场景，毫不避讳红色的运用，红色的天空，红色的大地，红色的生灵甚至红色的血液。

（二）"极"而"美"的商业运作

宫崎骏的运作模式可以概括为 3H，即"High Cost""High Risk"和"High Return"。要制作最高品质的电影，就必须投入很高的制作成本，高的制作成本即预示着很高的风险，而高的运作成本却是一流质量的保障，往往能够吸引大批受众，因而得到巨大的收益，这就是宫崎骏在商业运作上对物哀追求极致和瞬间美的运用。

（三）老少皆宜的物哀

动漫电影最终要面向的是观众，只有经得起市场考验的电影，才能算得上一部成功之作。物哀是宫崎骏动漫电影中始终存在的情感元素，如何将这种情感元素恰当的运用到影片创作中，并得到大多数观众的认可，已经成为一个令许多导演头疼的问题。然而，在宫崎骏的动漫电影中，这个问题似乎并不存在，观影者不论是成年人，还是稚气未脱的孩子，都能顺其自然地接受其中的物哀之情，之所以出现这样的情况，是因为宫崎骏动漫电影中的物哀从创作开始就有着老少咸宜应用方针。从本质而言，宫崎骏之所以能将老少受众统统拿下，是因为他始终坚守着日本民族的核心价值观，真正做到用价值观去感染每一位受众。

（四）鲜明的物哀形象

1. 博得哀思的女孩

宫崎骏的动画多以女孩为主人公，如《千与千寻》的荻野千寻、《天空之城》的希达、《龙猫》的小米小月姐妹。人对弱者具有天生的同情心，物哀"哀"的也往往是弱者或是强者弱的一面。女孩是社会里的弱势群体，宫崎骏将女孩置于动画的中央，女孩的意象被宫崎骏无限放大，其用意是将物哀的情节正面地推向观众，让观众对这个出镜率最高的女孩引发同情、爱怜之意。宫崎骏在女孩的设定上运用物哀的情节最大程度上引起观众的同情与关注。

2. 分离人与自然的飞行

在宫崎骏的动漫电影中，飞行一直是故事主人公所热衷的事。的确，飞行是宫崎骏心中之所爱，但是这种飞并不是简单的身体离地，而是在日本传统文化上的起飞，是物哀层面上的飞翔。实际上，宫崎骏所倡导的飞行是一种人与自然界的分离和割裂。之所以产生这样的想法，是因为宫崎骏看到了现代社会发展中人与自然的激烈矛盾与冲突。从物哀的观念出发，日本人从古至今都在遵循着对自然绝对的崇敬，而人便处于一个弱势的地位。在宫崎骏的内心深处同样是这种想法，他认为自然是无上崇高的，而人怎会有资格与自然相对等，这便是对自我的深刻的"哀"。既然人与自然无法相提并论，那么人至少要做到不伤害大自然，而解决这一问题的最好办法就是让人类飞起来，一方面停止对自然的伤害，另一方面从更高的视角俯视大地，正视自己的问题。

第三节　"哀"因素的文化内涵及其与日本文化的相互作用

一、"哀"的起源与层次

（一）"哀"的词源学考察

"哀"字在日本古代文献中有两类书写方法，一类为假名，比如写作"阿波礼""阿婆例""安波例""阿波例"等，另一类是汉字，比如"哀""可怜""悯""恤"等。本居宣长、叶渭渠、王向远都从词源学的角度对"阿波礼"进行过考察，本居宣长和王向远都认为斋藤广成《古语拾遗》中记载的天照大神从天之岩屋中走出来时说的一句话是"阿波礼"的最早用例，即"当此之时，上天初晴，众俱相见，面皆明白，相与称曰'阿波礼'"。《古语拾遗》中注释为"阿波礼，言天晴也"，王向远袭用了《古语拾遗》的注释，认为这个用例在词源学上颇具象征意义，不过，本居宣长否认这一解释，认为"阿波礼"此处是感叹词。而叶渭渠在《日本文学思潮史》中考察"阿波礼"的原形，说最早出现"阿波礼"的古代歌谣是"鞘无真刀，哀"。他说这里"哀"有"鸣呼"的意思，包含哀悼与可怜的因素。我们更同意本居宣长的说法，即"阿波礼"是感叹词。

（二）"哀"的两个层次

"阿波礼"与悲哀、可怜、可笑、高兴等表示情感的词语间是总体与个别、一类与一种的关系。"凡是从根本上涉及人的情感的，都是'阿波礼'；人情的深深的感动，都叫作'物哀'。"① 因此，"物哀"的"哀"就是"人情"，即日本权威辞书《大言海》的释义"人心所自然具备的性情，人之心，人之情。""哀"是人有所耳闻目见时内心的情绪或情感，不拘是喜怒哀乐，

---

① 本居宣长. 日本物哀 [M]. 王向远，译. 长春：吉林出版集团，2010.

还是同情感动，或是思念眷恋，也可以是纠结痛苦，总之就是指人内心的感怀触动。但是，就如"物"可分两层，"哀"似乎也可以分为两层。"物"的第一层是万事万物，"哀"的第一层是心的一切波动。"物"的第二层是引起了"哀"的"物"，"哀"的第二层是"物"所勾起的较大、较深的心之波动。人心的感受有深浅强弱的差别，如果说喜怒哀乐是"哀"的第一层，那么大喜、暴怒、深哀、欢乐就是"哀"的第二层。简单来说，"哀"的第一层是感动，第二层是深深的感动，这里的感动是指心有所感心有所动。"对于所见所闻的一切事物，觉得有趣、可笑、可怕、稀奇、可憎、可爱、伤感等一切心理活动，都是'感动'"。①

二、"哀"因素的文化内涵

（一）兼有"喜""爱"之情，而无"激""烈"之意

客观来说，日本文化中的"哀"因素并不是某种单一的情感，其并不像字面意思那样，直指忧愁的悲哀，而是恰恰相反，其不但包括深切的悲哀，更涵盖着某些欣喜的元素。悲哀作为人的一种重要的情感状态是如何产生的？当然是经过了深刻的对人生的剖析和对个体价值的探寻，这是一个理性与感性相结合的过程，其中既体现着日本人的逻辑分析，又体现着日本人的知性关照。在这个过程中，"喜"与"爱"早就伴随着"哀"产生了。

需要注意的是，日本文化中的"哀"有着其独特的表达方式，这种方式并不是简单的悲痛欲绝，而是一种淡淡的、委婉的悲伤，那种激越和壮烈的含义自然不会出现在日式的"哀"中。它的象征意向不会是愤怒的阿喀琉斯、悲苦的普罗米修斯、悲壮的项羽，它仅仅是深宫中某位女官行礼时一个低眉顺目的领首，沙场上某位武士切腹前一个隐忍自制的眼神，神社里某位僧侣诵经时一个不经意间的恍惚，甚至只是《源氏物语》中一朵早早凋零的朝颜，《雪国》中一片静静叹息的雪花。但是它的持续时间却远比那些激越澎湃的感情来得要长，它看似细弱游丝，却细密成网，网住了生命的每时每刻，让人无时不在感叹着才下眉梢，却上心头。

（二）极端化的生死观

1. 强调不惧生死、以死为荣

熟悉日本文化的人都知道，武士道是其文化的重要组成部分，并且涵盖着

---

① 本居宣长. 日本物哀 [M]. 王向远，译. 长春：吉林出版集团，2010.

鲜明强烈的民族性。在日本，几乎人人都会受到武士道精神的影响，因此国民的日常行为都或多或少体现出武士道精神的特点。武士道的形成也经历了一个缓慢的发展过程，武士道精神的构成群体——武士阶层最早只是一个不受到政府官方认可的私人武装力量，随着这股力量的不断增强，日本政府逐渐意识到了武士阶层的强大，并予以承认和资助。武士所从事的各项活动都是受到主公的差遣，久而久之，武士与主公之间便形成了一种约定俗成的主从关系，这便是武士道精神的雏形。直到将军幕府统治时期，日本武士阶层的地位大大提高，越来越多的人乐意成为一个武士，而日益庞大的武士阶层也急需一个统一的道德标准进行管理，武士道精神便由此得到了大力发扬。

武士道是儒学和佛教共同作用的产物，受儒学影响武士道强调"忠""勇"，要求武士对主公忠诚，看淡生死，生死如一。武士道还重"礼"，要求武士谦虚谨慎，自我克制。武士在面临生死的抉择时拒绝对死亡功利的理性的思考，而是从内心出发，尊崇人情，尊崇义理。一旦选定，将勇往直前，甚至到了"愚忠"的地步。受儒学道德要求的影响，和佛教无常观的熏陶，武士道对死亡有不同的认识，即坦然接受一切命运的安排，不畏生，不惧死，甚至这样的处世态度影响渗透到日本平民百姓的生活中。

2. 宣扬超越生死、以死为美

日本人的生死观是与众不同的，这一点还体现在他们对超越生死和以死为美的宣扬上。从全世界范围看，日本的人均寿命最长，但是这并不意味着每个人都怀抱长命百岁的心愿，那些充满物哀情感的人们，在某些情况下甚至会做出自杀的选择。因此，日本也是世界上自杀率最高的国家之一。那么，人们到底会在什么样的心理状态下选择结束自己的生命呢？他们在自杀之前有着怎样的心理活动呢？这自然与浓郁深厚的物哀情结密不可分。日本人崇敬自然，常常对大自然中的美景发出由衷的赞美，同样他们对自然之美的消逝充满哀伤，于是，他们便想方设法的想要将这种美感定格下来。日本人对生命的态度也是如此，他们从来不惧怕死亡，并且能够坦然面对死亡，因为死亡恰恰是将生命之美永恒保留的一种方式。基于这样的想法，自杀在日本人心中是一种极其崇高的行为，这是灵魂最美好的一种归宿。

（三）追求唯美与精致

西方的美学是理论逻辑式的，而东方的美学是感悟体验式的，日本美学尤为如此。因此，日本美学不可能排除日本人的情感因素，与严谨而冷静的发展相反，它必然会受到日本的国民性格以及情感特征的影响，染上富有日本风情的色彩。日本传统文化以及日本人情绪中普遍带有的"哀"因素，为日本美学带来的是一种耽于唯美、精致绮丽的因素。

前文中我们从审美的角度对"哀"因素的起源进行过分析，并认为"哀"因素的产生与审美的移情作用密不可分。的确，人类任何情感的产生都脱离不了对世间万物的看法与感受。于日本人而言，他们各种情感的产生似乎都与自然有着这样那样的联系，他们崇敬自然、热爱自然，因此乐于用一切美好的词汇形容自然，描绘自然，这便是日本人对美的追求。日本人追求唯美与精致的观念同样体现在他们的文学作品中，作家们在描绘外界事物时都极尽优美绮丽、纤巧精致之能事。

（四）别具一格的文艺形式

1. 和风禅味的文学语言

正如伍斌在《和风禅味》一书中提到："尽管中日同属亚洲儒教文化体系，在传统文化上也有着同文同种的历史渊源，但如果深入研究就会发现，日本文化艺术实质与华夏文化'似同实异'。日本文化艺术上呈现的'和风'，不仅反映出其民族在实际生活中的智慧与才能，也表现出其民族固有的文化精神。"① 这一特点体现在日本的文学创作中便是带有和风禅味的文学语言。

和歌文学在日本热衷汉诗文热潮后逐渐复兴起来。和歌文学受汉诗的影响，注重真实情感的抒发，但和汉诗文相较，感情更加细腻，充满悲天悯人的情怀，主要描写和抒发京都贵族的闲情愁绪和恋爱男女的微妙情绪。其中以《万叶集》和《古今集》为和歌文学的高潮。和歌文学奠定了日本文学物哀美的基础。

物语文学的兴起标致着日本文学完全摆脱汉文学的影响，形成了本民族独立的文学模式，在这之后，物语文学逐渐成为日本文学的主流，并发展和完善了本民族的审美理念——物哀。

直至近代，日本民族根深蒂固的物哀情结仍影响着如川端康成为代表的一批作家。川端康成的作品感情真挚纯真，不为世俗杂念所侵染。川端康成笔下的女性纯洁善良，柔弱而坚韧，作品透露出作者对下层女性悲惨际遇的深深同情和哀怜，笔触纤细唯美，读来让人无不被作者朴实而真挚的感情所深深打动。日本传统美学在川端康作品中得到继承和新的发展。

2. 邪媚与空灵并存的造型艺术表现

似乎所有的艺术形式都包含着一定的抽象性，那么，何为造型艺术？本文所指的造型艺术涵盖范围较广，除文字以外，音乐、绘画、表演等艺术表现形

---

① 伍斌. 和风禅味 [M]. 北京：北京理工大学出版社，2008.

式都能被看作造型艺术的范畴。邪媚与空灵是一对意境相反的词汇，但"哀"文化妙就妙在能够将这两种意境融合起来，给人们带来别具一格的审美感受。邪媚让人感到世界的丰富质感，而空灵又让人感到"无中万般有"的幽玄意境，当这两种意境交错融合时，人们的内心也得到了无尽的陶冶。

三、哀"因素与日本文化的相互作用

（一）"哀"因素对日本文学的影响

1.《源氏物语》的物哀美

将"物哀"文学理念融入文字中的不得不提及的作品，《源氏物语》便是其一。《源氏物语》是平安时代女作家紫式部的代表作，它反映了在作者所处时代宫廷内所发生的上流社会的故事。作品的前半部分主角以源氏的风韵情事为主线，如一幅卷轴的宫廷风情画般向人们缓缓"叙情"。长期以来，专家学者亦或是普通百姓对于"源学"的探究从未停止过。佛学者认为其"去恶向善"，儒学者则用道德标尺对其中的行为思想进行批判。必须指出，《源氏物语》中所持的感情观并不是单纯的所谓儒佛之道可以完全解释，物语并不是向人们宣扬"善恶"、弘扬"礼义"的东西。因而抛开理论教条的种种束缚，《源氏物语》所持的基本感情观很简单："近人情"。这3个字也符合我们所要涉及的《源氏物语》中所体现的文学理念"物哀"。而"人情"，从《源氏物语》的文学理念基础上来说，可概括为"感于物、知物哀"。何为"感于物、知物哀"？简单举例来说，一个人行走在路上，路两旁鲜花盛开，正在风中摇曳。若是觉得美，那便是"感于物"；而由花联想到自己的经历身世，那便是"知物哀"。而《源氏物语》怎样从"近人情"的角度来体现"物哀"？我们可以通过以下两个方面来进行分析。

一方面，对于书中人物恋情的描写，作者从人情方面来表现"物哀"。这是此作品中表现"物哀"最关键的一点。平安末期歌坛"幽玄"之风的提倡者藤原俊成，曾在《源氏物语》后，写出和歌"恋爱出于心，有心方能知物哀，无爱无物哀"[①]。另一方面，虽同样关乎情，但更多是对自然的感叹。在《帚木》卷中，源氏抒发了自己对自然的情感："天色本无成见，只因观者心情不同，有的觉得优艳，有的觉得凄凉。"[②] 这有点类似于中国的借景抒情，但是表达的感情更为纯粹简单，只是一瞬间的感受。也正是因为这样的纯粹，

---

① 曾铖. 源氏物语物哀之美：林文月与丰子恺译本语言之比较［J］. 文学教育，2013（2）：17.
② 紫式部. 源氏物语［M］. 北京：人民文学出版社，2015.

更显"哀"之美。

2. 川端康成作品中的物哀美

(1)《伊豆的舞女》中人生的哀愁。

在《伊豆的舞女》这部作品中,川端康成对巡回艺人的人生哀愁做了十分细致的刻画。首先,从社会地位来讲,巡回艺人可谓地位低下,他们的工作似乎原本就低人一等;其次,从生活遭遇来讲,巡回艺人作为社会中的弱势群体,为了填饱自己的肚子,不至落魄街头,必须要不断辗转于各个地方,即便是这样,他们的生存状态依旧不好;最后,从心理层面而言,巡回艺人始终遭受着社会各界人士的轻蔑,他们将巡回艺人看作低劣的群体,不断对其进行冷嘲热讽。巡回艺人就是在这样的状态中谋求生存的。《伊豆的舞女》写于1926年,处于日本的大萧条时代,当时日本社会面临经济危机的威胁,经济危机严重冲击日本社会,使得贫苦阶层处境艰难。作家孤儿生活的不幸,使他更能体悟下层人民的苦难,抒发他们对于人生的哀愁之感。巡回艺人艰辛的生活条件,悲哀的人生境遇正是这种哀愁感得以产生的前提。

(2)《古都》中人与人的关爱。

在《古都》这部作品中,川端康成想要着力表现的是人与人的关爱,其中最值得一提的就是千重子对养父母无微不至的关爱。千重子知道自己的养父太吉郎十分喜欢作画,对画稿的研究甚至到了一种痴迷的境地,更是不惜隐居在山中的尼姑庵里,这一切都被千重子看在眼里。当千重子得知养父非常讨厌噪音时,便为其挂上名贵印花丝绸做的帷幔,希望能为养父创造一个相对安静的作画环境。为了增强养父创作的自信心,千重子更是将父亲构图的衣裳穿在身上,由此可见千重子对养父的关爱。

千重子与苗子之间的互相关爱也同样诚挚感人,人情的温暖在姐妹二人的身上流露出来,她们都千方百计为对方着想。当苗子在祇园节上与千重子相遇时,她感到与千重子身份悬殊,于是她与千重子相约在谁都看不见的杉林里会面,千重子则对苗子产生了一股温暖的爱。当秀男来找千重子时,千重子请求秀男为苗子织一条腰带,她把苗子的幸福记挂在心上。她真诚地去山村找苗子交谈,而当她们在杉林里遭遇雷雨时,苗子用自己的身体趴在千重子身上,把她的整个身体都覆盖住了,由此可见苗子对千重子深挚的爱护,她为了保护千重子,浑身都被雨淋湿透了,并且安慰着害怕的千重子。千重子与苗子这对姐妹之间的关爱之情体现了她们纯净如水的心灵美,这种人情美很好地体现了物哀文化的内涵。

（二）"哀"因素与日本宗教意识

日本人对于死亡的理解和面对死亡的态度是非常特殊的。他们把死亡看作是最崇高的美，他们能够坦然地应对无常的自然和人生，冷静地直面鲜血和死亡，他们用民族性格中的"哀"情绪，不断地锤炼着自己的精神境界，从而形成了一种特殊的死亡文化。

从宗教的角度出发，"哀"因素同样与其有着密切的相互作用。宗教总是给人一种神秘感，宗教中的生命意识也有着鲜明的特色，即始终追求一种物我泯灭的空寂之感，物与人之间的关系似乎是一脉相承的，只有万物死灭，人心才能得到最终的平息。禅宗就是常说的大乘佛教，日本对于禅宗文化的吸收可以追溯到宋代，在那个时期，日本积极学习和吸纳中国的先进文化，逐渐将中国禅宗思想内化为具有本民族特色的日本禅宗思想。基于这样的思想基础，日本人的审美观点也发生了相应的变化，日本人开始崇尚"空"，认为世间万物都是幻象，空才是世界的本质。从某种意义上看，这种"空"的思想与中国老子的"无为"十分相似，都是希望在无所为的状态中实现有所为的突破。在这样的空无境界中，信奉禅宗思想的僧侣们把淡泊宁静当成生活志趣，只有近似"哀"的空无心绪，才能让人们的心灵得到更为深刻的涤荡，这便是"哀"因素与日本宗教意识的契合之处。

（三）"哀"因素与自然美

文化的构成多种多样，其中就包括令众多文人诗者倾醉的自然美，因此，探讨"哀"因素与自然美的关系十分必要。众所周知，日本人有着极其细腻敏感的心理，因此他们对四季无常的变化感触很深，其中最为深刻的感受便是浓浓的哀愁。日本人对自然极其崇敬又十分热爱，但是他们在欣赏自然时往往怀揣着悲哀的心绪，这也体现出了日本人在某些时刻情感大于理智的思考和行为方式。在川端康成的文学作品中，我们能深切感受到他对自然美的钟情，以及在描绘自然时的物哀情结。他笔下的自然景物渗入浓重的感情色彩，自然景物与人的思想感情融为一体，成为人物情感的写照。物哀文化中对于自然美的动心在川端康成的文学作品中得到完美的继承，他表达出了自己对于自然景物的独特感受。

（四）"哀"因素与民族精神

在民族精神方面，死亡文化同日本武家精神互相影响，形成了极具悲剧意识和自律效果的武士道精神。在平安初期到中期，文化的大融合促使了具有

"中和精神"的"物哀"美学理念最终形成，并且在平安末期以前占据了主导地位。然而随着社会的发展和外来思想的本土化进程，日本民族的审美心理在不同的阶段表现出了不同的倾向性。到了镰仓时代，武士阶级掌握了日本的统治地位，表现宫廷贵族感伤心理和审美情趣的物哀意识已经无法适应新兴武士阶级的需求。武家政权需要一种绝对效忠、甘于赴死的牺牲精神，以巩固和扩大本阶级的利益和战果，在这种需求下，武士道精神可谓是应运而生。

武士道最初源于日本封建社会的"主从道德"，经过与中国的儒学、禅宗和日本本土神道相交融，形成了独特的内涵和文化结构。武士道的核心价值观念是一个"忠"字，它源于中国儒学，但却被赋予了与中国儒学截然不同的道德权重。武士道所谓的"忠"不单要求忠诚，更崇尚为了效忠而自杀。日本历史上武士的效忠型自杀数不胜数，并且多数表现为报恩而自杀、为义理而自杀和为名誉而自杀等三种文化情境中。武士道受到了物哀意识中亦悲亦美的死亡审美意识的影响，并且以切腹的方式实践了他们的审美理念。可以说，武士的自杀方式——切腹，是一种结合了日本的腹文化、禅宗思想以及物哀美意识的行为艺术、自杀美学。

第六章 日本的"娇宠""耻"与"义理人情"

日本文化虽然深受中国文化的影响，但是，在其不断吸收与借鉴的过程中，逐渐形成了具有自身特色的文化，其中，比较突出的就有"娇宠""耻"与"义理人情"文化，这三种文化代表着日本人独特的心理，为了能够了解日本文化，我们必须对其有一个完整的认知，因此，本章着眼于此，对这三种文化进行了系统的探究。

第一节 日本的"娇宠"文化

一、解读"娇宠"

"娇宠（Amae）"是与幼儿的发展程度有关的，当乳儿在知道自己与母亲有所区别之后，他才会尝试去找自己的妈妈。换句话说，乳儿还没有学会撒娇之前，他与妈妈是一个整体，其精神生活还离不开妈妈的指导，我们可以说，乳儿胎外的生活也依然是其在胎内的延长。不过，随着乳儿的不断发育，其开始意识到自己与母亲应该是两个个体，他就会极度渴望自己能够呆在妈妈的身旁，对于自己这种情况，我们就称之为"娇宠"。

对于"娇宠"现象来说，他是每个乳儿都必经的阶段，不过，该现象被凝结成真正的"娇宠理论"则是又一个叫土居健郎的日本精神科医生提出的。我们需要指出的是，娇宠这个词语只要在日语中才存在，在汉语中，它的译文很难与原文达到贴切的程度。

对于"娇宠"一词的理解，比较获得大众认可的则是日本《国语词典》中的解释，在该词典中，娇宠被定义为一种行为活动，是为了获得对方许可而不断进行的超过节度的行为活动。

我们前面已经说过，"娇宠"一词很难用汉语中的词汇恰当地表达出来，一般来说，我们把其翻译为"撒娇"或"娇惯"，但是很明显，这两个词语是很难揭示出娇宠一词的精髓的。在台湾地区，有一些学者用"依爱"这个词语来解释"娇宠"，虽然与原文的意思也未能达到一致，但是，似乎又比"撒娇"或"娇惯"更接近原意一些。

"娇宠"这个词语是日文中独特的存在，它是日本社会与文化的重要特征之一，显示了日本独特的依赖文化。"娇宠"一词虽然来源于幼儿对于母亲的精神依赖，但是，它并不是仅仅存在于幼儿时期的现象，当幼儿长大成人之后，这种感情被无限延展开来，逐渐影响了人们对别人以及客观世界的态度。

值得一提的是，日本人总是把"娇宠"变得非常理想化，认为只有"娇宠"支配的世界才能称得上是一个真正的人间世界，并且随着对于"娇宠"的痴迷，日本人逐渐将"娇宠"进行制度化，这种制度化的最好体现便是天皇制。

二、"娇宠"对日本人精神生活的影响

我们一般认为，语言是具有工具性的，它是一种表达情感的工具，不过，这只是我们看到的语言的表层内容，其实，在语言被使用的过程中，还包含着许多心理因素，这些心理因素在交际过程中发挥着重要的作用。为了验证语言本身所具有的心理因素，可以通过对不同语言的比较获得，在语言比较中探索不同人群的心理特征。

表达娇宠的词汇在日语中是以体系存在的，数量众多，准确表达着日本人想要表达的一些情感，但是，在欧美的一些语言中我们却不能找到一些相应的、恰当的词汇，这主要是因为两种语言的文化与语言表达方式差异导致的。如果欧美人要表达"娇宠"这一概念时，他们会使用一些比较专业的词汇，比如，"被动态的对象爱"，显然，讲究结构的欧美语言是无法表达出"娇宠"这个词所蕴含的细腻感情的。

土居健郎曾经指出，欧美的语言是相对比较贫乏的，这主要是因为欧美语言很难区分能动的爱以及被动的爱，从以这一点可以看出，欧美人对于细腻感情的表达比较僵硬，只局限于用死的结构来表达感情，而"娇宠"已经存在于日本人的意识之中，已经把通俗的语言现象转化为一种可发展的文化。

从"娇宠"的本质上来看，"娇宠"其实是反自然的一种心理动态，自幼儿出生之后，母子二人便已经不是一体了，但是"娇宠"确将这种事实上的答案置之不顾，该词语其实体现和追求的是一种母子一体感的心理。

"娇宠"无论是在东方还是在西方都是存在的现象，这种现象是在对幼儿的观察中发现的，但是，只有在日本，其心理才被进一步的扩大化，并且，这

种扩大后的心理对日本人的精神生活产生了重大的影响。

（一）"娇宠"对日本人的审美观产生作用

当人们看到一处美丽的风景或者是一位美丽的女子，便会产生一种身心愉悦的感觉，这种美好的情感体验源自于人与事物之间产生的一种一体感，只有在这种一体感的支配下，人才能恰如其分地感知美。从这个层面上来说，人对美的体验是与"娇宠"体验有着异曲同工之妙的。

现实生活中的"娇宠"要求并不是时刻都能得到满足的，大多数情况下，要因人而异，因此，为了能够享受永久的这种一体感，很多人开始绕路进行探索，由于"娇宠"与美的追求有相似之处，美也就自然而然成为大多数人转向的另一战场。全世界公认的日本人的审美意识比较强的一个重要的原因，可能就是与这种"娇宠"文化有关吧。

在日本人的审美意识中，比较出名的就是"侘"和"寂"，这两种反映的就是避开人世而喜爱闲寂的心理，这点与通过"娇宠"寻求与他人沟通的情况正好相反。不过，能达到"侘""寂"境界的人并不会抱怨孤独，他们反而能体味到与自己置身于其中的周围环境所产生的不可思议的一体感。

（二）"娇宠"有利于日本人吸收外国的优秀文化

"娇宠"是一种与外物实现一体化的心理，且对于日本人来说，他们是非常善于运用心理的一个族群，日本人只要认识到外面的世界，那么他们就会强烈希望自己与世界融为一体，并最后尝试在周围的事物中获得一些有益的体验。

古代日本从中国学习到了许多有益的文化，比如建筑、服饰等，近代日本也从西方吸取了技术以及制度等先进的事物，无论是在古代还是在近代，日本对于外国优秀文化的摄取都是以同样的模式进行的。所以，从吸收先进文化的层面看，日本的"娇宠"心理确实发挥了很重要的作用，它在一定程度上促进了日本文化的丰富以及加速了日本的现代化进程。

中日之间这个方面的差异明显，日本人的"娇宠"心理应用得当，吸收了许多优秀的文化，中国人的"娇宠"并没有特别发达，同时，由于中国人对自己文化的自豪感，在几千年的历史发展中，中国人对于异域优秀文化的吸收与借鉴显然要比日本人少很多。

"娇宠"是幼儿时期母子之间必不可少的一种心理，它在人产生与确立人生信赖感的过程中扮演着非常重要的作用，可以说，其是人类成长道路上必须经过的一段时期，即使到了成年时期，"娇宠"也同样发挥着不可忽视的作用，它对于成人世界人际关系的建立起着一定的作用。

"娇宠"心理在任何人身上都存在，当然，在欧美人身上也是一样的，不过，由于所处的社会与文化环境的不同，欧美人身上自带的"娇宠"心理受到了抑制，由此便导致在欧美人的成长过程中，依赖这种心理很少出现，这也是欧美人成年之后脱离父母的主要原因之一。

与欧美人不同，日本人对"娇宠"心理是相当敏感的，同时，放眼日本社会，"娇宠"心理并不是一种异类，它受到了日本社会的无限宽容。在日本，"娇宠"心理依然为成人所有，他们的这种心理并没有因为"自我的确立"而受到抑制，这反而让"娇宠"心理由于成人世界意识的觉醒而变得更加有利于"娇宠"感受性的发达。

三、"娇宠"观念下的日本社会

(一)"娇宠"与日本人的人际关系

日本人与西方人的思维方式存在很大差异，一般来说，日本人的思维方式主要呈现出两个主要的特点，一个是非伦理性，另一个则是直感性。不同的学者对于日本人思维方式特点的归纳总是会有不同的看法，其中，中村元认为，日本思想的显著特征便是重视封闭的人伦组织。土居健郎认为，正是日本特有的"娇宠"心理酝酿了日本人情绪上的自他一致思维特征。

无论是认为日本社会是一个封闭的社会也罢，还是将日本社会抹上"私人"的色彩，这都是局外人对于内部日本社会的看法，不过，对于那些置身在日本社会中的日本人来说，他们从未觉得自己是封闭的，且具有私人色彩的。与此相反，他们往往认为自己的世界是非常开放的，生活在这样的世界是非常舒服的，这主要是因为日本人的"娇宠"心理已经自然而然对别人更加包容，持续将他们融入自己的世界。

日本社会中的"娇宠"现象非常普遍，孩子对父母会存在"娇宠"心理，公司的普通职员对于自己的上司也会存在"娇宠"心理，有些人可能会质疑这种"娇宠"心理存在的合理性，但是，在日本人看来，这种"娇宠"心理的存在则是理所当然的事情。这也就是说，看待日本人的交际关系必须要从"娇宠"的心理入手，人际关系实则为"娇宠"关系的一种形式。

在认识与理解日本的人际关系时，"义理与人情""内与外"相关联的"客气"是不能忽视的东西，为了更加了解存在于日本人际关系中的这种"客气"，我们可以将其与"娇宠"之间的关系进行分析。

日本人际关系中蕴含许多特有的概念，其中，义理与人情是不得不提的一对概念，对于这一概念的研究，无论是日本学者还是国外学者都进行了深入的探讨与总结，大多数人得出的结果便是，义理与人情是日本人际关系中强调对立的概念。与大多数人的观点相反，土居健郎则从"娇宠"的观点中得到感悟，并指出，这里的人情并非我们所认为的一般人的感情，这里特指的是日本人的感情。同时，这种为日本人所特有的感情也是有一定限制的，它被限制在亲族的范围之内，并且这一感情的绝对核心便是土居健郎认为的"娇宠"。

义理与人情不同，人情是非常普遍的，它可以存在于亲戚之间，也可以存在于朋友与邻里之间，而义理强调的是一种人为性，从这个层面上说，只有那些人为形成的人情关系才能被称之为具有义理的关系。我们可以这样理解义理与人情之间的关系，义理是人际关系中的器皿，人情则是其内容。所以，在众多的感情之中，相比与彼此感情之间的关系，人们更重视的是义理。

义理与人情都不是单独存在的，它们都需要以"娇宠"作为发展的土壤，强调人情一方面是对"娇宠"的肯定，另一方面则是对"娇宠"感受性的一种鼓励与褒奖。与此相反，强调义理所体现的则是对"娇宠"结成的人际关系的支持与鼓励。倘若把"娇宠"用一个依存性比较弱的词汇来代替，那么，对于人情而言，它是欢迎依存性的，而对于义理来说，它则会受到所存在的依存关系的束缚。显然，日本社会道德观念的主流就是普遍存在的义理人情，同时，还以"娇宠"作为构筑义理人情世界的基础。

一般情况下，日本人会将自己所处的环境进行划分，分为内环境与外环境。对于日本社会意外的人来说，日本的人际关系可以通过三个同心圆的形式表现出来。同心圆的最中间表示的是自然"娇宠"的亲子世界，同时也是人情的世界。处于中间的则是我们所认为的熟人以及朋友的人际关系，该人际关系依存的是可以维持"娇宠"的义理世界。而最外面的世界则是对于人情与义理来说都是遥不可及的别人的世界。这三个世界都有自己严格的界限，在实际的运转过程中，都是被隔离开来的。

从前面的论述中我们可以看出，人情与义理并不是严格意义上的对立关系，它们之间也存在着器皿与内容的关系，所以，它们之间也是可以实现转换的，有人情关系变成义理关系的情况，当然也会有义理关系转变为人情的情况，即使是平常并没有任何往来的一些陌生人，也有可能因为义理而相识、相知。

亲子之间的关系是亲密的，并没有客气之说，这主要便是因为在亲子关系之中存在着"娇宠"。对于亲子之外的关系来说，关系比较好的则客气越少，而关系相对比较疏远的则在相处之中满是客气。日本人的内外世界需要一定的标准区分，而这个标准就是客气，对内世界的人无须客气，而对于外世界的人则是客气满满。

　　不过，我们还需要说明是，也有一些例外的情况，比如，也有一些人将义理关系以及朋友纳入到内世界之中，而把一切需要客气的人纳入到外世界之中。但是，无论是哪一种情况，客气都是区分内外世界强有力的尺度，最里面的世界与最外面的世界虽然被隔离开来，但是，它们具有共同的一个特点，那就是都不需要客气。不过，两个世界不需要客气的原因是不一样的，最里面的世界是因为娇宠而不要客气，而最外面的世界则是因为不需要在意而就不需要客气。

　　就像"丢丑不在家门口"所体现的情况一样，在自己居住的地方由于要顾及熟人的颜色，因此做什么事情都会相对自重一些，但是，一旦人到了一个陌生的环境中，就会变得肆无忌惮。

　　从上述的论述上可以看出，"客气"是与"娇宠"存在对立关系的，但是在实际的交往过程中，人们只是为了不过分娇宠才会对别人"客气"，也就是说，如果你不"客气"，就很有可能会被归为厚脸皮的一类，恐怕惹交际的另一方讨厌。所以，从这个意义上说，"客气"其实也是一种变相的撒娇。

　　大多数的日本人对于是否要靠"客气"来区分内外世界是持不同观点的，并且，他们认为态度的不同也是理所应当的，并没有人会觉得有不妥之处。相反，他们认为，一旦将内外世界混淆了，那才是真正的问题。

　　对于大多数日本人来说，对于根据是否需要客气而区分的"内"与"外"持不同态度是理所当然的事情，没人觉得这么做伪善或矛盾。如果混淆了内外之别，反而会带来问题。

　　日语中的"内"与英语中的 Private 所表达的意思有天壤之别，在英语中，Private 所表达的是关于个人自身的意思，而在日语中，"内"则是代表的一种集体主义，指的是个人所属的集团。在日本社会，独立在"内"世界之外的个体价值是不被人所承认的。因此，从这个方面来说，日本与西方有着明显的差异，西方崇尚自由的个人主义在日本是绝对行不通的。由于在"内"世界之外的个体自由不能得到确立，个体价值也不被承认，这也就使得日本民族存在一个明显的不足，那就是缺乏超越超越个人或不同集团之上的公共精神。

　　（二）"娇宠"与日本社会体制

　　日本的义理与人情随着其战败开始逐渐消失，义理与人情的消失也让日本人开始反思，他们一直所信奉的"娇宠"心理本质上就是幼儿心理，该心理在成人世界的使用还是存在一些弊端。在此之前，"娇宠"的地位是任何一种心理无法撼动的，它是日本社会生活最基本的规则，在这样一个"娇宠"的世界，日本人之间的人际关系就维持在"无须客气的关系"，维持在一种"没有他者"的平等关系。此时的娇宠是被人们理解的，同时还是为人们所爱护的，是日本社会每个人必须遵守的社会规范与准则。

但是，随着日本的战败，这种社会规则也受到了很大的挑战，逐渐地开始消亡，或者说，此时的日本社会是不允许"娇宠"存在的，一旦人的"娇宠"欲念无法得到满足，那么，那种潜藏在身体里的"羞涩"情感就会使日本人陷入无限的恐惧之中。

"娇宠"可能对其他国家的人来说，就是一个可有可无的东西，但是对于日本人来说，"娇宠"则是关系到切身的东西，这里的"娇宠"不仅在人际关系中有所展现，同时还暴露在日本的社会体制中。

日本社会结构中"娇宠"的特点为中国学者研究，其中，社会人类学者中根千枝在对日本社会结构解构与分析的基础上，将其定义为一种重视"纵式"的关系，同样也可以将其看作是一种重视"娇宠"意识的社会结构。

在日本的现实生活中"娇宠"展现的是地位与权威，表现出来的一种形式就是下位者对于上位者的依存关系。这种依存关系蕴含着下位者对于上位者的服从因素，不过需要注意的是，这种服从还是要建立在上位者对下位者的"娇宠"允许的前提之下的，只有在这个基础之上，下位者的"娇宠"才是合理的，其才能受到上位者的保护。上位者对下位者享有绝对的权威，同时，下位者对上位者的依赖也让上位者找到位于上位的满足感，从而更能激发自己的责任感。可以说，日本人对"娇宠"的情有独钟正是日本社会"纵式"关系受到重视的原因。

前面我们也已经讲过，日本人所理解的"娇宠"过于理想化，他们盲目地认为"娇宠"主导下的世界才是真正的人的世界，并且将这种盲目的理想以制度的形式进行巩固，天皇制就是最好的例子。

天皇是权利的象征，天皇的身份，是一种包括国政在内的所有事情都由其身边的其他人一手承担的身份。所以天皇是对周围的人有所依赖的，这种依赖的程度是非常深的，但是，从另一个方面说，天皇周围的那些人还是要从属于天皇的。无论天皇对周围人的依赖处于什么样的程度，一个事实是，天皇的身份是至高无上的，其实，在日本社会，不仅天皇会受到周围人的尊重与拥护，只要是日本社会中的上位者，他们都会为周围的人所拥护，这其实是相同原则的体现。

现如今，日本的天皇依然存在，但是，那也只是一种形式、一种象征，天皇制实际上已经崩溃了。这就使得毫无秩序的"娇宠"开始在日本社会泛滥，并且，在"娇宠"意识逐步渗入到日本人精神生活的多种领域中，我们可以发现，天皇制度崩溃并没有使生活中的"小天皇"消失不见。

（三）"娇宠"与日本人的病理表现

"娇宠"并不是日本独有的一种感情方式，它是人类社会中普遍的存在，在这种心理的身处，暗藏着每个人都具有的依存心理。不过，虽然"娇宠"心理普遍存在，它在欧美国家并不发达，只有在日本，其价值才被真正的挖掘出来，探究其中的原由，大约是由于日本将其纳入到最普遍的人际关系之中，从而给"娇宠"心理的发展提供了更加广阔的天地。

"娇宠"为日本人建造了一个非常宽容的世界，但是，"娇宠"也为日本社会带来一些不好的事情，那就是一些病理现象开始在日本社会中显现出来。下面将对日本社会中主要存在的一些病理现象进行直观的探索。

在被诊断为神经质的神经病患者中，有红脸恐惧、视线恐惧、丑貌恐惧、体味恐惧等都属于社交恐惧症，其中不少人都诉说自己在与人交往中总觉得恐惧。社交恐惧的症状在日本的神经病患者中特别引人注目。这和日本人的"娇宠"感情有关联。

1. 社交恐惧症

正如我们前面说过的，当幼儿开始意识到妈妈对自己是必要的存在时，他就会开始撒娇，以引起妈妈的注意，其实，幼儿的撒娇便是幼儿区分妈妈与别人的标志。一个很好解释这一现象的例子便是，幼儿总是在哭闹，但当妈妈一抱就不会哭了，别人抱就不会有这种效果，这种现象就是我们所说的"认生"现象。这种现象之所以会产生，主要便是因为"娇宠"。

幼儿认生对于其精神发展是非常有利的，它可以被看作是幼儿精神发展的重要指标之一。不过，并不是婴儿才会产生认生的现象，对于一些成人来说，他们也面临这样的一种境地，虽然这种情况可能是少数，但是在日本社会，这是比较常见的一种现象。当然，我们并不能仅仅靠这一点就将这类人判定为病态，只是这种认生的倾向性如果变得越来越强，那么，这类人就有可能会患有社交恐惧症。可以说红脸恐惧、视线恐惧、丑貌恐惧等被诊断为社交恐惧的，大多数情况下都是由认生发展到病态的程度。

对于社交恐惧形成的原因，一般来说有以下几点。

在正常的情况之下，幼儿不会一直处于认生的体验时期，在幼儿逐渐的成长之后，他便开始与妈妈以外的人打交道，开始构建出自己的人际关系网。前面我们已经论述过，日本人将自己的社会分为"内""外"两个不同的世界，其在"内"世界会受到保护，能够自然而然地"娇宠"，但是处在"外"世界的人却不能够很快"娇宠"，产生认生现象也就不奇怪了。不过，每个人的情况是不一样的，人还会受到其他外在环境因素的影响，倘若人在成长期内与母亲的关系并不是太好，那么，其长大后就可能还会有认生的苦恼，严重的话，还有可能造成人认生的社交恐惧。也就是因为这一个原因，社交恐惧在日本社会是非常普遍的。

在"对人恐惧症"中还有"视线恐怖"病理现象，对此，土居做出了如下论述。视线恐惧一般在自家或和家人在一起时不会发生。此外，外出走在路上，或旅行等时候，在周围人不了解自己的情况下也不会发生。也就是说，在家人和熟人即所谓的"亲密集团"或完全不熟悉的"无关系集团"中都不会发生，视线恐惧发生于和认识但不亲密的人接触时，如工作场所或学校那样的人际关系中的"中间集团"或处于那样的中间状态时。这是因为，在日本人的人际关系中，中间集团和家人那样的亲密集团之间大有不同。在亲密集团内部，不会感到害羞就能保持人际关系和睦融洽，而中间集团则是"想撒娇而不能撒娇的关系"。一方是凡事无须客气的能撒娇的亲密集团，另一方面是完全没必要客气的无关系集团。在中间集团的内部，也有想撒娇的心理，只是无法撒娇。这种情况就和"娇宠"问题直接相关了。

2. 受害意识

日本社会是一个具有集团性质的社会，这个社会内部是非常亲密无间的，但是，对西洋人却保持一定的距离感。正是因为这样，那些在日本社会处于集团中的人在异国一旦遇到日本人就会与之成为亲密的伙伴。

日本人非常惧怕被自己的伙伴孤立，因此，为了融入集体，他们总是放弃自我的主张，与集体保持一致的步调，即使集体的意见与自己的意见背道而驰，他们也会选择视而不见，照样"全盘吸收"。换句话说，为了使自己与集体的步调相一致，日本人总是会保持低调，尽量把自己放在一种"平均化"的状态中。

正是由于上述原因，导致日本人在生活中非常在意别人对自己的评价，倘若遭到了其他人的不公正待遇或者在某些事情上被看不起，日本人便会感到自己受到了侮辱。

土居认为，日本人具有强烈的受害意识。日语中，很多句子中不出现行为主体，而是用行为结果的被动态来表示行为主体。或许这正是日语和英语最主要的不同点之一。

我们要分析并且理解这种受害意识，就必须要在"娇宠"心理中找寻答案。在幼儿期，当妈妈将注意力转向别人的时候，别人在幼儿眼里就已经成为其对妈妈依赖的一种障碍，幼儿总是想尽办法将别人进行清除。当这种别人出现时，娇宠者就会呈现出一种被动的依赖状态。换句话说，"娇宠"者不具备独立的人格，当其处于被动的依赖状态时，被别人妨碍的那种感觉就很容易被转成一种被伤害的感觉。可见，受害意识的原型是与"娇宠"者的被"妨碍"意识，这很明显是与娇宠心理有着密切的联系。而在日本社会中，娇宠心理占据着非常重要的地位，因此，大多数的人才会时常抱有比较强烈的受害意识。

通过上面的论述我们可以知道，"受害意识"在日本社会是一种比较常见的心理意识，它总是潜藏在日本人的内心深处，在日本人的生活中扮演着重要的角色，不过，追根溯源，这种"受害意识"其实就是"娇宠"心理在作祟。

从"娇宠"的观念对日本人的人际关系、社会体制、病理表现等进行分析，不仅有利于增强我们对日本"娇宠"文化的了解，另一方面还有利于我们进一步了解日本社会。在日本，幼年时期所形成的"娇宠"心理会一直延伸到成年时期，正是由于这种"娇宠"心理的存在，才使日本形成了具有民族特色的社会组织形态。

不过，我们需要注意的是，土居健郎的"娇宠"理论并不为所有人赞同，该理论还是受到了一定的批评。有美国学者认为，土居健郎对日本人的"娇宠"心理的强调有一些过了，现代日本人还是有一些人并不具备"娇宠"心理。还有韩国学者也曾经提出，"娇宠"心理并不是日本社会所独有的，在韩国社会中也是存在的。

总之，如果从严格意义上来说，"娇宠"并不是一个非常明确的概念，并且其现在的概念也不是非常科学，更重要的是，在现实社会中，哪些行为是"娇宠"，哪些行为又不是"娇宠"，在判断尺度上也不是非常好把握。

尽管"娇宠"理论还存在一些明显的不足，但是，毕竟它为我们了解真正的日本社会提供了一个相对别致的视野，这对我们进一步剖析日本人的国民性以及解构日本社会是非常重要的。

第二节 日本人的"耻"与"义理人情"

一、日本的"耻"文化

（一）耻文化的起源

在"耻"意识影响下的耻文化，其表现形式并不是单一的，在不同的国家呈现不一样的表现形式。"知耻"这种意识最早是发源于中国佛教的，在不断的传播中，其被引入到日本社会中去，并结合日本社会的实际情况，"耻"已经呈现出具有带有日本国家色彩的特点，并逐渐形成了一种"耻"文化。这种文化的不断发展进化，并最终与日本社会相互融合，在日本社会文化中占据重要地位。

对于日本"耻"文化的形成，主要原因无非主要有中国传统儒教思想的潜移默化、封建等级制度的桎梏以及共同体意识的规范。下面就从这三个方面详细了解一下日本的"耻"文化。

1. 儒教思想的潜移默化

儒教传入日本的时间还是比较早的，大约在公元 5 世纪就已经传入了。传入到日本的儒家思想在延续固有儒教体系的过程中结合日本社会现状对自身进行了创新，在川江户时代，形成了自身独特的儒教体系，并且该儒教体系在日本社会以及文化等领域发挥着重要的作用，也就是在这一时期，儒教文化圈的发展呈现出多样性。[①]

在儒家学派看来，"知耻"是非常美好的品德，"耻"被看作是整个道德体系的基石，是儒家思想中相对较重要的价值观之一，同样也是儒家文化部分不提的精髓所在。而日本人所具有的"耻"意识也正是在受中国儒教思想的影响下形成的，并不是一味地吸收，而是在吸收中不断创新与发展，并最终成为日本文化中的一部分。

2. 等级制度的桎梏

当然，世界上的很多国家都存在过等级制度，所以，单从等级制度这本制度本身来讲，这并不是日本传统文化所具有的特征。只是对于日本人来说，他们对于等级制度的坚持是与其他国家不一样的，当遇到等级制度时，通常日本人是绝对不会妥协的，这便是我们理解日本社会中存在的"耻"文化的一个非常重要的线索。

在日本的德川幕府时期，等级制度就非常明显，该时期延续了中国传统社会的等级划分，将国民分成了士、农、工、商四个等级。每一个阶层都有自己明确的界限，彼此之间的身份是不能够逾越的，该等级制度与日本的政治制度相辅相成，共同形成了比较严密的统治体系。[②] 阶层之间的界限非常明确，在阶层内部，每个人都认真履行自己的义务，绝对不会做出一些与自己所属阶层不一样的事情，因为如果做了，这便会被看作是一种极大的耻辱。

---

① 吴光辉. 传统与超越日本知识分子的精神轨迹 [M]. 北京：中央编译出版社，2003.
② 沈仁安. 德川时代史论 [M]. 石家庄：河北人民出版社，2003.

3. 共同体意识的规范

立国、强国离不开社会心理的支持，这也是人们经常提及的社会共同体意识。

从古至今，大和民族都被共同体意识约束，自觉遵守已经约定俗成的共同体意识。日本人的共同体意识是随着社会的发展而变化的，在村落时期，他们有村落共同体，在企业领域，他们有企业共同体，无论社会怎么变化，日本人的共同体意识都始终围绕在日本的人的周围，并深深扎根在日本人的社会心理中。

我们都知道，日本是四面环海的，它是由岛屿组成的，耕地面积一直有限，并且由于其位于地震带，地震频发。在恶劣的环境中，日本人学会了抱团，他们逐渐明白，只有集体力量凝结在一起才能抵御凶险的自然环境，因此，可以说，日本人正是在与自然的抗争中形成并发展了集体的观念。日本人所做的一切事情都首先考虑的是集体利益，如果自己做出了一些不利于集体利益的事情，那么，其内心必然会感到有股强烈的耻辱感。

（二）鲁斯·本尼迪克特对于日本"耻"文化的看法

对于日本人的"耻"意识，美国著名的文化人类学家鲁斯·本尼迪克特在其名著《菊与刀》中，有详尽的叙述。本尼迪克特写道："羞耻是对别人批评的反应。一个人感到羞耻，是因为他或者被公开讥笑、排斥，或者他自己感觉被讥笑，不管是哪一种，羞耻感都是一种有效的强制力。"[①] "他只需要推测别人会做出什么样的判断，并针对别人的判断而调整行动。"[②] 本尼迪克特指出：与罪相比，日本人更重视耻，并称其为"耻感文化"（shame culture），"耻感文化中没有坦白忏悔的习惯，甚至对上帝忏悔的习惯也没有。他们有祈祷幸福的仪式，却没有祈祷赎罪的仪式。"[③]

重名、知耻等生活规范，归根结底是一种他人本位的伦理。而"罪感文化"（guilt culture）则提倡建立道德的绝对标准并且靠它启发人的良知。因此，人处于这样的社会环境中，做了不妥的事情后即便无人知晓也会因自己的罪恶感而懊恼，即使在无人知晓的情况下也会自主行善。而在日本，历来就缺乏这样的自律性。

本尼迪克特指出，日本文化是以"耻"为基调的文化。以"耻"为基调

---

① ［美］本尼迪克特. 菊与刀［M］. 南京：译林出版社，2011.

② 同上.

③ 同上.

的文化"依靠外部的强制力来做善行",也就是说是将耻意识作为道德的绝对基准。如,"这种行为很羞耻""那样的想法太羞愧"等,总是以如何对别人的评价做出反应作为其思考和行动的目标。而且,这种耻辱感也成了社会文化形成的原动力。

本尼迪克特认为,与日本"耻感文化"相对应,西方的基督教文化相当于"罪感文化"。基督教中具有一种"原罪"的思想,认为人生来就背负着沉重的罪恶。人遵照神的教化生活并最终得到救济。因此,在基督教社会中,"良知"这种内在意识起着很大作用,"做了不妥的事情后即便无人知晓也会因自己的罪恶感而懊恼"。这种道德自律所带来的压力,形成了"忏悔"这样的心理疏通机制,人们可通过坦白罪行减轻负罪感。

"耻感文化"和"罪感文化"之间有显著差别。其一,"罪感文化"对于别人无人知晓的事情,也会抱有罪恶感。然而,"耻感文化"以他人的存在为前提,因为"耻感要求有外人在场,至少要感觉到有外人在场"。其二,归根结底,"耻"的感觉来于对他人存在的意识,没有他人无论什么样的行为和思想都不会觉得羞耻。道德自律的依据来自外在的强制力,"正确行为的内在强制力全然不在被考虑的范围之内"。

当然,这样的论述只是为了将两者归类以作区别,本尼迪克特自己也指出:西方人也具有耻辱感,同样日本人也具有罪的意识。只是日本人比之罪感更重视耻感,并由此造成日本的社会结构、国民性乃至文化在整体上与西方大不相同。

西方人的罪感来源于基督教的原罪思想,其罪责可以通过忏悔减轻。基督教文化圈认为人能通过坦白罪行和忏悔赎罪。而在日本,"耻"意识和名分(体面)密切相关,"耻"的行为会带来"污名",即名誉的损失。讨厌"污名",消除、洗刷"污名"的方法就是"禊"。此外,正如日语中有一句话叫"丑上加丑,越发丢脸"所说的,如果坦白了罪行或许会招致更大的耻辱。正因为如此,日本人在没犯错的时候常会道歉,而真正犯了错误反而不道歉的情况很常见。

(三) 日本耻文化的语言模式表现

语言并不是我们传统意义上理解的工具,它也是一种文化,并且在民族文化记录与传承过程中也发挥着重要的作用。语言与文化是相辅相成的,它在受文化影响的同时,还在一定程度上反映了民族文化。因此,我们可以说,语言反映的就是一个民族的特征,这其中不仅包含着这个民族的历史与文化,同时也包括这个民族的思维习惯与生活习俗等。

　　既然语言与文化是相互影响的，那么，我们也可以从日语入手，对日本的"耻"文化进行有效的剖析。其实，关于"耻"的直接语言形式有很多，比如，我们一般说的"羞于见人"以及"恬不知耻"就是最具有代表性的语言形式。大多数情况下，谚语来自日常的生活，反映的是日本民族的智慧与文化，因此，在日本的谚语中也能看出日本民族"耻"文化的特点，常见的一些展现"耻"文化的日本谚语就有"抬头无愧于天"等。

　　通过上面的谚语分析我们可知，在日本"耻"文化系统中，最常见的表达方式间接表达，并且对于一些事情总是心照不宣，因为在日本人看来，生活中总是潜藏着言多必失的危险，不能轻易地将自己展现在公众面前，不能给别人带来任何的不便，日本人以给别人带来麻烦为耻，所以，日本人总喜欢将自己的内心隐藏起来。

　　（四）日本耻文化的行动模式体现

　　"耻"文化是日本文化的重要组成部分，它决定着日本人思维的方向，是日本人精神动力的主要来源之一，并且，这种耻感文化不仅需要人本身的感知，同时还需要被一定的外在力量所约束。

　　1. 集团利益至上

　　羞耻感是日本社会中一种极具约束特点的力量，它规范并指导人们日常生活中的行为。集团性的羞耻感更是使日本社会呈现出一派和谐之象。

　　儒家思想认为，人总是生活在一定的群体之中，是社会或者家庭中的一员，追求的是人在社会或家庭中的和谐，就这个意义来说，个人所依附的群体已经不仅仅是一种形式结构，而是个人的精神寄托。个人生活在群体之中，脱离了群体，人是很难实现自身的生存与发展的，那么，个体的生活也就很容易失去保障。日本的"耻"文化就是在吸收儒家思想的基础上产生的，又因为日本对儒家思想有着极大的敬畏，这也就使"耻"文化在日本社会中的存在变得非常容易。

　　日本社会中所呈现的"耻"文化主要包含着两方面的意思，一方面肯定的是个人在社会中的位置，另一方面则是个人在群体生活中被认可的程度。

　　在日本，个人为了获得团体的认可，往往会放弃自己的利益，在利益面前，永远考虑的都是集团的整体利益，集团利益是个人的第一目的。倘若一个人为其所在的集团抛弃，那么，对于这个人来说，是极其羞耻的。倘若个人做了些对集团利益产生损害的事情，那么，他自己也会不自觉地产生一些羞耻感。虽然，有些人可能会觉得产生羞耻感未免有些过分，但是，对于以羞耻感之上的日本人来说，他们并不这样觉得。

总之，这样的羞耻感不仅能稳定日本现实社会，同时对于一个企业来说，员工具备羞耻感也是非常重要的，这样能够增强个体员工的集团荣誉感，从而有利于企业的长远健康发展。

2. 个人道德规范

耻辱感在日本社会中的重要地位也显示出日本人格外在意其他人对自己的评判，他们主要是通过别人的评判来制定自己在社会中的行动方针。为此，日本人果断将羞耻感纳入到显性的道德体系中来，用耻辱感丰富道德体系，明确人的社会行为，将那些不遵守社会规范以及不履行社会义务的行为都归为羞耻一类。

在日本社会，大家通常会把那些道德的人用"知耻之人"来代替，可见，"知耻"在日本道德社会中的重要性。"耻"就是要求人能够有一颗坦白的、廉洁的心，能够在日常生活中自觉遵守既定的社会规则，彼此之间能做到相互扶持。这种"知耻"的人就是在生活中与别人产生摩擦，也会感到羞耻，进而进行对自我的反省。在日本人的意识中，"耻"是他们必须遵守的规则，每个人都非常惧怕被别人说不知耻，因为他们认为这是对自己非常大的侮辱。

日本人对社会和谐关系的建立与维持非常重视，他们在生活中非常谦虚，总是在第一时间考虑别人的感受，第一时间给别人以尊重，即使别人犯了错，日本人也能做到宽容与体谅，这就是做到了处处维护别人的体面。

可见，"耻"文化的核心就是要时刻重视别人的意见与看法，其优势便是能使身处同一环境的人做到和谐相处。在日本的公共场合，没有人会大声地说话，在马路上也没有横穿马路的现象，在环境方面，垃圾分类也做得很好，也没有人随便扔垃圾。这些好习惯、好现象其实与日本人所信奉的"耻"文化息息相关。

总之，"耻"文化作为日本传统文化中的重要组成部分，不仅支配着人们的语言，同时还在日常生活中支配着人们具体的行动。只是随着时代的发展，社会的进步，这种"耻"文化在日本社会受到了一定的挑战，似乎有被削弱的苗头，在一些集团内部也开始出现一些提出不同意见的声音，尤其是一些年轻人，他们总是能发表自己的看法与主张，总是存在较强的个人意识。这些年轻人不仅在意见表达上不遵守"耻"文化的规则，同时在道德世界，他们也是我行我素的，做事情不考虑别人的感受，不在意别人的目光。但是，这些年轻人也只是少数，从日本社会的总体来看，"耻"文化依然被当作民族的精华，依然被更多的人发扬光大，毕竟其对于个人道德行为以及集团道德发展来说也是有益的。

（五）"耻"文化的利弊

1. "耻"文化的利

全世界都相信日本工业制品的品质，这主要是由于日本人具备认真的工作态度，这种工作态度的形成显然是与其信奉的"耻"文化密切相关。无论是在生产的哪一道工序，这种以出现残次品为耻的精神的确值得更多人去学习。

在欧美国家，产品质量与"耻"这个概念之间是没有什么联系的，因为他们认为只要进行了品质管理后续就不会出现什么问题，如果最后出现一些质量问题，那么进行新一轮的修正就可以了，这就是欧美国家所习惯的思维方式。虽然，他们这种产品生产的流程是没有什么问题的，但是，从价值观的层面上考虑，这与日本人所信奉的价值观完全是不一样的。日本所生产出的高品质产品正式"耻"文化得以践行的产物，我们可以把"耻"文化看作是其在良性方面所产生的作用，当然，这种"耻"文化不仅在制造业生产中扮演重要的角色，同时在其他领域依然发挥着作用。

"耻"文化比较重视别人的看法，因此，一个集团内部的人如果都能遵守"耻"的规则，那么，和谐、谦虚的氛围便由此产生了。

2. "耻"文化的弊

"耻"文化不仅有利于日本社会的发展，同时它也会产生一定的消极影响，其中，最大的消极影响便是不利于日本人自立精神的确立。

"耻"文化具有压抑个性的特点，因此，绝大多数的日本人与其他人并没有本质的区别，他们的生活状态都是一样的。在日本人看来，被伙伴排挤是最不能接受的事情，所以他们并不会提出一些与集团内部人士相反的意见，个性是绝对不能显露的。因此，在表达方面，日本人就出现了用语暧昧或者意见委婉的现象。正是因为这样，日本社会中的独创性越来越缺乏，个人对一些集团内部的事情开始敬而远之，不负责任的情况频频发生。

此外，由于日本人对于周围的动向非常在意，因此，生活中一些不合理的现象开始慢慢出现，比如，在过马路时，本来大家都不会去抢红灯的，那是只要产生这种种"大家一起闯红灯就不害怕""大家都闯的话也没什么关系吧"想法时，便会付诸行动。在现代社会中，这种优柔寡断、在意别人的观念已经滋生，并且这种观念蔓延的速度变得越来越快。

（六）"耻"文化与其他文化

1. "耻"文化和"罪"文化

我们探讨"耻"文化与"罪"文化，应该先从它们的共性出发，其中，一个共同点便是，他们都在一定程度上受到了宗教思想的影响。"罪"文化将评判的标准定义为神以及自己的良心，因此，它具有一定的主体性，不容易为别人所左右，这样就会使个体容易产生开拓精神。从另一个层面来说，"罪"文化还是有劣势的，不为人左右也就意味着更加专断，那就会导致其与周围人在协调性方面有所欠缺，更重要的是还有可能会造成专横独断的毛病。

总而言之，"耻"文化与"罪"文化所在意的对象是不同的，"耻"文化就是一种在意别人目光的文化，而"罪"文化在意的则是神明的目光。

重名誉、知羞耻是件好事，但是这会很容易造成他人本位，只是这种他人本位并不是我们一般意义上理解的他人本位，与其说是他人本位，从实质上来说，则是某种自我本位。

与"耻"文化不同的是，"罪"文化将道德作为绝对的标准，并且这种标准的建立与施行都是受到个体的良心而启发出来的，因此，对于那些信奉"罪"文化观念的人来说，即使自己所犯的罪行并不被他人所知，但是其还是逃不过内心的苦恼，即使自己做的善事也没有被别人所知，那么，其也会一如既往地继续去做善事。但是，对于日本人而言，他们并不具备这样的一种自律性。

2. "耻"文化和"面子"文化

一般来说，日本文化被认为是一种杂种文化，它是多种文化不断融合的结果，这同时也显示出了日本这个民族强大的学习能力。

无论是在古代还是近代，日本都从其他国家吸收了许多有益的文化，在古代，日本向中国派遣了大量的遣隋使、遣唐使，并学习了中国优秀的政治制度、文字、服装文化等，并最终对日本的政治制度、文字以及服装文化形成产生了重要的影响。在近代，日本主要是向西方国家学习先进的文化，主要学的也是制度文化以及先进的军工技术等，由于日本对西方的学习，所以才使得日本比较早地进入了现代化的阶段。因此，从日本对外国文化的吸收与模仿看出，日本这个民族并没有太多的自信。

无论是羞耻还是面子，皆是与"名"有关的概念。但是这两种文化对于"名"的态度稍显差异。"耻"文化的主旨便是尽可能不蒙耻。而"面子"文化则是尽可能保住自己的地位、身份乃至虚名。可以说"耻"文化就是武士文化，"面子"文化就是文人文化。

"耻"文化经常注意周围的事物，努力使自己不劣于他人，通过否定自我，富有革新精神，向世界学习，促进自身发展。"面子"文化则对周围不太关心。一旦被他人投来羡慕的目光，自我的骄傲等便无限扩张。从这个角度来看，"耻"文化是实用主义，"面子"文化是夸张主义。

（七）中日"耻"文化比较

"知耻"是中国传统文化的重要组成部分之一，其影响着不同时期中国人的品格形成，但是，随着时代的不断发展，中国社会中关于"知耻"的文化却逐渐在消退。日本也是受中国儒家思想影响颇深的国家，耻文化被日本人当作一种国民性文化在践行，并且其已经发展得相当完善。因此，如果我们想要研究中国耻文化，可以从与中国耻文化有渊源的日本耻文化入手，这对于弘扬民族精神，塑造优良的国民性将会有重要的意义。

1. 中国耻文化

关于"耻"的记载始于孔孟之道。由于孔孟思想产生于"百家争鸣"的时代，各家都用高道德准则约束自己，以维护本门派的名誉，这样就有了现在所说的"面子"。耻文化本身是他律性的文化，中国由于面子文化而很注重自身形象，强调内省。同时，缺乏反省错误的勇气。

儒家把"礼、义、廉、耻"称为四德，是中国封建社会的道德标准和行为规范，礼义廉耻中，耻是最重要的，是道德的基础。在传统文化中"耻"的内容广，很具体。勤俭、正直、谦、忠、孝、诚信等都属于知耻；奢侈、浪费、妒贤、徇私、贪污腐败等都为无耻。因此，在现代社会，我们要想要重塑耻文化，就必须从中国传统儒家思想中汲取精华，这样我们的社会氛围一定会变得和谐。

2. 中日"耻"文化的不同

中日耻文化有许多相似之处，但是对这种同源文化进行比较时，重点要放在其特点上。

（1）他律性。

日本国土面积小，四面环海，是个多自然灾害的岛国，生存条件有限。再者，基本上是单一民族，本身就缺乏包容。而且自古以来的稻作文化，使得人们生活圈子相对固定。这样也让人产生一种"无处可逃"的思维，要相互依赖。

如果想要彼此之间相互依赖，那就要做到"和"，"和"其实就是一种约束人的精神，它能让个体在集团中不过分突出自己，要时刻谨记自己的言行必须要符合集团的标准。如果从"持"的层面上说，就是个体是否有"耻"，完全是要靠集团内部中的其他人来判定。日本人非常在意别人的眼光，总是依靠别人给予的标准行事，可以说，日本社会所展现出来的文化已经被打印上了他律性的特点。

到十九世纪中叶，平民百姓都是没有姓的，地位很低。他们尽忠的对象是封建领主，是他们所属的藩。这种意识发展到现在，当一个人做了错事被发现后，他会觉得自己的行为使自己所属的集团受耻。这种把个人耻与集团联系起来的气质，已根植于日本人的性格之中。

我们可以说，对日本人来说，耻感就是其不断发展的原动力，不过，日本社会存在着较多的自杀现象，这使得日本在无形中成了一个"难以复活"的社会，从这里我们就能看出，日本社会的他律性非常明显。

在中国可能会是"好死不如赖活着"。为了逐利使耻文化成了"输赢文化"。耻文化在以重道德著称的中国衰落，与信仰缺失是有关系的。儒家之所以强调耻，是因为耻感源于人的内省，但内省的原则源于对天和天道的信仰，相信天可惩恶扬善。可以说，信仰造就和延续了耻文化。

（2）相对性。

在集团里，日本人总是谨小慎微。而一旦脱离了集团，他们则完全不受约束。"内外意识"起很大的作用。日本人最在意的就是他们所依赖的集团。只有违背集团感到耻，并不会做了错事就感到耻去谢罪。因此，日本人的耻，只有在本集团内部才最容易感受到，集团之外可以无所顾忌。这就是日本耻文化的相对性。从对第二次世界大战的反省和谢罪的实际，就可以看出来。

日本人注重道歉谢罪，这是耻文化的体现。但是涉及真正的罪时，就表现得含糊，对战死者的家属道歉，但是对受害国却很谨慎。当今的日本已经属于发达国家，它已经有意识地与亚洲其他国家划分界限，它总是将自己与发达的欧美国家看作是一个集团。在土居健郎看来，日本人的谢罪并不是单纯的谢罪，它的目的其实是要将这种谢罪当成一种自我保护的手段。

中日虽然在"耻"的基本理解上是相似的，但是，在内涵延展方面还是日本更胜一筹。中日两国的发展道路存在差异，认识与理解日本"耻"文化对于我们尊重与学习日本文化具有重要的意义。

二、日本人的"义理人情"

日本民族的义理和人情在日本民族心理中根深蒂固，它也是封建传统文化长期影响的结果。日本的封建文化在世界的诸多文化类型中，特点鲜明，个性突出，这也同时成为日本民族心理中义理和人情的渊源之一。

义理在日本文化中的表现非常普遍，同时它的背景复杂，尤其他在从封建时代到近代演变中内容的不断丰富，更给我们了解义理带来一定的难度。在封建时代，义理的最大典型当属武士与君主，而在现代社会，我们最常见的一种义理关系便是契约关系。从这个方面我们可以看出，无论是在遥远的古代，还是近在咫尺的现代，义理在社会生活中都非常普遍，它已经广泛地渗透在日本社会的方方面面。

　　人情与义理是一个比较相对的概念，它往往有一定的私人性，它代表的是个体对家庭内部亲人的一种感情，可见，义理与人情在日本人的社会生活中是一种相互对立又不可分割的存在。

　　（一）日本人的义理及其类型

　　1. 对日本人义理的简单理解

　　日本的义理观念是近世初期日本的风俗和宋学的"义"相结合而产生。"义"在中国汉代表示"人应该履行的正确的道理"，仅仅表示语言范畴的概念。对日本产生影响的是后来宋学思想里的"义"观念。

　　中国宋代的"道德原理"是义理本义，这时的"义理"已经提高到了哲学范畴。"道德原理"强调的是君臣主从间的人伦，因此带有"普遍主义""个别主义"这一双重性。但是在日本形成的"义理和人情"概念因与人情概念紧密联结而失去了其原本具有的普遍主义的一面，成为"对谁的义理"这样一种个别主义性格的社会规范。

　　不可否认，世界上的每一个民族都有自己的价值观，不过，日本民族所展现出来的义理价值观却是最奇特的，它对日本人来说，仿佛就像是压在心头的一个巨石，给日本人带来很强的压抑感。我们一说到日本的义理，很容易就能联想到中国的"仁义"，当然，日本的义理是起源于中国的，但是经过日本社会的不断发展，其已经实现了本土化的目的，已经逐渐成为日本社会人人必须遵守的一种规范，是捋顺人际关系的一种潜在道义。

　　2. 义理的类型

　　美国人类学家本尼迪克特将日本民族的义理概况为两种类型，一种是对社会的义理，主要是指报答别人恩情的义务。如法律上由近亲关系所产生的道德上的义务，以及作为一种被社会普遍接受的风俗习惯而理应遵循的规则，当然也包括对别人施予善意的道德行为以及履行约定的责任和义务。这一类型的义理主要强调的是对恩情的回报，因此也是对日本民族心理来讲相对沉重的一种义理。另一类型的义理则称之为对名誉的义理，即保持名誉不受玷污的责任。

　　日本人心中的义理观念，原本发源于日本的封建时代，它也是封建传统文化长期影响的结果。对于封建武士来说，义理就是武士的武德，坚守这一规则则是武士的本职职责，对自己的主公尽忠尽职必孝敬自己的父母重要得多。这前后二者其实也是日本人面临的义理和人情之间的矛盾。当义理和人情二者发生冲突的时候，武士往往会选择前者而舍弃后者。

（二）不同时期的义理观

1. 幕府时期的义理

日本的义理观念是中国宋学的"义"和近世初期日本的各种风俗相结合而产生的。宋学义理传入日本后，其意义、内涵、范畴发生了很大的变化，对日本产生了较大影响。义理观念刚开始先在日本武士社会中生根发芽并被武士所接受。

新渡户稻造在《武士道》中指出：义理原本是武士的武德，坚守义理被视为武士之本职。尽忠君主比孝敬父母更为重要这一义理观念在日本历史悠久且影响深远。对于武士来说，尽忠君主是种义务，面对义理和人情的矛盾时，武士甚至常选择为君主而死（义理）。

另一方面，武士看重遵守诺言，一般不需要书面凭证就能履行。书面凭证被认为是对其身份的侮辱，最优秀的武士都认为发誓是对自己名誉的耻辱。江户时代起，日本统治阶级将人分为士、农、工、商四个等级（另外还有非人等贱民），森严的等级制对日本各等级的衣、食、住、行等各方面都做了详尽的规定及要求，日本人凡事要"守本分"，做事都必须与自己的身份相符合。同时，由于近世诸多文学作品的广泛宣传，倍受武士阶层推崇的义理观念逐渐渗透，在町人（平民阶层）中也成为普遍的伦理观念，义理成为町人生活中不可或缺的准则。

"情义"（义理）是一种人们珍视的直接人际关系，同时又具有封建性装饰。"懂情义"的含义就是终身忠于主君而主君也以诚报答。"报答情义"，就是把生命献给受其深恩的主君。与士、农、工、商"四民制"这一森严的等级相对应，在日本家庭内部，上下等级同样森严，封建思想的家庭观念很强，个人感情（人情）排在家庭关系（义理）之后，个人私欲往往被迫成为一切以家庭、家族关系为先的义理观的牺牲品。不少恋人深陷在义理和人情的矛盾中，不得不将家族、家庭放在第一位而放弃自己的私人情感。

2. 天皇制时期的义理

明治维新之后，日本结束了幕府统治而进入天皇制时期，武士阶层随着江户幕府的灭亡而消失，但是反映武士伦理观的义理却牢固地残留在日本人的伦理道德观念中。这时的义理已经不是对自己君主的忠诚，而是演变为对天皇的绝对忠诚以及对各类人履行相应的义务。

当无法面面俱到而行"义理"之德行时，日本人往往只有选择死来作为最后的解决办法。甚至有人曾经因一时不慎，误把自己的孩子起名为天皇的御名，因而杀死其子并自杀。在日本，债务必须在新年到来之前偿还。社会评论家荒垣秀雄曾经在日本第一大报纸《朝日新闻》的"天声人语"一栏中感慨地说，十二月要做一年的总结算，借贷也要在年底理清。平日的"不义理"行为也要整理并遵循"义理"而行。至今除夕仍有一些人用自杀挽回名誉之事，因为日本人并不视自杀为罪恶，而认为自杀是一种洁身自好的行为，在某种情况下，自杀可以说是最体面的办法。

3. 现代社会的义理

在现代社会，义理的观念更是深入人心，虽然人们不会像封建社会的武士那样动不动就切腹，但是在日常的行为中，在各种各样的大小场合下，人们都会注意不能违背义理。这种观念有时候会成为一种沉重的无形枷锁，让现代社会的日本民族倍感疲惫而无法解脱，不懂义理会遭人非议，让人蒙羞而名誉受损。时至今日，义理已经发展成为一种生活习惯渗透到了日本民族社会生活的方方面面，也成为约束日本社会关系的一种规范。

日本社会是以家为单位构成的，与个人相比，日本人更看重的是"家"，为了家庭利益而牺牲个人私欲的事时有发生。日本人以公司为家，对于公司抱有"家"的意识，因此更关注自己所属的公司而不是自己所从事的职业，在做自我介绍时往往只说公司的名字而不提自己的职业。

当学校发生火灾时，有些教师为抢救天皇御像，冲入火中而被烧死是一种典型的重视义理的表现。这说明了他们对"名分的情义"的高度重视（对名誉的义理）和对天皇的忠（对社会的义理）。作为外国人，如果没有充分理解日本人对社会、对名誉的义理观，是很难理解日本人的这些行为的。

义理观的另一种体现便是日本人的集团主义。第二次世界大战时日本无批判的军国主义和集体自杀事件，至今在企业里重视集体内部的和睦气氛，企业职员的运动会、集体旅行等都是集团主义的表现。"雉も鳴かずば打たれまい（枪打出头鸟）"，凡是和集体唱反调、背离集体者都可能被孤立，大多数日本人会放弃个人私欲并为集团的整体利益而努力。

（三）义理和人情的关系

义理作为日本民族的伦理及道德规范，在现代的社会伦理道德中依然发挥着举足轻重的作用。而和义理相对的人情，虽然也存在于日本人生活的各个方面，往往被日本人放置在义理之后。

关于义理和人情的关系，也随着社会的发展和人们观念的转变而发生着相应的变化。从本质意义上来讲，义理表示人应该履行的正确的道理这样一种道义，它并不会与人情产生对立的关系。但是在日本长期的封建制强化过程中，它逐渐变化为一种非人性化的固定理念，而且在一定程度上被形式化，从而成为一种强大的力量。

正是在上述这样的一个过程中，义理人情也成为日本文化中一对特殊的道德观念。自古以来，日本人就认为义理和人情是相互矛盾的，而且在处理这对矛盾关系的过程中，日本人更注重的是义理，而往往舍弃人情。就如同我们中国自古有句话叫"忠孝不能两全"一样，在我国封建社会的历史上，"君叫臣死，臣不得不死"也成了一种朝廷戒律，中国历史上自古至今精忠报国的美谈不胜枚举。面对义理与人情必须要选择其一的时候，是信守义理还是眷恋亲情，苦于选择的事例也比比皆是。

在日语也有很多与人情相关的用法，比如"恩に着る"（感恩、领情）、"恩に着せる"（让人感恩、卖人情）、"情けを知る"（通晓人情）、"情け容赦もなく"（毫不留情、不讲情面）、"情けに刃向うやいばなし"（情义面前谁也无法抗拒）等等。从这些社会生活中的谚语中，我们很容易就能感觉到，日语里面"恩"这个词的意义与汉语基本相同，即恩惠之意。而"情け"的意义中，出了表示感情时与汉语比较接近之外，在其他运用的过程中则更侧重于表示"人情""情义"这样的意义。

作为同属东亚文化圈的我们似乎不难理解，日语中"人情"的词源、出处很明显是来源于中国文化，是受中国文化的影响而产生的。但是众所周知，日本民族是一个善于模仿更善于创新的民族，这一概念在日语里出现之后经过历史的发展和文化的渐染，也逐渐被演绎出了新的含义，甚至我们还能从中看到它与日本民族传统的伦理道德之间的千丝万缕的联系。

古代社会的汉文化作为古代日本文化的母体文化，对日本文化产生了深远的影响，佛教思想也是在这样的过程中传入日本国的，从日本人对待人情的态度以及日本民族的这种有关恩情的心理中，我们也可以看到佛教中宣扬因果报应以及人性本善的这些思想的影响。

因此，在日本人的社会生活中义理和人情是一对特殊的存在，如果说义理是"公"，那么人情就是"私"。这二者在日本民族的社会生活中往往会造成互相交错的局面而让人倍感矛盾，所以经常被形容成日本人心头的一副沉重的枷锁。从表现形式上，这对矛盾时而表现为公与私的对立，时而体现为日本民族性格中的表与里的矛盾。虽然是一对矛盾却已经水乳交融地渗透进日本人社会文化生活的各个方面。

（四）"义理"的体现

1. 赠答习俗中的"义理"

追根溯源来看，"义理"的原初形态是以赠答为契机，作为农村的一种习俗被固定下来。在以种稻为主要产业的古代日本农耕社会中，人们的生产劳动主要是以村落为单位进行的。通过共同协作，互相提供（物、劳力、智慧等）资源进行交流，形成一种互惠互利的关系。而这种关系是无法用金钱衡量的、大局观念和集体意识的产物。

例如，一家主人生病了无法插秧，亲戚和邻居就会帮忙完成农活，这是为了避免因一家田地遭殃而影响到整个村落的收成。因而不仅亲戚，邻居们对于提供的劳力不会期待报酬。只是这家主人渡过难关后，总想着找机会报答，然而日常生活中的"赠与和还礼"，并不容易做到一赠立刻就还，而是获赠的当事人寻找合适的时机表达感恩之心，因此不是对哪个特定的赠与或是特定的对方进行还礼。这种不特定化的"还礼"意识，作为"不特定化的义务"逐渐在人们心中酿成。"不特定化的义务"在当事人中间被转换成相互的义理关系，成为"还礼"或下次"赠与"的契机，形成了赠与—还礼的"赠答之环"。由于日本式"义理"文化心理的推动，"赠答之环"一再重复，逐渐作为赠答习俗根植于人们的生活中。

"义理"的萌芽阶段并没有带着"非本意"和使人为难的色彩。随着社会的发展，"义理"在日本由于封建制的强化而被形式化了，变成了一种固定的观念，逐渐加入了非人性化的要素。对日本人来说，他人的好意和赠与就像是债务一样，一旦无法偿还，就会被宣布人格破产。所以说日本赠答习俗中强调的"赠"与"答"的平衡性和社会潜在的"义理"原则是有必然联系的。

2. 集团生活中的"义理"

"义理"对这种集团生活形态的渗透有着至关重要的作用，这点可以从日本近世到近代时期的村落生活方式中一窥而出。

以某家的葬礼为例，村里的各家各户会根据平时跟这家的交情来提供协助。协助的内容涉及挖墓穴、埋葬、列席者的接待等，从葬礼的准备工作到葬列的编成这些实际的运营事项全部包括在内。值得注意的是，葬礼的礼金以及提供劳务的多少作为参加葬礼家和丧家的各种生活关系的表象呈现出来。这里所指的各种生活关系不仅包含了上下关系和对等关系，还包含了曾经的关系和未来的关系。

"义理"是通过村落里某一家的形成和存续过程中展开的各种生活关系所体现出来的。根据各种"义理"关系的差异，人们履行"义理"的方式也有所不同。当然前提是必须得到村民的认可。由于这样的关系不局限于葬礼，任何场合都有可能存在，因此各种"义理"关系逐渐交织重叠在一起，形成了一种支撑村落共同体整体框架的规范。

通过上述的分析我们可以知道，是"义理"关系构成了村落共同体的秩序。与其他国家相比，日本人对"义理"和"秩序"格外看重。这种受"义理"关系支配的共同体意识存在于日本社会的每个角落。

3. 文学作品中的"义理"

人们把"义理"作为一种观念来认识，起源于井原西鹤所著的《武家义理物语》一书。此后，由于江户时代俗文学家和讲谈师①的宣传，歌舞伎和人形净琉璃②的演出剧目中，一再上演添加了世俗之情的武士的"义理"。这种因演出而受到关注的"义理"逐渐渗透进人们的生活，形成了一种观念。

4. 日本民族的双重性格中的"义理人情"

在日本，前辈对后辈的关心、上司对部下的帮助等，都是由义理关系演变成人情关系的。简而言之，正是这种由义理关系连接而形成的人情关系，使得日本互帮互助的传统文化得以延续，同时促进日本形成稳固的社会交往关系。因此，义理与人情密不可分、相互促进。这体现出日本民族义理与人情的双重性格。日本民族的双面性还体现在其具有的包容性与排外性上。日本人既包容又排外，即包容他人缺点，又重视内外有别。又如本尼迪克特所写的《菊与刀》，日本民族就像菊花与刀一样，既华美艳丽又血气方刚。

日本社会是一个独特的民族，通过对义理与人情的深入认识与了解，把握好日本的民族特征，更准确地认识日本文化，更清楚地了解日本人。

---

① 日本大众说唱艺术的一种，讲谈师指说书人。
② 唱偶人戏。操纵偶人、配以净琉璃说唱的日本传统戏剧。

第七章　日本文化中的简素与崇物

自近代以来，无论是西方国家、中国还是日本，对于日本文化的特殊性均多有阐发，有些研究本身也成为日本文化发展过程的一部分，比如本居宣长对于"物哀"的研究，能势朝次对于"幽玄"的研究，大西克礼对于"诧寂"的研究，九鬼周造对于"意气"的研究等等。随着全球化程度的加深，日本社会呈现出越来越多的混血、多元的后现代特征，其文化精神也变得扑朔迷离，面临失去方向的危险。出于对民族文化的深刻理解，也为了应对当前社会的精神危机，日本当代思想家冈田武彦追本溯源，从比较文明的大视野出发，对日本传统文化进行了系统的阐发和总结，提炼出了一对相辅相成的范畴："简素"和"崇物"。

第一节　日本文化与简素精神

一、简素的精神

简素是日本文化的外在表现形式，其背后的哲学思想基础则是崇物。"所谓简素，就是表现受到抑制，由于抑制而追求简素，原有的内面精神则变得愈加丰富、充实以致深化，这就是简素的精神，这就是日本文化和日本人的基本世界观和审美观。"简素并非冈田的首创，但以往关于简素的论述大都限于日本文化的某个面向，没有上升到世界观和审美观的高度。简素既是一种价值取向，必然也是一种生存方法。在文化交流过程中，日本向来都是以此为根本，积极地将外部先进文化"简素化"，也就是日本化的。其中，徘句是最为简素的文体。冈田引述松尾芭蕉的名句："古池塘，青蛙跳入水音响。"并将其与杜甫"伐木丁丁山更幽"以及韦应物"空山松子落"（书中冈田误以为是王维的诗）等诗句相比较，认为芭蕉之句更加言简意赅，也就是更加简素，但未加具体的论证。如果不涉及上下文，三句其实各有千秋，难分高下。在冈田的文论中，简素综合了传统的物哀、幽玄、静寂、轻微、余情、细腻等范畴，又不仅仅局限于审美领域，在内涵上更加还原，在外延上更为超越。

即使把表现的单纯性称为简素，其形态也是多种多样的。比如就绘画来说，如果素材不一样，其表现形式和表现技巧就不一样，仅水墨画就有写实派与写意派之分，进而产生各种不同的表现形式和表现技巧。

简素的精神，由于表现形式和表现技巧的单纯化，而使精神内容得到深化、提高而具有张力。精神内容并不易表现于形而上，一般来说越深入越困难。而且若把精神内容当作形而上来详细表现，反而更使人担心会远离精神内容的实质。

其实古人已经意识到，越是要表现深刻的精神，就越是要极力抑制表现并使之简素化，而且越是抑制表现而简素，其内在精神也就越是深化、高扬和有张力。这就是所谓的简素精神。

以上概略叙述了简素精神的意义。但是，仅靠如此抽象的说明还是难以理解，因而下面将从各文化分野的角度，举例加以说明。

不过，这些示例主要还是从中国文献中引用过来的。这是因为，其一，中国宋明时代的文化是以简素精神为基调的，而且当时的文人画家和思想家也对简素精神作过详尽、确切的阐述；其二，中国文化虽大都被日本所受容而简素化了，但日本文化的简素却有中国文化的背景，这点必须明了，不这样的话，恐怕对日本文化之简素的理解也会变得浅薄起来。

二、日本的简素精神表现

（一）埴轮的心境

欧亚大陆是由环境各不相同的岛屿连接成的有着广阔森林和平原的板块，日本列岛则形成了与之明显不同的环境条件。据今六千年前，气温进一步转暖，比现在还高出 2℃，海平面也比现在高出一米以上。因此，日本沿海一带的平原很多都被海水侵吞了，形成了一些浅窄的江河。

日本列岛的森林树种丰富，以实木为中心的植物食料较多。很多内陆海湾盛产各种各样的鱼类贝类，而且还是鸟类的生息繁衍之地，因而动物食料也较丰富。

绳文人在海与平原或河与平原的接合处构筑部落，并依靠在各地域采集丰富的食物资源过日子，从而掌握了巧妙利用这些资源的技能，而且已达到了较高水准。因此，这也许是从大陆传过来的水稻生产技能起到重要作用的结果。

绳文人当时已是一流的技术家和艺术家，这与四季变化分明、风景秀丽的日本风土不无一定关系。某些西洋人认为日本是艺术之国，于是很想了解日本人的艺术性格究竟是从哪儿养成的。

日本列岛开始使用陶器大约是在一万二千年以前，这正是绳文时代开始的时候。那个时代的陶器种类非常多，并且被刻上各种纹样。陶器虽是用于料理的煮炊和盛放的实用性工具，但同时也是祭祀用的东西，所以要刻上各种纹样。

绳文陶器浓重而执拗，富有超自然的过度装饰性和猎奇性；奇特而神秘，具有魔术般的想象空间；既热情饱满，又滑稽可笑，确实多姿多彩。

从文化史的角度说，绳文时代以后是弥生时代，接着就到了古坟时代。弥生时代相当于公元前三世纪到公元后三世纪。古坟时代则是日本国家的形成时期，即公元四世纪到七世纪。

弥生文化又被称为稻作文化，是在绳文时代从朝鲜半岛或中国南部传到西日本的，后来又向关东地区传播，所以称为"弥生"文化。

一进入弥生时代，大概由于实用性的关系，许多陶器没有了装饰性，变得简素清晰起来。而到了古坟时代，像埴轮这样素朴、单纯、稚拙的器物也被制造出来。在思考日本的简素精神的时候，这一变迁过程是需要特别留意的。

如果把绳文文化和弥生文化加以比较的话，两者的反差之大，从陶器上也能一目了然。于是也就出现了为什么同一民族会产生如此不同的两种文化形态的疑问。造成这种反差的原因，一方面是由于生活方式和经济活动的改变，另一方面则要从人类学上去寻找各种论据。

弥生时代从公元一、二世纪起，日本与中国的交流也开始增多，这可以从弥生时代的遗迹中发现汉代陶器和古坟时代伊始大陆传来的遗品增多等方面做出判断。

尽管如此，无装饰性的陶器、埴轮等土偶的出现这件事本身，应当引起我们的高度关注。把日本人的简素精神定格在这个时代，其理由就在于此。

这种弥生时代的陶器已失去了绳文时代陶器那样的过度装饰性，转而变成了单纯的形态美，而埴轮则更加趋于单纯化。埴轮是一种黄土色的土偶，其表情充满稚气，犹如撒娇的可爱玩具。

埴轮既不像守卫秦始皇坟墓的兵马俑那样突出造型，也不像汉、六朝及隋唐时期的随葬品中的陶俑那样具有华丽的色彩。此外，在汉代陶器中还有强烈动感造型的漆黑舞俑，而埴轮却表现出极为静感的形态。

埴轮之所以具有这样的特色，也许是由于它是在古坟之外置放的礼仪性物品，因此，它的足部成了圆筒，而样姿则被制成直立型的，从而反映出被日本风土熏陶出来的素直而温和的民族性。

但是，古坟时代出产的埴轮，也或多或少地受到了中国的影响。之所以这样说，是因为中国古代在建造坟墓时，在坟墓两侧都要排列若干石人和石马，使坟墓显得十分庄严，而这点在日本的古坟中也能看到。

埴轮这种土偶，爽直得给人一种儿童般天真烂漫的感觉，其造型艺术超越了客观性和写实性而极富印象性，因而是极其简素的东西。而这种简素，不能不认为是对单纯装饰性的否定。应该看到，这正是当时的装饰文化走向集约，人工上回归自然的必然结果。本书所谓的简素，其真意就在于此。

这种力量潜在地湍流于日本人的血液之中。他们在受容大陆文化的同时，又使之日本化，从而创造出了独特的文化形态。

（二）物之真实

古代日本人不仅把人视为神，而且把宇宙万物都视为神，但这类神并不是像西洋人所说的超然于人与自然之上而存在的绝对者。人者神也，自然者亦神也。也就是说，人本身是神，自然本身也是神。因为人和自然在日本人看来是应当敬畏的存在，所以称之为神。简言之，所谓神即高贵而有灵性的生命。

这种生命是宇宙万物都具有的，因此可以说，宇宙万物同具有人格灵魂的人一样，也有物格灵魂。所以日本人对物所持有的敬爱之心犹如对人，比如农夫对农耕等时候用的牛马牲畜，就像对兄弟或自己的孩子一样侍候，而绝不把它们当作畜生使唤。

那么，怎么才能知道物不单单是物质而是具有物格灵魂的存在（即神）呢？所谓神，用西洋人的话说就是实在（真的存在），但西洋人在认知神时，采取的是将其作为主观对象加以分析的方法。本来主观与对象应该是一体的，但西洋人却把它们分割为主体与客体，并根据主观来求得客体之实在。而这主要是受自然科学的影响所致。

实际上，物之真实是不能用这种分析的方法去认知的，而必须采用全一性的知觉方法去把握。西洋人喜欢用分析的方法认知事物，如主张"理性即实在，实在即理性"什么的，过分强调理性，专门摆弄思维，而对基于理性以外的包含了感性和意志的潜在意识的直观，却并不在意。然而，若没有直观，就不可能把握全一。

日本人十分看重这种潜在意识下的直观，只要读一读克洛岱尔在讲演集中对日本人性格的极其丰富的记述，就可以明白了。

克洛岱尔对其小学时代的日本状况观察得极为细致。那时，小学生若去远足，老师是一定会带他们去茫茫雾海里的山中神社和佛阁的。克洛岱尔目睹了这一切。他想，老师为什么要带孩子们去这些地方呢？后来他说，这是因为要让孩子们知道，那些地方是神、人、自然合为一体的境地，即三位一体的境地。

克洛岱尔是天主教徒，遵照基督教三位一体的教义，他习惯于做这样的观察。但是，基督教的三位一体与日本人的天地神人一体是有天壤之别的。尽管如此，克洛岱尔的慧眼仍令人敬服。总而言之，西洋人是用复杂的思维方式认识物之实在，而日本人则是用理性之前的单纯的知情意浑一的潜在意识即直观求得物之实在。

（三）日本文化的特质

通观日本文化之全体，说日本文化始终贯穿着简素之精神，恐怕并不为过。这里面蕴含着日本文化的特色。若比较一下日中文化在日常生活态度上的表现，就不能不承认两者的明显差异。下面就以卑近为例说明之。

中国的建筑物一般在色彩上是豪华绚丽的，中国的烹饪具有浓厚的人工味；中国人多辩，常发表理知性、论理性的议论。与此相反，日本的建筑物是清纯而质素的，日本料理是品味鲜活而淡白的；日本人常考虑对方而控遏言语，不太喜欢发表与对手相反的议论。

中国人擅长理知性的论辩，这已在其古代思想里表露无遗。比如古代中国人就写出了《周易》那样的不朽著作，用消极和积极的阴阳二极，根据交错、往来、循环、相生相克、调和等对立因素，诠释了世界的全部现象，而且在古代就已提出了类似于西洋形式论理学的学说，产生了与古希腊时代同样的诡辩派，出现了记述秘密克敌制胜的权谋术策那样的著作。

即使立足于超越神秘主义的道家思想，例如《庄子》的《齐物论》篇，读了后也会对其缜密的思辨性和超克的论理性惊叹不已。这些在日本人的思想中几乎看不见。

中国人喜欢议论，这点比西洋人都激烈。这正好表明了在中国文化中，不仅有以简素精神为宗的一面，而且也有与西洋文化相通的另一面。一想到这里，就会自觉到只有日本文化才是纯粹贯彻简素精神的文化形态。

（四）外国文化的日本化受容

概而言之，日本文化可区分为模仿文化和独创文化。日本人就其民族性来说，是经常积极地受容外国优秀文化的。

读读日本的历史就能知道，日本自古就长期受容朝鲜半岛、中国大陆发达而优秀的文化，从而构筑起本国的文化，近世后期又把注意力移至欧美文化，吸取受容，直至今日。

日本的模仿文化，指的是积极汲取了唐朝文化的天平文化，与积极汲取了南蛮文化的桃山和江户初期的文化，以及积极汲取了欧美文化的明治以后的文化。

但在模仿的同时，日本文化中又有坚守和发扬本国传统的运作机制，这就是独创文化。这些独创运动主要是在与外国交流被断绝或减少的时候发生的，例如藤原文化、中世的室町文化以及执行了锁国政策的江户时代的近世文化。

一般来说，外国文化都是华美绚烂的文化，这不仅表现在文学艺术上，而且在哲学思想方面也有表现。比如西洋的哲学思想就是基于论理构造而建立起来的伟岸殿堂。理解了这一点，也就能很好地理解外来文化的特性。

中国虽与此不同，也有重视体认的一面，但与日本比较，则可以说具有更多的西洋要素。日本的民族精神一般是简素的，但是，即使已自觉到日本文化是与外国文化异质的文化形态，那也不应该只宣扬本国文化而排斥外国文化，而是要牢记，经过比较后所自觉到的本民族的文化特性。这只要看看日本国学的勃兴就能一清二楚了。另外，无论怎样模仿外国文化，都应不拘泥于模仿，而应时刻不忘使外来文化日本化的努力。

不仅如此，还应牢记在今天日本人的生活当中仍潜流着生生不息的传统文化的根基，并且应看到这种潜流还十分强烈。关于这点，却常常被日本的文化人所忽视，倒是西洋的有识之士有所指正，这只要读一下他们的日本论就能一目了然。

现代日本人似乎完全在欧化风潮的影响下生活，但经常参拜神社的习惯依然未变，和歌、俳句也照样在民众中流行，自我抑制的日本妇女之美德至今保存……

在日本文化中，虽有像上面所说的外国文化与日本文化、现代文化与传统文化对立的表象，但仔细分析却并非如此，两者其实是并行不悖的，只不过其间有着主客之别罢了。这也是日本文化的特色之一。如果说外国文化、现代文化是华美文化的话，那么日本文化、传统文化则可以说是简素文化，两者在日本文化中几乎不存在什么对立与抗争。

日本人在积极受容外来文化的同时，还努力使之日本化。而且即使强调日本文化，也保持着日本文化系外来文化发展之极致的自觉。因此，只要了解了日本人是如何探究简素之精神的，就会自然明白这个道理。

三、日本简素精神的意义

通观日本文化的发展历程，其中既有积极受容外国文化的风潮，又有继承和发扬本国传统文化的风潮。两种风潮虽然都有，但或者是主从关系，或者是融合关系。外国的东西豪壮绚烂、宏大华丽，具有强烈的自我表现倾向，而日本的东西则简素枯淡、孤寂幽玄，具有强烈的自我抑制倾向。在日本的传统文化遗产里，这两种倾向的东西都有，所以只把后者当作日本文化的特色也许并不妥当。然而，后者的纯粹表现形式若只能在日本找到，那么将其定为日本文化的特色，大概没有人会反对吧！

问题在于，这样的日本文化最终是否具有世界性？换言之，就是是否具有世界价值？其实这已为明治以来到过日本的外国有识之士所认同。

正如摩拉爱思所言，西洋文化具有与日本文化恰好相反的关系。如果把这种相反的关系想象成价值层面上的上下关系，那就不对了。比如日本的和歌、俳句以及艺能等清净幽玄之美，为日本文艺赢得了世界性的赞誉，这点日本人无论谁都是承认的。细细观察，其实这不仅表现在文艺上，即使在思想上也是如此。何以见得？因为一般认为，就思想方法而言，包括日本在内的东洋哲学思想具有比西洋哲学思想更高的水准。西洋人所谓的真的存在即实在，他们只相信理性是绝对的东西，故而把实在作为理性的对象，并分析其内容、认识其本质。而东洋人则纯化了知、情、意之浑然的潜在意识，并凭借直观而寻求全体的自得。以东洋思想的立场而言，西洋的哲学思想是尚未脱离科学思想领域的哲学。因此，在东洋的哲学思想看来，西洋的哲学思想还只处于低层次的水平。

总之，西洋文化与日本文化的关系即使是相反的关系，那也不是价值层面上的高下关系，而至少应视为是对等的关系，即同层次的关系。从一定意义上说，两者是矛盾的存在。正因为是矛盾的存在，所以即使有质的差异，在价值上也是同位的。

本书所叙述的日本之简素，不是原始性的素朴，尽管它在表现形式上与原始性相同，但在精神意向上却有着天壤之别。

文化之究极就是向简素的回归。因此，如果说西洋文化的志向在于发展，那么可以说日本文化的志向在于回归。两者都在不停地循环往复。因此，日本的回归若不去受容西洋的发展，那就会停滞不前。不过，日本人所抱有的是希望潜在地、经常性地受容新事物从而获得自我创造、自我启发的民族性，尽管这是很难做到的事情。但若过分强调日本本民族的东西，而拒绝接受西洋的东西，那么日本人所能夸耀的简素之精神以及以此为根本的颇具特色的世界观，就会萎缩、衰退。这一点作为日本人是应当铭记在心的。

日本人的这种世界观，虽然自古以来就潜存着，但至今还未被自觉认识到。今后应该对此有明确的自觉，并使之成为显存的意识，进而为建构辉煌的世界文化做出贡献。

第二节 日本崇物精神

一、崇物的精神

与简素相表里，作为"旧本思想文化的根本理念"的崇物，源于自然崇拜的民族心理。神、人、自然三位一体，神话、历史一体两面。日本文化具有极大的通融性，既能无碍地受容外来的文化，也能轻易地完成让外人费解的自我转变，比如"第二次世界大战"时期从全民立誓"一亿玉碎"到天皇一声令下无条件投降。日本人的"暧昧"之处，不妨从崇物神道的角度去理解。

在冈田看来："中国的艺术宏大、遒劲、豪宕、沉重和浓密，而且是理知的、意志的、写实的、客观的、立体的、现实的和沉重的；而日本的艺术则纤细、优美、柔和、轻妙和淡白，而且是情感的、感伤的、写意的、主观的、平面的、象征的和装饰的。一言以蔽之，中国艺术繁褥，而日本艺术简素。"

作为一种宏观比较，这种看法是大致不错的。不过也应该看到，中国文化也有"简素"的一面，那就是"平淡"。其根源在于道家思想对"虚"和"无"的重视。这种审美趣味经晋代陶渊明、唐代王维和司空图、宋代梅尧臣和苏轼、元代倪云林以及明代董其昌等人的继承和发展，形成了一种平淡美学传统，其最具代表性的艺术形式就是简澹超逸的文人画（南画）。冈田承认日本的简素有着中国文化的背景，尤其指出中国宋明时代的文化精神也是简素。但冈田也指出，中日两国的简素精神是有区别的："中国式的简素显得厚重、苍古和含蓄，而日本式的简素则表现出轻快、明洁和洒脱。"

当前日本文化精神之所以有迷失方向的危险，主要在于神道精神的失落。冈田之所以力倡崇物与简素，正是从文化上培根固本，提高日本人对于神道的自觉。村上春树在小说《奇鸟行状录》中，以诺门罕战役为标本，深刻反思了日本人的内向性与日本社会的封闭性所潜伏的危险。李泽厚也指出，日本神道所受容的儒家忠君观念，轻易被军国主义所绑架，促使日本走上侵略外国来实现现代化的道路。日本的非理性传统和对个体的长久压抑，对未来发展可能造成重大障碍。

长期以来，与西方相比，我们相对忽视了对日本文化特殊性的关注。历史的纠结造成了心态的纠结，一定程度上干扰了我们对日本的认识；而日本对中国的研究却从未间断。理解的不对称比互不理解更加危险。看透日本，也有助于我们看清自己。

二、日本崇物精神的表现

（一）特殊性与普遍性并存

"第二次世界大战"以后，随着美国占领政策的推行，日本人自己也对战前进行了全面批判。于是，轻视日本传统思想文化的风潮逐渐占据了上风，导致日本传统醇厚风俗的丧失殆尽，而被欧美人誉为"东洋君子国"的日本人之特性也随之消失。日本人原本就有自我抑制的民族性，在这种民族性的驱使下，日本人在向海外宣传日本传统思想文化方面，也处于不作为的懈怠状况，这是非常可惜的。因此，日本人自然也就会对自己这种潜在的，但却实实在在存在着的、独特的思想文化不屑一顾，更不用说去表现它了。

且不说日本国内外有识之士的相关评论，就看日本的民族语言和文字，也可大致了解以上所说的道理。这是因为，但凡一个民族的传统思想文化之特色，都会通过其民族语言和文字被清晰地表现出来。如果要问究竟是一个民族的传统思想文化决定了其语言文字，还是一个民族的语言文字决定了其传统思想文化？那么我只能回答说：二者是互为因果的关系，或者说是相互催生的关系。

因此，凡是重视本国传统思想文化的民族，就必然会把本国的语言文字当作宝贵财富来对待。在这方面，极为重视本国语言文字的法国人，似乎最为引人注目。法国人常说，法语是世界上最美的语言，这就反映了法国人的民族自豪感。在笔者所接触过的各国人士中，好像再没有比法国人更珍视本国的语言文字的了。

京都大学日本文学教授、已故的泽写久孝博士刚从法国留学回国时，便在他的讲演中声称：日语是比法语还要美的语言。原来，日本只有母音能单独使用，而子音（即辅音——译者注）是不能单独使用的。因而日语的声调便显得较为温和，不激扬，无棱角。对这样优美的语言，今天的日本人应该有所了解。前几天在收听 NHK 广播时，得知一位日本民歌手在法国某剧场演唱日语歌曲时，听众中有一位法国女性由衷地赞叹道："日语太美了!"其实，只有建立在日本传统思想文化的基础上，才能够产生这样优美的语言。

然而近年来，在年轻的日本女性中，讲话时都喜欢用"翘舌音"的语调，而且还觉得很时髦，于是很快便在女性中流行开来。其实这种语调是在用甜美的方式表达自己的主张和内心倾向，这或许也可从一个侧面反映现代日本社会的状况。

（二）制物与崇物相互作用

由于西方语言与日语之间存在的上述差异，才导致了不同的民族性格。简言之，即西方的民族性因自我主张型而趋于理知化，日本的民族性因自我抑制型而趋于情绪化。而若从自者与他者的关系来看，则可以说，西方人具有与他者对立、制御他者的民族性，日本人具有与他者调和、尊崇他者的民族性。一言以蔽之，西方人具有制物的思维方式，而日本人具有崇物的思维方式。

为什么会有这样的差异呢？或者说，为什么会产生这种对立的思维方式呢？原因大致可以到两者不同的自然与历史环境中去寻找。举例来说，西方的房屋对自然是防御式的，窗小壁厚，为的是将人与自然分离开。相比之下，日本的房屋是开放式的，能使人与自然融为一体。这大概是因为西方的自然环境对人类生活来说比较严酷，而日本的自然环境对人类生活来说则相对比较滋润。

若对日本人的自然观作稍微细致的观察就会发现，日本人自古便崇拜自然，而这些均与日本的风土条件密切相关。具有绵长海岸线的、锯齿形的日本列岛，本来与大陆是相连接的，后来由于地壳运动而出现断裂，从此气候变得温暖多雨，森林繁茂旺盛。这些都是大自然给予日本人的恩惠。日本的国土，春夏秋冬四季分明，极富雅趣。所以，日本人对大自然的恩惠怀有深切的感激和崇敬之心，于是便产生了自然崇拜和万物崇拜的民族性。

然而，能够形成这样的民族性，除了自然条件，还不能忘记历史环境的作用。日本人属同一民族，且使用相同的语言，人与人之间的想法容易相通，没有必要特意用论理的方式来表达自己的意志。甚至可以说，在沉默时也会通过"阿吽"的起伏呼吸来了解对方的意思。这种情绪式的表达方式，在世界各民族中，恐怕没有比得上日本人的。此外，日本民族与欧洲大陆民族不同，没有经过与其他民族的殊死战争，甚至可以说完全没有受到过来自亚洲大陆的异民族的侵略。这种特有的被恩赐的自然人文环境，对保持日本的民族性无疑具有极大的帮助。反观中华民族，其生存环境与西方民族很相似。朝鲜民族由于居住在与中国大陆相连的半岛上，自然也免不了来自亚洲大陆的异民族的频繁入侵。正是由于这样的自然环境和历史环境，才导致上述民族自我主张型的文化特征。这些民族往往是通过论理来沟通彼此间的感情，因此理性思维相对发达。

正因为此，日本人往往视自然与人为一体，而西方人则往往把它们看成是对立的关系。他们是为了控制自然才去探求自然的法则和原理的，由此而产生了使自然为人类服务的思维定式。这大概就是西方文化中理性的、理知的科学文明相对发达的原因吧！

中国人与日本人相比较，也属于理知的民族。为使彼此间的意志相通，就需要有强烈的论理思维。韩国人也与此相近。因此，清初以来的中国思想家们经常说，中国人长于理论，日本人长于实践。这样的情形，可以说也主要是由自然环境和历史环境的差异造成的。

总之，西方人的思维方式是制物的，而日本人的思维方式是崇物的。在日本人的自然崇拜中，对自然万物所给予的恩惠抱有很深的感恩之情，由此方引申出崇物的观念。尽管这种观念在当下日本人中有日渐衰减的趋势，但毕竟它是自古以来就流淌在日本人血脉中的根深蒂固的思维定式。举例来说，一直到近些年都在进行的"笔供养"和"针供养"，以及"放生会"和太宰府附近的古老寺院武藏寺所实行的"紫藤花供养"，或者近年来较为流行的"人形供养"等，都无不证明了这种思维定式的存在。再有，日本人曾在日本海捕过鲸鱼，于是便在各个海岸为"供养"鲸鱼而建立了"鲸塚"，也是这种思维定式的某种反映。

如果再了解一下日本人的日常生活，那么其中所隐含的崇物心理就更加清楚了。过去吃完饭后，如果有饭粒剩在碗里，或者落在了榻榻米上，父母都会说："饭不能剩下，全吃掉！""不要浪费，把榻榻米上的饭粒捡起来吃掉！浪费是要受惩罚的！"这不能不说是对万物抱有感恩心理的日本传统教育的某种反映，从中也可窥见日本人日常生活中的崇物心理的一个侧面。当然，近年来这种崇物心理已越来越少见了。再比方说，日本人自古以来就有山岳信仰，把对神灵的寄托，移至奇岩古树上而顶礼膜拜，这也可以说是日本人的自然崇拜和崇物思维的某种反映。

（三）物是灵的存在

那么，日本人为什么会有崇物心理呢？日本人自古以来就认为物是有尊严的、有灵的存在，就像人有人格一样，物也是有物格的。同样，如果把人格视为有尊严的存在，那么也就不能不说物格也是有尊严的存在。而且日本人还把这种尊严称为神。所谓神，当然不是西方文化那样的一神教之神，也不是多神教之神。这是因为，物本身是有灵的，所以物本身即是神。而且日本人尤其尊崇灵性这一纯粹之物、伟大之物，将它作为极其敬畏的东西来崇拜，并把它作为祭祀的对象。

佛教说"一木一草，皆有佛性"。如果按照这样的说法，那就可以把"一木一草皆为神"当作日本式的观念。在此看来，日本被称为"神国"的原因就在于此。

在万物中，人是最为卓越的"灵"的存在。这是因为，在人身上存在着与他物不同的人格。"人格"一词是被翻译过来的在西方哲学和伦理学中广泛应用的概念。依笔者之见，人应该是男女、老幼无差别之存在，是具有绝对尊严的"灵"的存在，其表现方式，就是所谓"人格"。只不过我们平时都把人格一词限定在有卓越人伦道德的人即有德者的意义上使用。

如前所述，"物"其实就包含了"人"，但若把人与物分开来思考，则人有人格，物有物格，并且认为两者有本质的区别。日本人基于对自然的崇拜而产生了对物的崇拜与崇敬。而这种崇物精神，又成为贯穿于日本的宗教、哲学等所有思想文化领域的最基本的思维方式。对物的崇拜似乎具有宗教的意味，但又不同于宗教，而是一种思维方式或心理定式。

那么，究竟什么是"物"呢？要说清楚这个问题，并非易事。概括地说，物有有形、无形之分。用一句传统术语，亦即有形而下之物与形而上之物之分。形而下之物是可以触摸到或感觉到的，形而上之物是触摸不到或感觉不到的。从本质上说，无论形而下之物还是形而上之物，均属于中国传统思想中所说的"气"。而"气"可以说既是物质的存在，又是精神的存在。因此又可以说，"气"就是"灵"的存在。既然"物"皆为"气"，那么"物"亦即"灵"的存在。

不过这种灵性既不受制于物，也不凌驾于物，而是等同于物本身。既然物是灵之物，那么我们既可以说物是有灵的，也可以说物是有"生命"的，甚至可以说物是有"心"的。前一种说法也许更容易让人理解。若按日本的方式，则可以说万物不论生物还是无生物，都是有"心"的。万物的"心"，也就是灵性，只是物的这种"心"与人类还是有本质区别的。换言之，灵性因物种不同而异质，而且即使是同种之物，也存在各自不同的质。因此，必须承认，万物都是具有主体性的独自的存在，这便是物为尊严之物的原因之所在。

那么，无生物的东西为什么有"灵"、有"心"呢？从这样的角度看更直观。日本人常说"一木一草皆有心"，甚至会感觉到天上行云的灵性，其因概在于此。

那么，"心"又意味着什么呢？本来在东方人看来，人皆有"心"，而"心"又是气之妙动，所以"心"也可称为气灵，"心"即"灵"也。而笔者强调"物为灵之存在"的目的就在于此。这样的思考方式其实来源于对物的崇拜，所以又可称为崇物的思维方式。

（四）"崇"的意蕴

对"崇"字的意思，我们已在上面稍作解释，下面再从中国哲学的角度作些说明。"崇"若被解为崇敬，则类似于中国宋代程朱学派所谓的"居敬"。按照朱子的说法，"敬"有以下三层意义：一是"心中不容一物"，此为尹和靖之说；二是"整齐严肃"，此为程伊川之说；三是"常惺惺"，此为谢上蔡之说。所谓"心中不容一物"，是说心中不能有丝毫物欲；所谓"整齐严肃"，是说身心根据现状，端正其行为和心境，并作严格的自我反省；所谓"常惺惺"，则是指使心明智觉悟，并去掉笼罩在心上的阴霾。

在上述三种意义中，朱子重视的是程伊川之说。这是因为朱子是高远的理想主义者，所以为了达到伊川之"敬"那样的境界，他便视物之理为整齐严肃的存在。而且朱子还把"敬"贯穿于动静之全过程，并以静坐为入手之功夫。

对"居敬"说论述得最为详尽的是明初的朱子学者胡敬斋。但"崇物"与"居敬"，却是貌合实不合。朱子学所谓的"居敬"，是为了探求物理，强调的是穷理之学，所以以知之学问为先，以居敬实修为后。因此，在朱子学那里，作为物质要素的气与理是被分开的，理即气之法或说原理，穷理就是要究明知性之理，而"居敬"不过是对理的实修。因此，知行关系在朱子学那里，也是被分隔开的，朱子的"知先行后"说即源于此。

而崇物论，由于是直接对物本身的崇敬，所以不同于朱子学的"居敬"说。具体地说，也就是与朱子学把气与理分开，把敬作为理之敬的理知型做法不同，崇物论是对物本身即物之灵的崇拜和崇敬，故而属于宗教式和情绪式的。

崇物之"崇"，如前所述是"心"的全一之修行。如果说西方传统思想文化求的是"真"，那么崇物论求的便是"真"之根本。"真"固然需要寻求，但不能忘记其中的本末之分。崇物的全一实修就是求其根本之功夫，而其他各种知性之学不过是求其枝叶罢了。况且，本与末虽不可分割，但其中必有个"立宗旨"的问题。而在我看来，崇物即是学问之宗旨。

然而，要立崇物之宗旨，亦并非易事。它要求在崇物的实修过程中，不能陷于主观。而要做到这点，就必须学习东方的传统。日本的神道自不必说，佛教、老庄和儒教都要学。尤其是儒教，更是不能不学的东方传统的代表。举一个佛教的例子，禅宗讲的"放下"，就是崇物论的入手处。即使是"崇"，若执着于此，也难免失其真。在这种情况下，就必须将它"放下"。在此看来，"崇"之修行，必须消除或放下"我欲、我见、我执"，舍此"三我"，即所谓"三无我"。而且崇物之修行，还必须是发自本性的自然之流露。因为物本身就是灵的存在，它不是绝对唯一的不动的东西，而是生生不息、不断变化的存在。

如此说来，崇物论就真有点类似于禅宗所说的"退步思量"了。其实"退步思量"这句话，儒、释、道皆用，反映的是消极的处世态度和生活方式。不过比较而言，崇物论与儒、释、道相比，对物的态度既有积极面，又有消极面。之所以这样说，是由于佛、道皆主张超脱，故而对物的态度是消极的，儒教以经世为目的，故而对物的态度是积极的；而崇物论所强调的自我抑制型的修行功夫，虽亦可称作"退步思量"，但较之儒教，崇物论对物的态度要明显积极得多。真正的崇物论，是主张物各得其所的，用儒教的话讲，就是使其"物各付物"。但与儒教带有明显的理知倾向不同，崇物论所凸显的乃是活泼和情意。

由于儒教与日本传统的神道有很多相同之处，所以《论语》经由百济传来时，便很快被日本人接受并融入日本本土文化中。后来，当佛教传入日本时，便受到了主张神道教的部族的坚决排斥，进而引发了排佛与崇佛之间的激烈纷争。因为神道主张光明的生的世界，而佛教主张黑暗的死的世界，并把超越现世的黑暗世界作为佛教之根本。因此，相对于主张此世光明的现实之道的神道来说，佛教所主张的超越之道显然不符合日本的民族性。然而，即使如此，日本人还是接受了佛教，并且创立了颇具本土文化特色的日本佛教。类似的情况，还发生在基督教传入日本的过程中。而之所以出现这种现象，概在于日本传统中崇物的思维方式。

（五）人类的本性

如前所述，崇物之物是万物之意。万物之中自然包含人类。因此，人类与其他生物、非生物也都是同气相通的，人类与他物的区别在于，人类是具有特殊灵妙之气及功能的生物。由于人类本身就是生物，故而其肉体不仅包含动物之要素，也包含植物之要素；又由于人类的肉体本身也是物体，故而人类又包含了一般物质之要素。人类与他物所不同的，只在于它的超绝性和优秀性。

那么，人类性与物质性的区别又在哪里呢？对此，自古以来东西方学者之议论可谓不绝于耳，其中德国著名基督教思想家、现代哲学人类学奠基人马克斯·舍勒（Max Scheler）的论述是较有代表性的。下面就简要对比一下东西方的不同解释。

通过近些年一些人类学者和考古学者关于东非初期人类遗迹的调查报告，比如北原隆的《人类生存的条件——人类学者的考察》一文就有如下记载：长期以来在讲到人类与类人猿的区别时都会说：①有智慧之人；②工作之人。这是基于达尔文进化论的解释。然而，通过对东非初期人类遗迹的调查，却又增加了这样的结果：③共生之人。过去从未注意到这一点，今后应多加关注并予以哲学的思考。

实际上，关于第三点，古代儒教尤其是宋明时代的儒学家们早就有过论述，只是上述报告的撰稿人没有注意到罢了。儒教以人伦道德为根本，主张修己治人。"共生之人"使社会生活得以延续，因为人类本来就不可能只顾及自己，还要经常用心体谅他人的存在。正是因为儒学家们出于其所强调的人伦道德性，才将此作为人类本性来加以论证的。如孟子所说的"老吾老以及人之老，幼吾幼以及人之幼"①，就很明确地指出了这一点。儒教的修己治人之道之所以被称作"道"也在于此。而最能清晰展示修己治人之道的，应是《大学》中有关"正心、诚意、致知、格物、修身、齐家、治国、平天下"所谓"八条目"的教诲。

但是，人类的特性不只是人伦道德的本性，对此，只要观察一下中国古代思想及其历史便很清楚了。大致来说，还应有这样几方面的特性：①现实主义——基于功利的人性论；②超越主义——基于宗教的人性论；③理想主义——基于道义的人性论；④艺术主义——基于审美的人性论。这些特性可以说每一个都是根深蒂固的人之本性的体现。之所以这样说，因为它们都是发自人类生命中的最真切笃实的存在。

上述第四点，因其与社会性没有直接关系，可暂且不论。而关于另外三点，只要仔细思考一下就可知道，人类首先是追求一己之私的功利性存在，且因其根深蒂固，而被主张现实主义的思想家视为人类之本性。正因为此，基于个人之私利的社会、民族、国家之间的关系也必然是对立、相克、斗争的关系，也必然是支配与被支配、控制与被控制的关系，而各种计谋、欺诈等手段也都是由此产生的。主张现实主义的思想家有孙子等兵家、韩非子等法家以及纵横家（外交家）等。

与这种冷酷残忍的非人情的现实主义思想相对立的，是基于人类本来就具有的宗教性的人性论，超越主义的思想便是由此产生的。超越主义认为，人类是相对的存在，他们背负着难以逃脱的种种矛盾、纠葛和苦恼的命运，只有服从凌驾于人类之上的超越之物，才能摆脱命运的束缚，从而恬居于绝对安逸的世界。因此，超越主义者追寻无为之境界，否定人为之努力。主张超越主义的思想家是以老子、庄子等为代表的道家，被中国化的佛教亦在其列。

然而，在现实生活中，尽管人确实生活在功利性的人际关系中，各种矛盾、纠葛和冲突在所难免，但理想主义者认为，人的本性是善良的，人与人之间是因情义（人情与义理）而结合在一起的，这便是理想主义思想产生的根

---

① 《孟子·梁惠王上》。

源。在理想主义者那里，自我与他者在本质上是血脉相通、一心同体的存在。而且这样的自他同体观，不仅限于人与人之间、人与社会之间，而且还被扩展到人与宇宙万物之间。主张理想主义的思想家是以孔子、孟子、朱子还有王阳明为代表的儒家。

（六）万物一体的哲思

我们知道，人的社会性是人性的本质，是人类生存的根本之道，这也就像孔子所说的"不与斯人之徒而谁与"① 和孟子所说的"不若与人（乐）"那样，是已非一人而"与人"的理念。只是由于为私利私欲所驱使，"与人相克""与人相对"的功利心才应时而生，使得人类的共存共生心以及对此的自觉性丧失殆尽。正因为此，才产生了从人类家庭生活关系出发来思考问题的人伦之道。而人伦之道的核心，就是基于人类家族道德之上的共存共生的社会道德。应该说，这是人之本性的彰显。

无论家族道德还是社会道德，都不过是人伦道德的组成部分，亦都是人类共存共生之道的反映。如果把这种人伦之道扩展到自然界，则成为共存共生的自然之道。也就是说，人伦之道不仅是就家族道德、社会道德而言的，也是就自然界而言的，它使人类所具有的宗教性和道德性扩展到自然界，从而使世界万物也有了人伦情感。而建立以这样的人伦道德为目标的理想世界，应是中国宋明时代儒学家的共同追求。所以，他们所倡导的"万物一体"论，应当被视为孔子"仁"学思想发展的究极之道。

"万物一体"论的集大成者是明代的王阳明。王阳明把良知作为"万物一体"论的根本。而良知即道德的感知，亦即道德的法则。他以达到"万物一体之仁"为目标，以实现良知之体的"真诚恻怛"为手段。在王阳明看来，以良知为本体的"万物一体"论，就是把家族生活延长到社会生活，进而延长到自然万物，其实质乃孔子所说的"不与斯人之徒而谁与"的仁的究极之境地。这样的"万物一体"论，其实可以说是对庄子齐物论的超越。而功利的思考方式则是阻碍"万物一体"论的思考方式。尽管功利主义也讲人伦道德，也持有超越之立场，但人性为恶乃其本质之规定。因此，"万物一体"论若不能切实克服功利性的思考方式，就不可能达到理想之目标，更无法实现现实性与理想性的结合。

与宋明儒学家所倡导的"万物一体"论相比较，笔者认为，崇物的思考方式也许更加简易直截。这是因为，崇物的思考方式因其宗教性而变得更为自

---

① 《论语·微子》。

他一体，从而使其弃绝功利心也变得更加容易。但是，即便是崇物的思考方式，如果不能做到"物各付物"而使物各得其所的话，那么"万物一体"论的理想目标也是不可能实现的。

"万物一体"论或者"崇物"论的前提是"观物"，亦即对"物"的深刻观察和思考。而"观物"有三法："一曰大观，二曰小观，三曰深观。"所谓"大观"，就是把"物"置于悠久时间和广阔空间中加以观察。所谓"小观"，就是精细观察事物的法则及其原理。所谓"深观"，就是洞察事物的本质。若无此"三观"，"万物一体"或者"崇物"恐怕就会流于空谈。

如此说来，崇物若不接受基于制物的科学思维方法，似乎就不能实现其理想世界了。这里有必要对崇物思维方式与科学思维方式的关系问题稍作阐释。我认为，崇物的思维方式既产生于科学思维方法之前，又产生于科学思维方法之后。也就是说，崇物的思维方式乃贯穿于人类思考的全过程。一般来说，具有全一之心的崇物的思维方式，需要深浅精粗的各个思考层面。如果说素朴之思考是粗浅的，那么要想探究事物之属性，就需要科学之思考。换句话说，只有通过科学思考，才能透彻了解事物之属性，也才能把握物质的三维空间及其与其他事物的联系，从而探究其存在的法则和原理。非如此，崇物就不能发展和进化。然而，任何事物皆非静止固定之存在，而是多种层面、多种属性的生生变化不息的过程，因而仅仅依靠科学思考又是不够的。若无崇物之思考，就会使人的认识失之简单和片面。科学思考与崇物思考的关系，犹如树木的枝叶与根本，前者是枝叶，而后者才是根本。科学思考虽具备了解事物某一特定属性的理知型功能，但缺乏把握事物之全体及根本的直观型功能。因此，科学思考若脱离了崇物思考，就会成为"无根之草"，或谓"游骑不归"，从而失去自（我）他（者）之灵性。

中国人讲的"万物一体"论，是把人类的社会生活作为中心的，而很少涉及山川草木等自然物。而日本人讲的崇物论，则是由自然崇拜而来，所以是把山川草木等自然物作为中心的。近年来，随着环境问题的日益严峻，生态学的思考显得越来越重要了。这些问题，若基于崇物的理念，就容易解决多了。然其前提，则是须对传统的"万物一体"论尤其是崇物论有充分的自觉。这就是日本人的崇物的思维方式所显示的世界性意义。换言之，西方的制物思想只有与日本的崇物思想合二为一，才能真正成为具有世界价值的思想库，从而推进人类思想文化的大发展。

（七）自我抑制性与自我主体性互相作用

从表面上看，大凡主张自我主张型的人都会坚持自我主体性，反之，主张自我抑制型的人就自然属于自我主体性缺乏的人了。其实不然。之所以这样说，其理由就在于日本人的自我抑制是崇物型的。

自我抑制与所谓"退步思量"有相通之处，究其至极，便可达到"无我"的境地。依笔者之见，所谓"无我"不外乎弃绝"三私三我"，即"私欲、私情、私见"这三私和"我欲、我见、我执"这三我，其中最关键的是要避免执着。也就是说，即便追求无我，也不能刻意地去想无我，不然就会陷于"我执"。所以道家主张"无无"，佛家主张"空空"。

若要崇物，自然就会自我抑制，自然就会达到无我，也自然会达到弃绝无我的境界。如此一来，"崇"也自然变成了"无崇"。不仅如此，最后就连"无崇"也在弃绝之列了。因此可以说，到了"无崇"之"崇"，即达到了"崇"的极致。这也就是苏东坡对程子所说的"敬而无敬"的境界，亦类似于泽庵禅师在教给柳生宗矩剑道时所主张的"无敬之敬"的境界。

这里需要特别指出的是，"崇"并非盲目地崇拜物和崇敬物，问题的实质，是希望回归物的本来生活方式和存在方式，使物得其所，即所谓"物各付物"，若不是这样，就不能称为真正的崇物。而要做到这一点，就必须努力感知万事万物的本质，从"无我"入手，通过全一之心来实现。

这样一来，关于"崇物"的自我抑制就成为真我之实现的过渡，而真我的实现，就必须发扬活泼的主体性。因此，日本人的崇物及自我抑制，不仅不是压抑了自我主体性，反而是积极坚持了自我主体性。

对于日本人的自我抑制性，外国人往往会把它误解为日本人不擅长通过论理过程以表达自己的意愿，从而表现为暧昧性、模糊性和欺瞒性的民族特性。其实，这种误解，是因为他们不了解日本人传统中潜在的崇物之本性。

总之，所谓物即宇宙的森罗万象。无一物是固定不变的。一切可称为物质的或精神的东西，都是由"气"组成的。而"气"并不具有同质性，"气"中存在着无限异质的成分。物无非是由"气"组成的一个主体的存在，其主体性亦因质或量的不同而呈现出各自的差异。无生物与生物、植物与动物、动物与人……但凡天下万事万物，概莫如此。而且即使同质的东西，其内部之"气"亦有优劣、多寡等差异。不过，既然都是一"气"所生，那么宇宙的森罗万象便都属于一个共同体，人类也只是这一共同体中的一分子，而不能认为人类是万物中具有特殊权利的存在。因此故，其他万物也与人类一样，都是具有尊严的存在。只不过人类在其中被赋予了特殊优秀的品质，所以才具备了超越的特性。相对于宇宙万物，人类之心不能不说是非常精妙的，这是人类创造丰富多彩的物质文明和精神文明的根本之所在。

第八章　日本文化与经济

文化与经济有着不可分割的关系。从微观角度来看，文化因素对人们的经济行为有重要影响；从宏观角度来看，文化因素还对经济发展起着关键作用。当今时代，文化与经济相互交融，文化发展影响着经济发展，文化素质决定着经济素质，本章即对日本的文化与经济展开详细探讨。

第一节　文化的经济功能及其与经济发展的关系

一、文化的经济功能

（一）文化的经济约束功能

文化对经济的约束作用，不少学者和学术流派对此都进行了详细的论述和阐释，为我们继续深入讨论和研究该问题打下了理论基础。

古典经济学的观点认为，经济活动通常与配置稀缺资源有关，是指在一定的社会组织与秩序之下，人类为了求生存而经由劳动过程或支付适当代价以取得及利用各种生活资料的一切活动。简言之，经济活动是以满足人的需求为目的。经济活动主要是以劳力等生产资料换取商品和服务，货币只是交易的媒介。经济活动需要资源，特别是活动空间；而各活动的空间分布，也是非常重要的。古典经济学假定经济活动的主体即"经济人是自利而理性的"，亚当斯密认为古典"经济人"之利益最大化唯一地表现就是"利润最大化"。然而，他们并未完全忽视非经济因素对"经济人"行为的广泛影响，特别重视"无形之手"引导的互利的经济秩序。斯密在《道德情操论》一书中，清清楚楚地分析了道德秩序、经济秩序和法律秩序，详细阐述了支配人类行为的七种动机，"即同情心、责任感、自爱、正义感、劳动习惯、追求自由的欲望和相互交换的倾向等，并得出结论：市场秩序会受道德情操影响。"①

米德曾经提出过著名的社会化理论，该理论认为，人要想谋求更好的生存和发展，就必须经历一个社会化的过程。在这个过程中，人的主体性发生了一定的变化，即人要站在他者的立场上观察自我，用他者的眼光审视自我，这样才能更进一步的正视自我。同时，个体还需要在社会化的过程中，尽可能多的积累经验，提高自我的综合素质。总体来说，社会化这个过程被划分为两个阶段，在第一阶段人的精神比较幼稚，自我的社会化尚不充足，在第二个阶段，人的精神更趋成熟，可以作为自己所属共同体整体的即"被一般化的他人"的态度组织化而形成社会化的自我。事实上，一个人的社会化程度越深，其受到的社会约束就更多，而这些社会化机制的约束也让个人变得更加成熟和美好。

综上所述，从实际情况看，人们在经济活动过程中总是在一定的社会、制度以及文化框架中谋求自身的经济利益，并且有意无意地按照一定的社会和文化规范而行动。由此，社会文化因素对经济活动和经济过程的约束作用是不可忽视的。

(二) 文化的经济导向功能

文化对经济的导向，主要是指作为一面旗帜，文化对社会经济的整体目标的正确导向，对经济个体的思想和行为的积极引导。在经济发展过程中，文化对经济的导向不仅趋向于抽象目标，而且面对现实未来；不仅是一种经济性价值取向，而且是对经济的调节与融合；不仅是对经济的选择过程，而且是对经济的探索过程。

经济发展是社会经济和个体经济的共同发展，文化是推动经济个体的思想和行为趋于统一，指导社会经济发展方向的内在力量。马克思主义认为，"历史是这样创造的：最终的结果总是从许多单个的意志的相互冲突中产生出来的，而其中每一个意志，又是由于许多特殊的生活条件，才成为它所成为的那样。这样就有无数互相交错的力量，有无数个力的平行四边形，由此就产生出一个合力，即历史的结果，而这个结果又可以看作为整体的、不自觉地和不自主地起着作用的力量的产物。"② 社会历史发展如此，经济发展作为社会历史发展的重要组成部分亦是如此。文化作为社会历史发展的精神力量和经验升

---

① ［英］亚当·斯密. 道德情操论［M］. 谢宗林，译. 北京：中央编译出版社，2008.

② 中共中央马克思恩格斯列宁斯大林著作编译局. 马克思恩格斯选集（第四卷）［M］. 北京：人民出版社，1995.

华，能够把握经济个体之间的本质关系；协调个体和社会的经济利益关系；揭示个体和社会经济的发展趋势，因而对个体经济和整体社会经济起着重要的导向作用。首先，文化对经济个体的导向作用。在现代社会中，每个人都是独立的个体，个体要想在经济领域实现与整体的协调，并在此基础上获得更好的发展，就必须接受被全社会所认可的文化的引导。基于这种文化的引导，经济个体能够树立科学的世界观、人生观和价值观，并在这些观念的指导下，做出与社会经济发展相适应的行为和活动。其次，文化对社会经济的导向作用。社会经济发展的重要性毋庸置疑，但是，要想确保社会经济发展总方向的正确性，就必须接受文化的引导。历史发展的脚步是从未停歇的，文化的本质与内涵也在时时更新，社会经济也要时刻关注社会价值观和总方针的转变，并做到积极配合。纵观社会主义经济发展的历史，其中总是充满了挫折和磨难，如能得到基于先进文化的预测，个体经济与社会经济都会得到更好的发展。

（三）文化对经济活动的秩序功能

市场秩序虽然不是市场效率的重要条件，但却是必要的前提条件，而伦理道德等文化因素对于形成市场秩序则具有难以替代的功能。一定的市场秩序，不仅是社会整体利益所需要的，而且是每个市场主体的长远利益所需要的。市场的基本功能是对经济资源优化配置，市场的效率必须以市场秩序作为保证。但是，经济行为者只要进入市场，就会被"利己的磁场"所磁化，他既不能指望其交易伙伴是利他主义者，也不能以利他主义者的行为方式对待其交易伙伴。也就是说，在市场中活动的经济主体必然会按照自利理性的"经济人"的原则行事，而"自利理性"的假设同时又包含着对经济行为主体借助于不正当手段谋取自身利益的"机会主义倾向"的假设，这可能会对市场秩序的有效运作构成危害。因此，一个健全的市场经济体制在法律制度完备的基础上，还需要以伦理道德来约束，从而使市场秩序得到有效的维持。

（四）文化对经济发展中科技质量的支撑功能

文化对经济发展过程中科技质量的支撑，主要是指作为影响经济发展科技质量的重要力量，文化对科技自身、社会环境以及思想观念的作用，能够为科技进步和经济发展提供有力的支持和帮助。

从本质上讲，科学技术也是一种文化产品，只不过这种产品缺少了如同文学作品一样平易近人的特性，而是以一种较为高深的姿态出现在大众眼前。同时，科学技术的创造者是人类，那么科技产品中就必然包含着一个社会中的深层文化，体现着一个民族的思维方式。一个国家的科学技术水平能够反映出这个国家的综合实力，因此，几乎所有的国家都在通过各种方式着力提高自身的科技水平。总的来说，科技水平的提高主要有两种途径，其一便是进行自主技术创新。技术创新必然依赖人才，一个具有创新意识和创造能力的人往往能研发出新的科技产品，而人生活在社会中，他的这些意识和技能都是受到社会文化引导和影响的，文化对经济发展中科技质量的支撑功能便产生于此。接受过良好教育的人，受到民主的社会氛围熏陶的人，享受优质社会服务的人，他们的思维方式和技术能力都更强，对经济发展起到的贡献意义也会更大。另一个是对国外先进技术的引进。外来技术的引进，又受到本国文化的物质文化的抵触和主体心理文化的排斥。物质文化的发展水平如果与外来文化的发展水平相差太大必然会导致技术的无法吸收，进而影响社会群体敌视外来文化。同时，主体心理文化是文化传统的深层结构，它根植于每一个个体的心灵深处，是个体共有的精神特质和价值取向，这直接影响着人们对待引进先进技术的态度。物质文化和主体心理文化形成合力，共同决定了对国外先进文化的引进态度。只有这两者对外来技术持肯定态度时，才能使技术引进和使用的预期目标最大化。所以，任何具有异质文化背景的技术的引进，都必须与本土文化相融合，增强其本土文化的鲜明色彩和结构特征，才能有效地实现其本土化，进而转化为生产力，参与社会生产活动，推动科技进步和经济发展。

二、文化与经济发展的关系

（一）文化与经济的融合

1. 文化精神、文化理念与经济过程的融合

社会经济活动的主体是由人构成的，而人在实施经济行为、从事经济活动时，不能不受文化理念所支配。所以，在经济管理、企业管理的各个层面，在生产、交换、分配、消费等社会生产总过程的各个环节，都会受到人文精神和文化理念的支配和制约。具体说来，生产什么型号、品牌的产品？用什么样的技术和材料生产？生产多少物质产品？生产多少精神产品？在交换过程中，交易场所选择国内市场还是国际市场？等等，所有这些，都毫不例外地受到文化理念、人文精神和价值取向的支配和制约。运用什么样的促销手段和结算方式？是电视广告还是网络广告？实行什么样的售后服务和信息反馈？这些也同样受到文化理念、人文精神和价值取向的支配和制约。在分配过程中，无论是国民收入的初次分配还是再分配，其分配政策、原则和形式，更是直接受到社会的人文精神、文化理念和价值取向的支配和制约。例如，在消费过程中，无论预期消费与即期消费，还是公共消费与个人消费，其消费结构、消费对象、

消费时空、消费规模和消费方式的选择，也是受社会的人文精神、文化理念和价值取向支配和制约的。因此，在通常的经济活动中，都包含着人文精神和文化理念与经济融合的过程。

2. 文化生产方式与物质生产方式的融合

根据马克思主义基本原理，生产力与生产关系的对立统一，构成了一定社会的生产方式。另外，在社会中还有一对十分重要的关系，即生产方式和消费方式。不可否认，人要想生存和发展，就必须进行各种各样的消费活动，或是对生存资料的获取，或是对精神资料的享受。生产方式和消费方式之间的相互关系非常明确，生产方式决定消费方式，消费方式又反作用于生产方式，影响生产方式的具体形成。从文化产品的生产方式和消费方式而言，传统与现代之间已经有了巨大的变化。古时人们要想消费一种文化产品，必须要亲身去到相应的场所，如听相声要到书场馆，欣赏大雁塔要到西安；而在当今社会，听相声可以打开电视机，欣赏美景可以通过网络在线观看。人们希望可以更便利的进行文化产品的享受，因此，物质的生产方式就得到了变革，可以说，文化生产方式的变革大大促进了物质生产方式的发展。

（二）文化与经济发展的不平衡性

文化和经济（物质生产）是两个既互相联系又互相区别的社会系统，各有内在的独立性和运动发展机制，有各自的规律。因此，当我们注意到文化增长与经济增长之间的密切关系时，还应当认识到物质生产和文化生产发展的不平衡规律。造成发展"不平衡"的原因，一是由于经济基础与上层建筑的相互关系在运动过程中发展到革命性变革时的节奏快慢不同，即经济基础的变革和上层建筑之间的变革并不总是同步发生的，而是以或快或迟的表现形式出现的。二是文化的增长不仅受经济的制约，而且受政治、法律、哲学、道德、社会思潮等诸多意识形态的影响，因为文化生产从本质上讲还是精神生产，作为意识形态的一个方面，文化生产的投入和产出以及市场的发育状况都会受到上述诸多因素的影响，其中受政治的影响尤其大。希特勒统治德国时期，德国的物质生产发展水平在欧洲几个主要帝国主义国家中是比较高的，但是由于希特勒对文化采取专制主义政策，许多文化人、艺术家被迫逃亡国外，结果就造成了德国经济增长与文化增长严重的不平衡现象。三是文化作为一种有生命的社会现象，终究还是一种积累，有自己特殊的运动规律。经济可以爆发，文化不能爆发。物质的高速增长和文化的低水平徘徊，在当今的世界上依然存在。因此，在一定的经济规律支配下，文化增长和经济增长之间既有平衡，也有不平衡；既有成比例发展，也有不成比例的时候；既在同一社会水平线的对称点上相应，又在历史长河中成螺旋形的曲线交叉向前推进。

（三）经济发展的实质是文化过程

1. 文化是经济增长的重要因素

事实上，每个国家发展的起点并不是相同的，有的国家地理位置优越，有的国家自然资源丰富，而有的国家却只能努力开垦那些贫瘠的土地。这是上天对每个国家的不同馈赠，这种馈赠在很大程度上影响着该国的发展。于文化与经济的关系而言同样如此，有的文化为经济发展提供了强有力的支持，而有的文化则对经济发展不断起到阻碍，这样的结果便是，具有不同文化资源的国家所形成的经济市场也是有所差异的。如印度与美国的社会性质不同，社会文化也大相径庭，因此两国的经济发展策略也不同，经济发展水平似乎也无法相提并论。因此，文化对经济增长的影响作用是不容忽视的。

2. 文化是企业发展的重要因素

文化也是确定企业活动所采取的形式的重要因素之一，有利于经济增长的文化模式是吸取不同方面的文化因素而形成的，日本和海外华人企业的事例都说明了这一点。在日本和海外华人企业中，企业家的创新精神和协调行为中都发挥着至关重要的作用。日本企业文化强调团队认同感，就忠诚和权威而言，公司甚至可以取代家庭。自20世纪90年代以来，尽管终身雇佣的日本式经营模式已经发生了很大的变化，有人甚至说终身雇佣制崩溃了，但员工忠诚于公司仍然是日本企业文化的主要特征。

第二节　日本企业文化在企业经营中的体现

一、日本企业文化

（一）"集团主义"的经营思想

企业文化的机能就在于企业共同的思维和统一的行为模式。"集团主义"是日本企业现代经营的基本指导思想。集团意识是日本社会的一大特征，它使企业全体成员在感情上相互依赖，行动上休戚与共。这种意识将企业乃至整个国家凝聚在一起，有效地发挥其极大的能量。现在流行这样的说法，就个人而言，日本人并不出众，而一旦汇成集团，就能产生巨大能量。这就是集团意识的功能。集团意识经过长期的历史积淀，已融入日本人的血液之中，成为每个社会成员的内在准则和自觉行动。在日本，个人的自我价值并不完全依靠个人奋斗，而是通过集团来实现的。日本企业"集团主义"经营思想最集中地表现在企业经营的决策上。在决策时，强调由领导集团来决策经营大计，强调集中企业全员的智慧，强调在统一的经营目标下，发挥相互协调的能动作用。正是有了员工与企业共命运，有了共同的思维和行动准则，日本企业的员工才形成巨大的"合力"，发挥了"整体效应"，实现了"经济效益的最优越化"，才使得日本经济能高速发展。

(二) 勤俭节约的文化风气

勤俭节约向来是日本人的标签，这种文化风气的形成受到多种因素影响。首先，日本自古就受到中国儒家文化的熏陶，其中"勤俭""消除浪费"的思想更是在很长一段时间内影响着日本企业文化，这便是日本对他国先进文化学习和吸收的结果。其次，日本特殊的资源环境也促进了其勤俭节约文化的形成。日本是一个岛国，其不但自然资源十分贫乏，就连大部分土地也略显贫瘠，在这样的环境中生存，如若不珍惜资源，就是对生命的不尊重。因此，日本人从小就接受坚持勤俭、杜绝浪费的思想教育。在日本，不论个人的贫穷与富贵，浪费行为都是可耻的，都会受到一定惩罚。日本很早就倡导建立节约型社会，在这样的社会氛围中，日本人节约立国的传统再次得到弘扬和发展，由此，勤俭节约不仅是一种个人行为，更是一个国家的文化风气。日本的经济发展成果是全世界有目共睹的，这种骄绩的取得与日本人勤俭节约的习惯密不可分，坚持勤俭节约，也必能为企业创造出更多利益。

(三) 重诚实、讲信用，公平对待各种关系

从日本人价值观念上明确反映出诚实信用、公平待人、平等竞争的企业经营原则。日本大多数企业在经营大政方针和宗旨上都强调"诚信"，认为是企业生存之本，是企业最大的"财富"。例如，卡斯密公司指出：诚实守信，做不欺骗、不撒谎的企业；日本驻中国电器公司提出：公司的信条足"真心"，真心实意公平对待客户、对待工作、对待员工、对待股东、对待地区社会。在强调企业对社会的责任时，日本企业文化认为，社会是生存的基础，只有社会公平，为地区社会服务，采取尊重社会公共性的经营，承担社会责任，企业才能发展，才能为国家事业和社会经济繁荣做出贡献。把企业的目标与整个国家社会乃至人类的福利联系在一起，是日本企业的最高目标。

（四）以社为家

把"家"的概念运用到企业，"以社为家"是日本企业文化的重要特征。在日本人的眼里，工作永远是第一位的；对工作的极其认真是日本企业文化的重要特征，强烈的集体意识也是日本人所崇尚的精神。群体精神和武士道精神的结合，使日本企业在发展和竞争中深受其益。

（五）持续创新的危机管理

由于日本自身不算优越的地理环境，日本人心中本来就一直隐藏着不可磨灭的自卑心理，加之其又与中国和俄罗斯这样的大国相邻，因此，日本人时常感到一种巨大的压力，与这种压力相伴而来的，便是深深的恐惧感。日本人从来都不是软弱无能的，面对这种巨大的压力和恐惧感，日本人通过强大的内心将其转换为各种坚定的信念，持续创新的危机管理意识就是在这种条件下产生的。日本的企业管理者在对员工进行管理教育时，必定会灌输危机意识，因为处于危机中的人往往具有更大的创造力，更能为企业的发展做出贡献。与危机意识相承接的便是创新意识，企业只有不断地创新才能始终在市场发展的洪流中站稳脚跟，才能始终扮演一个强有力的竞争者的角色。

二、日本企业文化在企业经营中的具体表现

（一）终身雇佣制

1. 终身雇佣制的含义

所谓终身雇佣制，即从劳动者方面看，是指青年学生从学校毕业选择就业企业后，一般不轻易转职，大都在该企业工作到退休；从企业方面看，是指企业一般不轻易地解雇职工，对于不能胜任本职工作的职工，一般会通过企业内培训来提高其工作能力，即使在经济萧条经营困难时，也设法通过扩大营业部门、开发新产品和向新的产业领域发展等措施，尽可能地吸收剩余人员。对上面含义的理解应注意以下三个方面：第一，日本的大企业实行终身雇佣的对象是"正式从业人员"，至于暂时录用的临时工、合同工、钟点工或季节工等非正式从业人员则不在终身雇佣的对象之列。第二，"终身雇佣"并不意味着雇佣到"终"（生命的终点），而是雇佣到"退"（即雇佣到退休之年，一般为55～60岁）。第三，比较严格实行终身雇佣制的多为大企业，至于中小企业，虽然也仿效大企业的一些做法，但由于经营不稳定，再加上劳动条件差，工资和企业内福利水平低，从业人员中途调动工作的情况并不少见。

2. 终身雇佣制的积极作用

（1）传递"以社为家"的理念。

终身雇佣制的前身是日本式的家族制度，因此，在日本企业中，员工常常能感受到家的温暖，上班也会有一种回家的感觉。"以社为家"并不光是日本企业的一句口号，企业管理者采取了大量的措施为员工提供各种保障，如养老医疗、奖金发放等。在日本人的心中，员工之所以没有安定感是因为企业的保障措施不够到位，以致于员工在工作的同时充满了后顾之忧，因此，大多数发展稳定的日本企业都采取了上述保障措施安抚员工的内心。

任何企业中的员工都有上下级之分，上下级之间的关系处理问题就成为企业内部的一个重要问题。在日本企业中，管理层与员工之间的关系通常较为融洽，这是因为企业管理层以一种命运共同体的观念看待与员工之间的关系，愿意和员工同甘共苦，共同面对和解决工作中出现的困难。员工在这样的氛围中工作，自然愿意把企业当成家。终身雇佣制的实行，使得企业员工心无杂念地将自己一生中的大部分时间和精力奉献给企业，这种被倾注了大量心血的企业，其发展前途自然也是光明的。

（2）企业可以长期放心地进行人力资本投资。

在企业经营中，掌握特殊知识和技能并忠于企业的职工队伍是一个企业区别于其他企业的最有力的竞争因素，而这样的职工队伍，只有通过企业内培训进行长期的人力资本投资才能造就出来。很显然，这种长期的人力资本投资只有在终身雇佣的条件下才能够实现。一方面，由于是终身雇佣，职工即使掌握了本职工作乃至本企业的"核心技术"或"特殊熟练"也不轻易转职，所以就有利于保守企业的技术秘密；另一方面，由于各企业技术和熟练的特殊性，职工在一个企业工作的时间越长，就越难于在其他企业找到新的合适工作。

（3）激发企业员工的凝聚力。

终身雇佣制的最大特点就是，员工要终身为企业发展奉献自己的力量，这种稳定的雇佣关系，常常让员工在企业中得到家的感觉。人对家庭的奉献是无私的，家庭成员之间的关系也是最紧密的，在日本企业中，员工之间便是这种极其紧密的关系。日本企业通过这种雇佣制度，不但将员工在身体上集中到一起，还让员工的心紧紧凝聚在一块，企业日后的发展状况也必会是蒸蒸日上。

（二）工作轮换制

工作轮换是指企业有计划地按照大体确定的期限，让员工轮换担任若干种不同工作的做法。19世纪末、20世纪初，以泰罗为首，首先在企业中应用了工作专业化，但由于过于专业化的工作使人感到枯燥和反感，从事这样工作的员工往往变得沮丧和没有激情，甚至在一些企业中，由专业化带来的高绩效，被工人对重复单一的工作的不满和厌烦情绪所造成的缺勤和离职所抵消。因此，人们开始探求更适用的工作设计方法。在这种情况下，工作轮换、工作扩大化、工作丰富化和工作团队等工作设计方法就应运而生了。许多日本企业对雇员都实行工作轮换制。这种制度意味着工人把全部生命献给了企业，而不是把全部生命献给了他们的职业（工作）。

（三）年功序列工资制

1. 年功序列工资制的内涵与特点

工资是员工为企业奉献的最直接的经济回报，只有这种回报能够满足员工的心理预期，员工才更愿意兢兢业业的工作。年功序列是日本最为传统的一种工资制度，这种制度的内涵就是根据年龄和工龄的增长，员工的基本工资也会得到逐年增长。同时，员工每年工资增加的数量也不是随意的，而是依据企业自己规定的增长值确定。年功序列工资制之所以成为日本众多企业实行的工资发放制度，正是因为这项制度有着极强的合理性。首先，员工的工龄越长，其掌握的技术手段也就越多，业务能力也就越强，对企业做出的贡献也就越大；其次，员工的年龄越大，其担负的家庭责任就更重，经济压力也会不断增长。基于这两点，随着员工工龄和年龄的增长，不断提高薪资水平也是理所应当的。

年功序列工资制以劳动等价报酬和生活补偿为原则，有以下特点：基本工资按年龄、企业工龄和学历等因素决定，工资标准由各企业自定，并随员工生活费用、物价、企业的经济效益等因素而每年变动；多等级、小级差，每年定期增加工资，也就是随员工年龄增长、家庭负担的增加而增加工资；年功序列工资制考虑到员工衣、食、住、行等方面的需要，除基本工资外，还有优厚的奖金和各种津贴和补贴，非但考虑员工本人的生活需要，还适当考虑员工家属的生活需要，以尽可能地解除员工的后顾之忧；员工的退休金和奖金的计算，也与员工的年龄、企业工龄有一定的关系。

2. 年功序列工资制对日本企业经营发展的推动作用

第一，防止过度竞争，保持员工之间的和谐关系。通常情况下，相同年龄层和能力相当的员工如果薪资差别较大，必然会引起工资较少一方的不满，这样的状态是不利于员工为企业做贡献的，同时还可能引发员工之间的争执。因此，根据年龄层次将工资划分出几个大概的范围，相同年龄层的员工发放差别不大的工资，这对员工间和谐关系的建立十分必要。

第二，给员工以安定感，减轻员工的心理压力。要想让一个员工死心塌地的为企业奉献，首先要让员工没有后顾之忧。试想，员工在工作中因为经济问题对家庭、对子女有所牵挂，那么他的工作效率和质量一定是有待考量的。年功序列制能够让员工在拿到基础工资之后，还能根据工作年限的增长和年龄的增长得到越来越多的报酬，这无疑给了员工巨大的安定感。

第三，促进企业内的劳动力流动。年功序列制使得大多数企业员工都不愿意更换职业，他们更愿意在一个企业中工作，因为这样得到的经济回报会更大。之所以说这项制度能够促进企业内的劳动力流动，是因为员工在同一企业内工作一生，并不是说就要固定在一个工作岗位上，企业管理层会根据员工的具体情况，为他们安排职务间的轮换。

日本企业的员工之所以能与企业的利益一致，与企业"一荣俱荣、一损俱损"的理念及企业长期实施年功工资制是密不可分的。关心企业的兴衰，忠诚地为企业服务，塑造了独特的日本企业文化。

第三节　日本文化产业发展概述

一、文化产业发展的内涵

文化产业发展就是在文化产业上实现科学发展，具体表现为规模化、集约化、专业化，目前我国文化产业总体来讲，还存在规模小，管理粗放，竞争能力弱等问题，这些问题只有通过文化产业创新加以解决。在技术创新的基础上，改造传统行业和创造新兴业态，不断的涌现文化产品；在体制机制创新的基础上，加速事业单位的转制，完善文化产业市场的建设，鼓励民族的地域的文化产业发展，平衡地区和行业的发展，加强文化资源的保护，兼顾好文化产业的政治性；在内容创新的基础上，通过加强文化产品的创意不断涌现高质量的文化作品，提高符号性的价值，提高盈利水平。

加强文化产业的科学发展，可以实现以下几个内容：第一，实现文化产业发展的全面性。发展文化产业，就是为了实现一系列的目标，包括满足人们的精神生活、快速发展经济、提高国家综合竞争力、维护国家稳定等内容。满足人们的精神生活是文化产品的市场需求，市场是文化产业的发展导向；注重经济效益，要实现经济效益最大化，这也是文化产业的根本目标；提高国家综合竞争力是文化产业的重要目的，文化产业是国家新的经济增长点，也是国家软实力的体现；发展文化产业也是为了维护国家政权稳定，保障国家、民族文化独立的必要手段。第二，实现文化产业发展的协调性。文化产业要实现城乡文化产业协调发展，区域特色文化产业发展，文化产业内部不同行业差异化发展。地方性知识决定了文化产业的发展必须要有民族的、地域的特色，根据不同区域的经济状况、民族特色、文化历史的差异，发展不同的文化产业，使生产力和生产关系协调，做到政治、经济、文化协调发展。第三，实现文化产业发展的可持续性。文化产业具有污染小、资源消耗少、可循环等特点，形成了经济发展与人口、环境、资源相互协调的良好局面；通过创新，加快了文化产业的转化，增强了文化产品的符号性，使文化产品更具可持续性，真正的做到了坚持生产发展、生活富裕、生态良好的文明发展道路。第四，实现文化产业发展的人本性。文化产品是以满足人们的精神生活为目标，因此，要以人文本，多发展健康的、积极向上的体现正能量的文化作品。

二、日本文化产业发展的驱动因素

（一）政治法律因素

一个国家文化产业的发展在很大程度上取决于该国采取的扶持策略，良好的扶持策略能对文化产业起到不小的推动作用，日本便在政治和法律方面对文化产业进行了大力扶持。日本特别重视通过制定政策、法律来保护知识产权、促进内容产业的发展，其具体作用主要体现，一是基础面，政策法律中的基本措施，旨在夯实内容产业发展的基础；二是发展面，政策法律中振兴内容产业的必要措施，旨在促进文化产业的快速发展。日本文化产业及其发展战略是国家知识财产战略有机的内在组成部分，日本将文化产业上升为国际战略，是基于对知识财产在未来经济发展中战略性地位的自觉认识。不管人们对文化产业有着怎样不同的理解，但是，对知识产权在文化产业发展中具有极为重要的地位和作用的认识却是一致的。日本文化产业的政策和法律，很好地平衡了基础与发展间的关系，基础与发展并重，并使之相互促进，富有启发性和借鉴意义。

（二）经济市场因素

近年来，日本经济的发展，为日本文化产业提供了物质基础。另外，在日本文化产业国内市场基本饱和的情况下，日本经济产业省对各潜在市场的规模和竞争优势进行细分，分析了日本在各个国家（地区）具有的潜力，重点部署文化产品和服务在各个国家（地区）的市场开拓，这也是成就日本文化产业的重要因素。首先，在时尚方面，主要开拓中国市场；在媒体创意方面，主要开拓西欧及美国市场；在食文化方面，主要开拓西欧、韩国和美国市场。再者，日本对文化产业实行科学的融资体系，除了增加政府预算，还结合民间的力量，设立"艺术文化振兴基金"，资助各领域文化产业的发展。

（三）科技人才因素

日本内容产业积极运用先进科技，大大提高了生产率。早在 20 世纪 90 年代中后期，日本内容产业在数字技术和全球网络的推动下，较早地进入了数字化时代。文化产业竞争力的源泉在于人才的独创性和创新力，而优秀的创造者是从扎实的培育和高度竞争及异文化交流中诞生的，日本政府对此一直积极支持。

三、日本文化产业发展的策略

（一）珍视本国传统文化

日本文化的进步与发展经历了一个漫长的过程，在这个过程中，文明开化时期十分关键。众所周知，明治维新是日本历史上有着不可撼动地位的一次改革，这次改革的成果是使日本经济政治进入到了一个崭新的时代，与此相对应的文化改革便是文明开化。借助于明治维新的伟大成果，日本的文化也在一定程度上得到了发展，其中最为鲜明的表现就是日本人的思想意识和眼界大大提高。第二次世界大战的结果显然并没有达到日本人的预期，而是恰恰相反的给了日本一个当头棒喝，日本人必须要接受战败这个惨烈的下场。战后，日本人最需要做的就是尽可能快的恢复经济，这是日本必须走的道路。然而，日本此时遭受的不仅是经济衰败的打击，还有精神匮乏的重创，越来越多的日本人发现传统文化已经无法满足他们的精神生活了，于是，他们迫切地寻求他国文化，美国文化顺其自然的成为首选。当日本经济逐渐恢复以后，并创造着一个又一个奇迹，日本国民的生活水平也越来越高，对于文化的要求也随之提高。当他们回首历史时候，发现之所以能取得如此巨大的成就很重要的一点就是本国的文化，所以 20 世纪 80 年代中期，日本的许多学者与专家开始探讨本国文化的重要性，日本国民又重新回到了本国文化上，加上日本政府的推动，日本国民也相信，正是由于日本所具有的文化才使得日本的发展能如此迅速。

（二）进行文化及其相关领域的制度改革与创新

第一，注重从立法上对文化产业进行保护、管理与促进。在推动文化产业发展的过程中，日本制定了一系列法律。这些法律立法层次高，法律效力强，具有根本性、长远性。基本法的重心为"著作权""文化内容的监管与控制""文化振兴"三个领域。

第二，纳入国家战略高度制定文化产业发展规划。日本对于文化产业的重视绝不只是口头说说，而是从实际行动上给对文化产业发展提供支持，即制定了一系列详细的文化产业发展规划。时代是在不断发展的，日本的文化产业发展战略规划也在以年为单位进行调整和更新，这便大大提高了文化产业发展的针对性和有效性。文化虽然是种一经形成就具有稳定性的事物，但若将其当作产业发展，就必须适应市场经济的规律，这也是日本文化产业发展规划时常更新的一个重要原因。除此之外，注重细节和可操作性也是日本文化产业发展战略的典型特征，只有从细微处入手才能把握住文化产业市场的需求和变化，只有增强可操作性才能提高战略的有效度。

第三，政府在整体上把握和协调有关文化各相关产业政策和措施的方向性，为日本产业创造比较优势。日本政府为促进文化企业主体健康、有序、高效发展，较早设置了有关文化产业发展的职能部门，实现双重管理。在日本政府的职能部门当中，经济产业省和文部科学省是负责管理文化产业的最主要的两个部门，其中，经产省主要负责从经济的角度对产业活动进行管理，文部省侧重从文化的角度对内容导向进行管理。

第四，注重通过多途径发挥专业界的决策参谋作用。对于文化产业发展而言，专业人士的见解十分有效，经常听取专业人士的建议和意见对文化产业发展百利无一害。日本在这方面做得较为出色，日本政府经常开设有关文化产业发展的座谈会、研究会等，专业人士的见解通过这些谈话活动发表出来，政府根据他们的观点和意见制定出更为合理的文化产业发展策略。

(三) 相关行业互相推动形成良性循环

任何一项产业都不是单一发展起来的，它需要各个行业支持，文化产业发展同样如此。日本文化产业发展成功有很大原因是其他产业与文化产业的相互推动与协调。一方面政府在发展文化产业方面提供了强有力政策支持，同时协调不同产业与文化产业之间关系，充分做到一个服务型政府的角色；另一方面，文化产业发展离不开工业、科学技术等方面支持。从目前日本文化产业发展状况来看，各行各业之间彼此相连，互相推动，形成了一个良性循环系统。例如，日本动漫产业发展不仅仅依靠播放市场，更重要的是对动漫产业的相关产品的开发，通过对动漫形象的再开发和再利用来提高其价值。口袋怪兽皮卡丘在这一方面应该是一个典范，皮卡丘创造了日本动漫产业的奇迹，它的形象最初来自于掌上游戏"宠物小精灵"，通过不断开发和利用，皮卡丘创造了万亿日元的经济奇迹，它的衍生品横跨一百多个行业，全世界有上千家公司和企业专门生产和制造。

（四）鼓励和增加日本民众的文化消费

文化产业要想获得长足的发展必须依靠源源不断的文化消费，只有人们愿意将金钱花在精神享受上，文化产业才能充满生机，因此，日本政府采取了很多措施鼓励日本民众的文化消费。例如，借助明星效应，动员明星时常举办一些大型演出，喜爱这些明星的国民自然乐意进行消费；引进国外先进的文化设备，那些对含有多彩文化元素的文化设施感兴趣的国民，也很有可能花钱去满足自己的精神世界。除此之外，日本还着力促进文化和教育市场的发展，文化的重要性自然不言而喻，而教育便是让文化内化到国民素质之中的最直接方式，基础这样的客观现实，日本政府积极倡导个人的终身教育，其希望国民能时常抱有一颗学习之心，不断充实自己，提高自身的综合素质。当人们对文化的追求不断提升的时候，文化消费也即随之而来。

四、日本文化产业发展对中国的启示

（一）规划并确立传播文化的范围及途径

借助我国历史悠久、民族多样性的优势，运用新型的技术在音像作品中大量使用中国产品，自然地植入中国元素，传播中国的传统文化以及特有的各民族工艺、技术，把中国文化的精髓传递给世界是很重要的。同时，还需要加强产业化投资，促进文化产业走向世界。

（二）优化结构与总体布局政策

从结构政策上看，首先由于文化产业有着十分特殊的性质，文化成果极易发生被盗用的情况，因此要想大力发展文化产业，必须创建健全的文化产业法律体系，让文化产业始终在法律的保护下良性发展。其中，知识产权的保护尤为重要，政府一定要制定相关的保护策略，明确侵权行为的惩罚措施，让文化产业发展走向法制化。其次，政府应当加大对文化产业的资金支持，帮助文化产业步入正轨，比较常见的资金支持形式有直接拨款、实行税收优惠等。

从总体布局政策上看，首先要完善产业整体规划，加强文化产业的顶层设计，保证地方政府认真贯彻国家整体发展规划，促进各区域文化产业良性发展，杜绝盲目跟风、盲目引进，减少资金浪费，优化文化资源配置。其次，在协调各地区文化产业发展的前提下，要因地制宜，根据各地区文化产业的实际发展情况明确发展重点，积极培育优势企业，既要消除文化产业交流壁垒，又要避免产业结构趋同。第三，可优先选择既有雄厚的经济实力又有深厚文化底蕴的城市，作为文化产业发展的重点试验区，以先发展带动后发展，将其培育成文化产业发展的标杆城市，积极开展文化交流活动，从而带动后发地区，为中国文化"走出去"搭建平台，提升中国文化产业的国际竞争力。

（三）创造内需，开辟海外市场

一个国家的人口数量是有限的，因而文化消费也不可能无限制的增长，尤其是对日本这样一个寡民小国而言，消费群体体现出能力不足的特征，所以，日本文化产业的发展一方面要积极创造内需，另一方面也要大力开辟海外市场。的确，要想让他国的民众接受本国的文化存在着不小的难度，开辟海外市场的风险巨大，但是只要文化产品的创造者抓住输入国家与本国文化的共性，并以一种相对和缓的姿态宣扬本国文化，相信一定会有不少的异国民众认可这类文化产品。

第四节　日本文化对经济发展的推动作用

一、日本文化推动日本经济实现质的飞跃

日本在第二次世界大战后迅速崛起，发展成为令世人瞩目的世界经济大国，这与文化在经济发展中所发挥的积极作用是密不可分的。日本文化与中华文明的"原生性"和"连续性"不同，有着强烈的"开放性""混血性"特点。与欧亚的大陆国家常发生民族争端很不相同，自从日本列岛形成统一的国家之后，除第二次世界大战后的美军占领外，从未有外族侵入和征服日本本土的历史。日本社会这一特殊的历史发展过程，造就了日本人的一种特殊的民族意识，这种民族意识乃是当今日本企业一致对外的集团意识的基础之一。

作为一个岛国，这样的地理位置不仅让日本的国家环境相对封闭，就连文化也很少受到其他地区的影响，因而日本人对鲜有的外来文化表现出强烈的好奇心，在这种心理的驱使下，日本渐渐变得开放起来。面对外来文化的冲击，日本人很少感受到危机，因为在日本的发展历史中，并没有出现过遭受外来侵略的事件，日本人对外来者和外来文化都比较无惧。另外，日本跨入文明时代并不算早，其文化也长期处于相对落后的地位，日本在与外国接触时，更多的

是吸收他们的先进文化，进而对本民族文化进行充实。

综观日本文化的发展史，其融合性特征十分突出，正是因为日本乐于学习其他国家和地区的先进文化，又非常珍视本民族的传统文化，才最终成就了现在这种内涵丰富的文化。良好的文化必然对经济有着极强的推动作用，在成熟文化的引导下，日本经济也完成了自身的飞跃。

二、"文化立国"政策对日本经济发展策略的影响

（一）日本"文化立国"的基本政策

在《文化振兴基本设想——为了实现文化立国》的报告中，提出了日本当前振兴文化的 6 大课题：搞活艺术创造活动、继承和发展传统文化、振兴地域文化与生活文化、培育和确保继承文化的人才、在文化上做出国际贡献并传播文化、加强基础设施建设以利于文化的对外传播。日本的"文化立国"战略的基本政策主要包括以下几个方面的内容：一是建设大型国立文化基地，增强文化对外辐射能力；二是构筑与文化政策相配套的环境政策、观光政策和产业政策；三是适应时代变迁，实施地域性的"文化街区建设计划"；四是重视充实与加强文化设施的内容与功能，推动大型"参与型"的文化事务活动；五是构筑文化信息的综合系统，致力于新兴文化产业的振兴；六是适应知识经济时代特征，完善著作权益制度；七是加强日本国语地位，适应全球化和国际化趋势；八是建立多元化的文化事业的支援体系；九是扩大保护文化遗产对象，设立世界文化遗产保护与修复的合作基地和支援体系；十是重视对亚洲的国际交流与合作，构筑日语教育的国际援助网络。

日本主管文化产业的部门有文部科技省、文化厅、经济产业省、总务省、国土交通省以及各地方自治体，它们对"文化立国"的基本国策都给予大力的支持。政府通过相关的保护政策和健全的机制性的法律法规手段来调控文化发展和文化市场，使得日本逐步拥有了完备和成熟的文化市场体系和网络。日本文化发展与文化市场的主体虽然是企业和个人，但是政府积极推动企业参与国际性的或地区性的文化市场的竞争和文化发展的交流，大型文化交流活动的举办多依赖于企业、公司参与和资金赞助，而一些文化体育活动则依赖于大型媒体来举办或协办。

（二）"文化立国"使日本从经济大国走向文化大国

自 1996 年日本政府正式提出"文化立国"以来，日本文化产业有了很大的发展。2011 年，日本文化产业产值近 21 万亿日元，在各产业中仅次于制造

业，日本已悄然从经济大国转变为名副其实的文化大国。从国际比较看，日本的文化产业也已居世界领先地位。据日本经济产业省的统计，全球文化产业的市场规模将于 2020 年达到 900 万亿日元，日本计划通过推动文化产业出口将"人气"转变成新商品，以获得 8 万亿~11 万亿日元的海外市场份额。

日本"文化立国"推动了文化产业发展，增强了日本的"软实力"，提升了日本文化的国际地位。道格拉斯·麦格雷模仿 GNP（国民生产总值）定义文化影响力的概念，将其称为 GNC（Gross National Cool），中文直译为"国民'酷'总值"，也意译为"国民总魅力度"。从此，GNC 被视为"软实力"的重要组成部分。由于动画、游戏等文化产品在国际上销路好，受到普遍赞赏，所谓的日本魅力引起了世界各国的广泛关注，日本"软实力"的国际地位也因此迅速提高。

三、日本文化对日本企业经营的推动

（一）"和"文化扩大企业效益

日本自称为大和民族，从其民族的命名不难看出，日本人十分崇尚"和"文化，甚至将"和"文化视为整个文化的核心。"和"就是和谐，基于这种理念创办企业、发展企业，必然能提高企业成功的概率。之所以做出这样的论断，主要有两个原因：其一，在日本企业中，大多数管理人员都很平和近人，他们不把自己当成高高在上的指挥者，而是与员工同甘共苦，这样的上下级关系必然是和谐融洽的；其二，日本人十分讲究礼节，不管是对外交际还是内部交流，日本人始终能够做到尊重他人，让他人在舒适的环境中完成工作。基于"和"文化的日本企业，顺理成章地逐步提高经济效益。

（二）"忠义"观念推动企业稳定发展

日本人深受"忠""孝"和"情义"的影响，"忠"表示忠诚，是家臣对主子的最大的情义，又因为家本位思想，日本人对企业的"忠"已经打到很深的境界。忠孝情义的思想是日本文化同中国儒家文化的融合，早已深入日本人的骨血，使他们毕生信守的原则和信念。因此，整个国家都形成一种忠于企业、忠于国家的文化。在这种文化环境的影响下，好多日本员工毕生都在为企业奉献自己的力量，做自我牺牲，甚至跳槽的现象很少出现，如果一个人跳槽会受到大众的谴责，背负巨大的压力。因此，"忠"和"情义"观念给员工带来的强烈的工作责任感和归属感让公司更为团结，经济发展更快更稳。

（三）坚韧的意志促进国家经济水平提高

文化对人的影响作用是十分巨大的，日本人深知如此，于是十分注重文化的自我修炼，这便是将文化融入自身的最佳方式。在日本人看来，文化的自我修炼主要包括两种，一种是能力的培养，另一种则是意志的锻炼。能力的培养自然无需置疑，良好的文化修养必然能帮助人们逐渐形成某些能力；而意志的锻炼则被日本人看作重中之重，因为在他们心中，意志代表的就是精神，就是一种超越身体的主观存在，这种精神不但是他们为人处世的指导思想，更是他们在危难中坚守自我的强大支持力量。在外人眼中，日本人不管做什么事都始终坚持内心的原则，甚至有时候看起来过分固执，这种行事风格的主导原因便是"日本精神"，这便是他们进行意志修炼的成果。正是由于日本的这种国民性格，世界各国的合作商都愿意与其进行经济交流和贸易往来，长此以往，日本整个国家的经济水平也得到了大幅提高。

第九章 日本文化与外交

文化是组成一国综合实力的主要因素，也是世界各国民众在对外交往中增进了解、扩大沟通的重要途径。随着全球进入信息化时代，文化在国际关系中的地位越来越重要，而文化外交日益成为一国外事活动中的重要一环，具有极其重要的战略意义和独特的自身价值。文化外交一直是日本外交战略的重要组成部分。特别是最近二十年以来，文化外交在提升日本的国际形象，实现国家利益，提振日本经济等方面都起到了举足轻重的作用。通过对日本文化外交的概括、界定、实施等方面的分析，可以看出日本重新界定了国家利益的同时，以和平手段，构筑有效机制，从而立足于国际社会。为了有效应对当今世界的纷杂局面，中国的近邻日本已经率先做出了改变，即积极推动文化外交，而中国也应该迎头赶上，要又好又快地发展具有中国特点的文化外交。

第一节 文化与外交的关系及互动影响

一、文化的基本内涵

关于文化，想必大家都不陌生。文化是一个宽泛的概念，同时也是一个复杂、多元的综合体，在这种多元化的影响下，文化的界定是一个十分困难的事情。

首先，文化与社会之间各学科有着密切且千丝万缕的联系，但又不能只将其放在某一特定学科的结构里去理解，而需要用一种跨学科的视角去做综合性的阐释。

其次，对于学术界中的学者、研究而言，由于研究背景、学术专业、出生环境、受教育的水平以及个人兴趣都存在着诸多差异，对同一问题的理解和解释自然也是不同的。同样的道理，文化作为一个研究的话题，不同的人对其有着不同的理解。因此，文化至今尚未没有统一的定义。据相关资料显示，学术界对文化的定义已经有200多种，如此繁多的定义也显示了文化界定的困难性以及文化定义的多样性。

总而言之，文化是人类经过长期的生活实践的产物并包含一个民族、一个国家的历史、文化、风俗习惯、思维方式及价值观念等。

纵观学术界中各个学者对文化的各种定义，经过分析可以将其归为两大类别，即广义的文化和狭义的文化。

广义的文化是指人类在社会生产实践中所创造的全部财富，即包括物质财富和精神财富，也就是人类所经历的一切都称为财富。

狭义的文化是社会的意识形态文化及与其相适应的制度、组织机构及上层建筑等范畴。文化不仅对一定的社会政治和经济的反映，而且还影响及作用于一定社会的政治和经济并随着社会的发展而发展，这也是文化连续性和历史继承性的体现。任何一种社会形态都有与其相适应的文化，每一种文化都随着社会物质生产的发展而发展。社会物质生产发展的连续性，决定文化的发展也是具有连续性和历史继承性。

文化是一个民族的灵魂，也是一个民族发展的动力。文化的发展推动着民族的繁荣和发展。对于不同的民族来说，每个民族都有着不同的文化背景，可以说，文化是民族的烙印，提起某种文化就自然想到了这个民族。对于每个民族的文化，是其他民族无法效仿和模仿的。同时，每个民族的文化有着不同的形态，在每个民族中都是各具特色的。需要强调的是文化的主体并不是个人，而是社会群体。价值观可以集体共有也可以是个体持有的，但文化却万万不能被认为是个人的。文化是被广泛认同的、万世传承的一种规范，是指导人们认知模式及行为模式、思考方式的原则，具有极强的实践性，是一个民族在长期实践中自然形成的，流传后世深入骨髓的无形的教化，它在潜移默化中影响着人们的一举一动、思想、价值观、意识、行为方式等，民族的文化早已深入该民族的精神及骨髓之中，塑造了该民族的民族个性。

二、文化与外交的关系

文化之于人的影响主要在于人的行为目的与行为模式，外交之于国家行为体亦在此两方面受到文化的影响。具体表现来看，一国的外交行为主要在外交行为目的与外交行为模式方面受到文化的影响。在行为目的上，国家的外交行为涉及国家诸多领域的利益得失，如何认识这些利益、如何分辨主次以及如何认识自身，对于国家制定对外方针政策乃至战略起到指导性的作用。在行为模式上，国家行为与个人行为一样，个人行为风格是个人性格使然，而国家行为模式在受到现实因素影响的基础上，亦受到该国文化背景的影响，简单来说，不同文化背景国家实现相同外交目的的途径选择是存在差异的。

（一）文化与国家行为目的

国家行为中对于国家利益的追求与捍卫是根本性目的，而不同的文化背景对国家利益的侧重面不尽相同。文化是主导国家价值取向与民族心理诉求的重要因素。文化的概念是宽泛的，如此宽泛的概念让我们不难发现文化已经由各种领域影响了现代意义上民族国家的方方面面。

现代意义上的民族国家对于环境的认知并不尽相同，这一认知过程是随着时间的演进逐渐形成的。在国际社会相对闭塞的时期，对于幅员辽阔、物产丰富的大陆国家来说，富足的域内空间与丰厚的物产可以提供稳定的生存供给与安定的生存环境，在这样的客观物质条件下决定了大陆国家对于疆土边界的确定性尤为看重，在此基础上形成的文化相对比较宽厚，进而反作用于民族国家的外交来看则表现为对邻邦多展开防御性外交。

相比之下，对于土地资源有限的民族国家而言，如何尽可能地开疆扩土成为首要的目标，以此为基础发展出的外交政策相对于大陆国家而言，如何拥有获得这些土地资源的能力则成为首选，也正因如此在岛国文明发展的过程中更多了一份用于探索与学习的精神和史实，而与之对应更具侵略性的外交政策亦应运而生。而随着时间的推移与世界一体化进程的加快，国际化趋势下的国家在处理国家间关系时首要考量的国家利益的关注点也不尽相同，在此基础上产生的外交政策也相应存在差异。对于不同国家所持不同价值取向的侧重我们一般意义上将其细化为国际政治理论领域中的不同方面，但究其本质，民族国家的价值取向是左右民族国家对外政策的重要依据。

另外，在当今民族国家的政权组织形式上，无论意识形态如何，由少数从政人员与外交领域专家形成的团队成为一国外交领域制定方针政策的主体。虽然关乎国计民生的外交政策制定工作必然要本着负责与谨慎的态度，虽然在科研工作中要本着严谨客观的作风，但毕竟由主体意识所决定的行为在客观上无法具有绝对的客观性，这些从业人员本身亦带有一定的文化背景与意识观念，这些受到本国社会风气、民族性格、宗教信仰等多方面因素所造成的潜移默化的影响带有无意识性。

（二）文化与国家行为模式

无论什么样的文化背景下的民族国家，其行为固然在很大程度上受到其自身国家利益所限定，故而产生与其他国家在面对同样问题时所表现出来行为的趋同性，但文化作为每个国家自身独有的背景，对于国家行为模式的导向作用是带有独特性的。

犹如一个人的行事风格深受该人脾气秉性的影响一样，国家的外交行为模式也会受到文化的影响。举例来说，中华民族面对利益摩擦时最重要的解决方式是"化干戈为玉帛"，而日本民族面对同样情况下则选择尽最大可能保有自身利益，这种"玉碎"精神在日本民族的历史上也多有表现。本书认为这种行为作风式的区别主要表现在政治文化与国家自我认知两方面上。

简单来说，作用在政治领域的文化即是政治文化。具体来讲，政治文化是与对象性的政治设施、政治制度和体制、政治思想、政治理论、政治学说，以及动态化的政治过程、政治行为相对应的、存在于政治活动者（包括个体与群体）自身的政治属性和能力，即政治主体素质。它主要由三方面构成：一是以理论形态出现的政治思想、政治意识；二是以情感、习俗等表现的政治心理；三是在上述两方面作用下形成的政治价值及判断。由此可见，政治文化是一个复杂的概念，对其进行详细地分析和研究，有助于厘清政治文化在一国外交战略和外交政策选择中的作用与影响。在影响国家对外政策制定的因素中，政治文化是一个重要的方面。同时政治文化对一国外交战略和外交政策的选择具有重要的影响。但是，一国政治文化的形成又与该国的文化有着千丝万缕的联系。不同的文化背景会形成不同的政治文化，而不同的政治文化则会影响国家外交战略的选择，这是一个相互衔接与不断递进的过程。

在自我认知方面，自身文化所赋予的自我认知在这一层面发挥了主要的作用。简单来说，无论是古代的民族或是现代意义上的民族国家，各时期各国家对于自身的认识都不尽相同，由此衍生出的集体行为有着鲜明的特点与主观意识性。

例如，自古以来中华民族对于自身的定位主要由两个阶段组成，第一个阶段为封建时期，该时期主要以自我定位为"天朝上国"的自我认知为主，这种以自我为中心的认知方式受到社会形态的影响主观上不利于社会的进一步发展，客观上的自我心理满足感也维持了周边稳定的发展局势。第二阶段为新中国建立之后至今，该阶段对于国际社会中国自身有着客观清醒的认识，所以在自我认知的方面，中国一直秉持着以和平共处五项原则为基础的自我认知。这在定义国与国外交间的行为规范的同时，对自身的定位也非常明确，即不干涉他国内政、拥有独立自主权、积极促进和平与发展这三个主要方面。在此自我认知的基础上，无论面对什么样的问题，中国在外交政策方面一直致力于将自己定位为一个积极的正面角色，"增进友谊"与"与人为善"的中心思想为新中国建立后不同时期的外交政策所坚持，并一直延续至今。

相比之下美国的自身定位则有着另外鲜明的特点，美国对于其自身定位主要也经历了两个阶段：第一个阶段为美利坚民族刚刚形成共同心理素质即认为自身是"上帝的选民"的时期，该时期的自我认知成为美利坚民族在不同发展时期一直具备自身优越感的心里依据。第二个阶段为冷战结束后美国成为世界唯一超级大国的时期，该时期其对自身的定位为"世界的领导者"，这与第一阶段的自我认知呈现出了合理性的衔接，所以在当代国际社会事务中美国一直以一种主导者的身份来选取自身的视角。

通过举例中的中美两国自我认知定位的对比，便不难推出中美两国由此对自身外交政策途径的选择倾向，即：中国深受传统文化中的"贵和""亲仁善邻"的思想的影响，倡导和坚持和平共处五项原则。美国人普遍认为自身是上帝的选民，对人类的命运承担着特殊使命，在此思想的影响下，美国极力建立美国治下的"和平与秩序"。

三、文化对外交的影响

外交是国家主权的重要组成部分，是国家建立安全机制的必要手段，然而外交的构成因素中又不能缺少文化的作用，外交更不能与文化割裂开来。

世界上任何一个国家的外交行为都会受到各种不同因素的影响。国家外交不仅仅受到政治、军事等因素的影响，同时也一定程度上受到了文化因素的影响。随着全球化的脚步不断加速，知识经济时代的全面发展，文化以其特有的功效正深刻地影响着一国的外交。

甚至有学者认为，只有把握世界文化中的主流文化，才有可能在国际政治斗争中掌握主动权。可见，文化对于国际政治的作用之大及文化对国家的外交政策制定及外交走向有着重要的作用和影响。在不同国家的文化传统、民族文化、意识形态和价值观不同的国际社会中，一国的对外政策的制定不得不倾向于其独特的文化根基，任何国家在制定和实施对外政策，进行外交选择时，不但要考虑本国民众的意向，还要考虑能否满足民众的文化诉求，这是世界各国对外政策的共性。

另外，文化对各国外交决策者的影响也是不可忽视的，各国外交决策者在其不同的民族文化背景、意识形态、价值观下，在做出外交决策的时候也是各具特色，无不打下了文化的烙印。国家领导人之间在协调外交政策上需要达成一致。这就必然需要决策者们拥有共同的认知模式，共同的文化背景等，延续着该国文化核心及信仰，从而影响着他们的外交选择，共同的认知模式是基于文化传统从而影响着一国外交政策的制定。而且越具有深厚文化底蕴的国家，其所受到的影响和冲击就越大。

由上可知，文化与国家外交有着千丝万缕的关系，以及文化因素在国家对外决策中的重要作用，从国家的外交政策中总能看到文化的缩影，并始终潜移默化地影响着外交行为，即使再理性的外交决策，也不可避免受到决策者本身的文化特性的影响。通常这种文化特性不是孤立存在的，而是长期滋生在一国，根植于某个民族或国家的土壤之中，具有明显区别于其他国家的特性。

四、日本文化与日本外交的互动

（一）日本文化的渊源流变

任何民族文化的产生都离不开一定的文化环境，日本文化既是如此，由于其独特的地缘环境、社会环境、自然环境等，铸就了这个多灾多难的国家独特的文化结构。日本文明被赋予了更深刻的意义，使独特的日本文化屹立于世界文明之中。

大和民族善于吸收外来文化并加以消化融入。日本文化在不同时期吸收了中国文化、印度文化、西伯利亚文化以及欧美文化。公元前 2 世纪开始吸收中华文化，并于 19 世纪中期以前，着重以吸收中国文化为主。在目睹了中国的鸦片战争，特别是"黑船事件"之后，日本的有识之士走出国门，开始学习西方文化。因此，日本文化属于多元文化的结合体，其文化特征也由于不断吸收外来文化而呈现出复杂善变的特点。虽然日本民族善于吸收外来文化，但是由于其岛国特征，也使日本一些传统文化一直被保留。日本文化中有些根深蒂固的，确很难被去除的部分文化，如封闭的岛国文化，纵式的社会结构和文化结构，这些文化源于日本传统的家庭主义及恶劣的自然环境，滋生出大和民族侵略扩张的野心。日本民族文化是通过对外来文化的吸收、选择、加工与融合，形成了日本民族特有的多元文化。

公元前 5500 年，日本进入绳纹文化时代，这一时代的人们崇拜自然，对未知世界不断探索，已经开始使用新石器，是一种相对落后的重农主义文化，当时的人们崇拜神灵，在科学并不发达的年代很多自然现象无法解释，因此对神灵崇拜的文化缩影至今仍能看到。

随着徐福东渡推动了日本文明的进步，中国的大陆文明逐渐被引进，带来先进的思想和技术。奈良时代，日本积极学习、吸纳中华文化，特别是唐朝的先进文化，在长达两千多年对大陆文化的学习和吸收过程中，日本善于去其糟粕取其精华并加以融合使之成为日本的特有文化。

第二次世界大战前，西方的先进文化不断冲击着日本本土落后的思想和文化，日本认识到了西方文明的先进性，积极吸收并效仿，通过"明治维新"

终于从半殖民地国走向了侵略国的一方，成为资本主义列强之一的东方强国，获得了现实利益的日本其外交走向更趋向于依附强者。

直到第二次世界大战后，美国占领日本，日本的文化再次受到了巨大冲击，日本认识到了本民族封建文化的脆弱性和不堪一击，开始反省、思考自身的文化并对封建文化制约下的军国主义进行评估和考证，以达到重新构建大和文化的价值体系。

（二）日本文化对其外交的影响

特殊的地缘环境铸就了日本民族独特的文化结构，两千多年前，日本古老的绳文文化吸纳、融合了中国的传统文化为其农业发展、社会进步提供了有力的助力。遗憾的是日本文化未能将中国传统文化的精华加以吸收和容纳。1853年日本的"黑船事件"后，特别是明治维新后，日本广泛学习西学，开始了"脱亚入欧"的历程。第二次世界大战后，美国文化在某种程度上影响了日本文化，这种复杂的、多元文化衍生出的日本文化对日本外交，特别是对当今日本外交的影响是多方面、多角度、多层次的。

当代日本外交，是战后日本投降，在美国的扶持下专注于经济发展，并经过自身的努力使其经济走向复兴。战后被排斥于世界外交舞台，而后又以世界经济大国的身份，重新融入国际社会并试图要争当政治大国的全过程。在发动一场侵略战争失败后，努力从百废待兴的国土上振兴经济并窥视转机；在狭小的战后世界格局中，力图做出有利于自身的外交选择；在被动而孤立的国际环境下，依靠美国并实施经济援助以扩展自身的国际空间及政治影响力；在日美同盟的关系中，甘愿充当小伙计并持之以恒地追求着"自主""平等"；在国际舞台的缝隙中，积极地拓展外交活动空间。

第二节　日本政治文化特点与内容

一、日本政治文化的特点

日本政治文化的产生有一定的根源，在发展的过程中，经历了长期的历史变迁，在变迁的过程中，日本政治文化呈现出独特的特点：政治文化的多元性，结合东西方文明，既有吸收性又有对传统的保守性。

从古代对中国文化的尊崇，对中华文明的向往；到近代以来，"脱亚入欧"口号的提出，在从封建主义过渡到资本主义过程中，对西方政治文明的吸收，我们看到的是一幅日本政治文化不断学习汲取和模仿其他先进文化的图画，因此有学者又把日本文化称作"混血文化""合金文化""飞地文化"……

值得注意的是，在长期的历史发展过程中，日本文化虽然大量汲取东亚文明中心的文化要素，具有东亚文明的共同特征，但它是在自身历史积淀中却依然保持自己的特色，并在此基础上形成了独特的民族文化。在吸收外来文明的同时，日本采取的是一种"有用性"的选择原理和日本式的审美意识，一边吸收一边改造。

日本民族文化虽然摄取了中国儒学，但是注重吸取它的合理内核，逐渐将儒学改造为经验论性质的学术思想。日本文化形成注视细节和趋向具体的价值取向，长期形成的文化特征在一定程度上决定了它自身的发展历程。日本民族文化是在东亚文明总体框架之中创造的，也是在东亚地区文明的撞击中不断历练形成，并取得飞跃的。

在对待西方文明方面，日本的功利性更为明显。可以说，日本在向西方学习的过程中表现出明显的被动性。日本是在幕府锁国的状态下，开始接触西方文化的。对其学习是在感受到与西方差距的刺激下，由学习"兰学"开始的。"兰学"其实就是西学，主要指的是西方先进的文化知识和科技。而到了幕府后期，日本有识之士开始把目光转向西方的政治制度方面。随后进行的改革，吸收了西方的义务教育制度，提高了国民的素质；在经济上鼓励资本主义经济的发展；政治上引进西方的一系列政治体制和民主。尽管这样，由于明治维新是一场由脱胎于封建武士阶层的人主导的自上而下的改革，因此改革并不是很彻底。

二、日本政治文化的基本内容

第一，对外在国际体系中"各得其所，各安其分"的等级观。

等级制度一直是日本有文字历史以来生活中的准则，即使是经历了几次大的对外文化吸收和改造之后，等级制的影响依然存在。无论是从本尼迪克特对于日本社会等级制度的归纳，还是日本著名人类社会学家中根千枝关于日本"纵式社会"的论述，都突出了日本文化中等级观念的存在及影响。

日本人的等级意识是从家庭中培养起来的，家庭成员之间的关系带有明显的等级特点。等级制度使日本的家长对子女拥有更大的权威，同时导致家庭成员地位的不平等。这种在家庭内部培养起来的等级观念和意识，随着日本人日常生活活动，逐渐扩展影响到日本的社会、经济和政治领域，使日本人在看待这些领域的问题时，不自觉地意识到自己的等级，同时按照等级来区别对待不同的事务和人。

等级制度有两个基本的特征：一个是中根千枝所强调的"纵式结构"，人们在集团中依据一定的标准排列出序列；另一个则是在这种制度下对权威的服从。

对内日本社会严格按照等级制度来运行，而对于国际社会，日本人的"序列意识"同样在起着不可忽视的指导作用。

第二，强调神人一致，肯定现实的神道教。

在日本政治文化中，神道的影响和作用不可忽视。它是日本土生土长的宗教，同时也是日本最古老的宗教，出现在日本历史的早期。神道作为一种宗教，和其他宗教的不同之处在于，它没有一套固定的理论体系，是由日本民族原始的自然观和神话发展而来，是一种多神教，宣扬祖先崇拜和自然崇拜。其定形为一个宗教体系是在奈良时代至平安时期，此后逐渐与其他宗教相互影响，其在很大程度上是日本化了的儒家学说，是将儒家学说的优点融进皇道，强调儒家忠孝节义的高贵品德。

经过长期的历史发展过程，神道教已经成为一个复杂而丰富的宗教、习俗、思想和制度的体系。神道教在19世纪末即明治维新后发展成国教，也就是所谓的国家神道。它明确指出天皇是全日本人的"神"。由于神道是以日本神话以及对皇室的崇拜为基础，因此受到日本民族主义者的欢迎，成为统治者统一团结日本的工具。

神道教基本上是一种泛神教，所以日本人信仰多种神，不同职业有不同的神，不同的神适合不同的需要。神道教对日本民众的精神信仰和生活影响很深。由于神道教，日本人相信神灵的存在，所以"死"在日本文化中是一件很重要的事。不论一个人生平做了什么坏事，死了之后，都会成为神，因此神道教除了承担祈福的象征之外，本身也承担着祭祀已逝先辈的职责。

第三，道德感薄弱，依靠外部强制力的"耻感文化"。

"耻感文化"是典型的日本文化，在这种文化下人的行为更讲究灵活性——始终以避耻为目标。

"耻感文化"在日本社会的作用，反映在日本人道德观念的薄弱。行为观念的是非与善恶不是按照一定的道德标准，从内心去评价，而是依据周围人对自己行为的反映来判断，对自己的行为缺乏自律性，因此"耻辱感"可以说是日本人决定思维与行动方式的主要精神动力之一。同时日本人由于没有绝对的道德感，缺乏恒定的善恶标准，行动随外部环境的改变而改变，因此容易给人以反复无常的印象。

耻感文化的产生究其根源是来自于日本民族的自卑感，由于自卑才过分地看重别人的自己的看法，因此日本人很注重名誉，对名誉也十分的敏感，有时把名誉看得比生命、正义还重要。

耻感文化的独特之处在于认为忏悔就等于自寻烦恼，因此在"耻感文化"的指引下，日本人的忏悔和"罪感"的心理比较淡漠，所怀有的内疚及悔过，往往是因为受外界刺激产生。

耻感文化对日本人的行为具有双重影响，一方面使得日本人重视自己的名誉，为了获得别人的认同和积极的评价，努力奋斗，注意自己的行为，成为促使人上进的动力；而另一方面又使得日本人过于看重自己的名誉，在没有外部压力的制约下，又极容易使得自己的行为失去道德的控制，从而走向极端。

第四，内部追求与集体一致，强调"和"的集团主义。

在考察日本的政治文化现象时，有这样一个不可轻视的重要因素，即集团主义精神不仅对其国民性的形成有着重要影响，而且作为民族性格还影响到思想领域和国家政治上。

所谓集团主义精神，可将之理解为视集团为一个命运共同体，集团的和谐优于或高于个人欲望的满足。每个人几乎都要参加一个甚至几个集团，个人要忠于集体，个人的身份确定与社会承认直接与参加的集团息息相关。日本人历来有一种传统，即崇尚集团主义，在一个集团中，一套完整的等级制度协调着人际和权力关系，使人们能有效合作，也就是说每个日本人都认为自己归属于某个集团，作为个人应该为这个集团增光而不是抹黑，而且在集团内部，每个人应该尽量协调自己与他人的关系，强调"和"，不给别人带来麻烦。

集团主义使人们注重内部团结，有时甚至需要压抑个性来迎合集体的"和谐"。在日本，作为一个集团的领导者，更多时候所起的作用是协调、综合各成员的意见，而在此基础上做出一个能被普遍接受的决定。

日本人注重"和"，所以许多立场观点并不明显的表露，大家的状态及彼此想法都十分暧昧，彼此交流不是依赖语言，更多需要用心去观察、揣度别人的想法，而尽量避免直接的冲突和对抗。这种行事方式与日本人注重名誉和感情有关，同时日本社会的同质性及日语表达方式的含糊性也为此提供了客观条件。

集团主义在强调内部和谐一致的同时，对集团外部却有很强的排外性和封闭性。加入集团的人对集团必须持有忠诚，随意脱离集团的人很难被别的集团所接受，很难加入另一个集团。由于强调"和"以及追求内部一致，在许多问题上，需要花费大量时间来协调统一立场和观点。

随着历史的发展，日本政治文化的内容也在不断地改变充实。尽管日本政治文化从形式上看来，属于"开放型"，不断地吸收其他政治文化，并加以改造，但是其仍保持自己的特色，这也就是今天，人们之所以很难从政治文化方面界定日本属于东方国家还是西方国家的原因。实际上，日本政治文化是一种"双层文化"，虽然东西方文明在这里进行了融合，但是仔细观察日本社会，仍可以清晰地辨别出二者的层次。即作为日本政治精英的官员以及知识分子，在整个日本国家政治体制结构等方面，对西方政治文化的接受和认同度较高；但是作为离政治中心较远的普通民众，在日本社会政治生活方面，传统政治文化的影响比西方政治文化的影响要深刻许多。同时即使作为日本政治精英阶层，传统政治文化也依然通过政治社会化等作用深深的植根于其思想中，成为其在西方民主自由政治之下潜在的行为准则。

第三节　冷战后的日本文化外交

一、冷战后日本文化外交概述

（一）21 世纪之前的日本文化外交

自第二次世界大战结束日本提出了经济外交的明确外交方针以来，通过赔偿外交、加入国际经济合作组织以及官方开发援助等手段迅速缓解了第二次世界大战为整个亚洲带来的负面影响。在日本文化外交领域，最早的将"文化立国"作为日本的国策之一提出的是前首相大平正芳。1979 年，大平正芳发表了演说，他总结了自战后以来至 20 世纪 70 年代的 30 多年间，日本取得的重大经济成就。同时，他强调了文化作为新时代中不可或缺的战略资源，是日本应该发展的重点。1980 年，大平正芳首相最初发起的"文化的时代研究小组"发表了一篇题为《文化的时代》的报告书，在这篇报告书中，提出了日本的发展重心应当进行转变，由战后的"以经济建设为中心"的发展模式向"以文化建设为中心"进行过渡。并且，开展多渠道文化交流政策以促进文化外交的发展。大平正芳的构想，在随后的铃木内阁当中得以有效的实施。在此期间，日本也提出了旨在扩大日本国际影响力的，以东盟为主导来推动的经济、文化、技术等多领域、全方位的交流与合作。

竹下内阁在日本文化交流中，起到了一个排头兵的作用。在竹下内阁执政时期，日本文化外交的制度雏形产生并得以加强。其中，日本政府提出的一项具有实用性和创造性的实践：通过电视来向广大的亚洲地区传播日本文化，通过电视剧等表现形式来塑造日本民族真诚并坚毅的良好形象。

20 世纪 90 年代中期，日本利用优秀电视电影作品，在亚洲范围内卷起一股强大的"日本文化风暴"，与此同时，由日本漫画家创作的许多优秀的动漫作品，也迅速席卷全球。在这段时期，日本的影视、动漫文化飞速发展，将最初的大平内阁的设想付诸实践，并凭借着其文化产品迅速打入世界市场，使得日本文化产品成为一个新兴的产业链，在日本经济整体低迷的大背景下，拉动了日本经济的增长。而在文化产品在世界市场的占有率飞速提升的同时，作为日本外交手段之一的文化外交逐渐活跃起来，扩展了日本的外交空间，使得日本的软实力得以迅速提高。

总而言之，日本在新世纪之前，完成了文化外交从设想—政策—实践的"三步走"，并在强调文化外交的同时大力发展文化产业，形成了一套完整的开发—出口的文化产业链，不仅从日本民族文化资源中汲取了日本谋求政治大国的软实力，也对日本自 20 世纪 90 年代以来萎靡不振的经济起到了一定的带动作用。

（二）21 世纪之后日本文化外交

进入 21 世纪以来，日本文化外交受到广泛重视，这与日本谋求政治大国的地位息息相关。21 世纪以来，日本文化外交呈现出独特的特点。

1. 文化外交趋于规范性

"文化交流部"的成立，其中涵盖了综合计划课、文化交流课等有针对性的部门，促进了文化外交能够更加规范有序地进行。并且，各个部门并非"单打独斗"，在文化外交开展的过程中，往往需要多个部门共同协作。在此期间，日本政府各个部门形成了一套成熟的文化外交的合作机制，使得文化外交更加有序、规范的进行。

2. 文化外交的手段多元化

因特网的普及不仅为文化之间的交流提供了一个新的平台，并且使交流的效率大为提高。在 NHK 等门户网站上，日本政府开设了许多诸如日本文化介绍、日本与课堂等互动式的文化交流方式，依托日本先进的网络技术，实现自媒体时代的文化交流方式。与此同时，日本还积极开展留学生招募计划，为世界各国前往日本深造的留学生提供更加简便的审查方式以及更加完善的保障机制，旨在促进国际间文化交流、培养更"知日型"人才，达到了日本文化的国际化。

3. 国家文化品牌化

日本在文化交流时十分注意对国家品牌的塑造。进入 21 世纪以来，日本通过日剧、动漫等文艺作品，宣传了日本文化独特的魅力。在这些文艺作品中，涵盖了自衣食住行至国家政策法律等几乎日本社会的所有内容，作为日本文化的一块"宣传板"，向世界展示了"日本之美"。

4. 参与主体普遍化

日本开展文化外交的主体不仅包括政府、私立财团法人等官方的或者半官方、民间的机构，也包括了一些民间自发的团体以及个人。传播日本文化的理念深入每个日本公民的心中。这种几乎全民式的参与方式使得日本政府大大地拓宽了外交的空间与渠道。

二、冷战后日本文化外交的推动力

日本在文化外交方面的机制、实践在当下已经日趋成熟。如此立体化、多元化的体系的构建，与日本社会各方面是分不开的。

（一）政府主导

作为文化外交的发起者，日本政府在其文化外交的过程中始终起到了主导作用，对于日本文化的国际化起到了核心的推动作用。20 世纪 70 年代，东盟成立、欧洲一体化趋势加强、中美苏战略大三角的形成，世界朝着多极化的方向发展。日本政府深刻地认识到了多极化给日本带来的优劣条件，在分析利弊后，决定开始以文化为载体，开展文化外交，来为日本谋得更多的外交空间。

冷战结束以后，日本政府更是注重把文化外交的精神贯彻到实际政策当中。从较为深层的教育体制及其政策，到国际文化交流的政策与实践，都发生了较为明显的转变。

进入 21 世纪，由于日本为实现"入常"等政治目标的迫切需求，文化外交作为一个重要的凭借手段受到了历任首相的重视。小泉纯一郎时期，日本政府采取了多项措施以促进文化外交的有序进行。

不仅如此，日本政府在对文化外交的机构安排上，调动了各个部门来开展文化外交。在各个机构的安排上，日本政府在原有的涉外机构的基础上，增设、改组了文化外交的相关职能部门，建立了一个多层次、多角度的文化外交机构体系，为日本开展文化外交起到了规范性的作用。在日本政府开展文化外交时，这些机构能够有效地分工、合作，使得日本的文化外交更具有针对性，极大地提高了文化外交的效率。

另外，日本政府还依托自身科技实力，在学术界也打造了一个促进交流的平台，使得自民众至学界都能广泛参与到文化交流的过程之中。

（二）资金支持

在推行文化外交的过程中，仅仅靠政府在政策上的支持是远远不够的，许多文化交流的环节都需要巨大的资金投入作为成本。作为日本文化外交推动力之一，资金支持显然是必不可少的。

日本政府在推行文化外交的过程中，资金的主要来源途径可以分为两种：财政支持和非政府组织支持。

日本文化外交的资金投入在具体使用的过程中也呈现出其与经济外交、地缘政治、价值观输出等目标的一致性。并且，在日本谋求政治大国的过程中，这些目标国家是必不可少的。显示出了日本在文化外交的投入上有着主次轻重之分。

（三）民间交流

作为日本文化外交的行使者，政府固然起到了推动文化外交顺利进行的基础性作用。但是，日本民间对于日本文化外交的推动力也不可小觑。政府推行文化外交往往会给带给对象国家的国民一种"文化外交带有强烈政治目的"的印象，但是作为民间低层次的沟通，这种强烈的目的性却不那么明显。

在日本，文化外交有着广泛的群众基础，各个地方都设有旨在促进国际文化交流的自治团体。这些自治团体热衷于开展推进日本文化外交的活动，如一些日本文化节、针对在日外国人的免费日本语教育，以及其他一些旨在促进日本文化走出国门，传遍世界的活动。在日本文化外交的实践中，日本国民在推广日本文化方面有着特殊的"使命感"，这与日本文化中集体主义思想有关。日本的大和民族始终坚持本民族文化的独立性，并且，对于本民族的文化，日本人始终有着高度的自豪感，并且愿意将日本文化推广到世界各地。在这种民间的文化交流中，日本不仅实现了由本国文化资源通过民众转化成为软实力，也吸收了大量的外来文化，通过日本的加工，进行"再创造"形成日本独有的既能融于本国文化，又能体现出国际化特征的文化资源。

加强民间交流是一个有效的手段，日本将文化外交的承担者扩大到广大民众之后，使得政府的工作分摊到国民个人身上。这样一来，使文化传播的效率得到了大大的提升。并且，民众作为一个文化外交的渠道，使日本的文化外交形成了一个"点对点"的模式。相对政府点对面式的文化外交，具有更高的传播速度和范围。

三、日本文化外交的实践

冷战结束后的 20 世纪 90 年代，日本逐渐开始大规模的文化外交实践。包括日本语国际化、"酷日本"战略等文化外交的实践活动纷纷展开，日本文化一度席卷亚洲。这对日本国家形象以及软实力的构建、提升日本国际影响力有着深远的影响。

（一）日本语国际化

作为日本大和民族特有的民族符号之一，日本语有着其特有的魅力。作为民族文化的载体，日本语承担了很大一部分文化输出的职能。

日本语的国际化与其特性紧密相关。其一，日本语本身吸收了中华文化中的汉字作为蓝本，加之众多发音与来源相似的外来语，使其具有了兼容东西方文化的特性，在传播过程中更易被接受。其二，日本语具有某些"女性化特征"。日本语在词语的使用过程中，充分地体现了日本民族"暧昧"的特性及其"女性化特征"。这种特性使得日本语在表达上能够将其文化中的特质传递给世界各国人民。其三，日本语特有的表音文字——假名，融合了汉字文化中极具艺术价值的行书，使其在外观上更具有观赏性。所以，日本政府选择了将日本语国际化作为文化外交大规模实践过程中的重要选择不无道理。

在推行日本语国际教育的方式上，日本政府主要采取了两种途径，即"走出去"和"引进来"。

1. 海外日本语教育

海外日本语教育，是与日本交流的一种手段，它能够通过海外民众对日本的理解，奠定日本与诸国友好关系的基础。

近年来，日本语学习者的目的与之前发生了变化。起初学习日本语是单纯为了工作上的便利，而如今，日本语学习者的目标日趋多样化。这种多元化的目标，促使日本文化以日本语为载体被广泛地传播到了世界各地。这也是日本文化外交的一种重要开展形式。作为语言本身，日本语和其他语言一样，都在人际交往中起到了工具性的作用。但是作为文化的一种形式，日本语承载了较一般语言更多的文化职能。在学习者对日本语广泛的学习过程中，日本语本身的职能正在呈现出一种"外溢"的效应，通过对日本语学习的不断加深学习者会对日本文化产生越来越浓厚的兴趣，进而激发了学习者对日本文化了解的热情。这样，以日本语学习带动日本文化传播的一个"隐形链条"就由此产生了。

另外，日本各界还开展以向海外派遣日本语教师的形式来推进日本语国际化。

2. 留学生政策

日本在将日本语广泛推向国际的同时，也在"引进来"方面进行了实践活动。其中，鼓励外国学生赴日深造是其中最重要的内容之一。

（二）"酷日本"战略

日本是一个文化输出大国，其文化创造力在世界范围内处于领先水平。20世纪90年代，日本动漫风靡亚洲。尤其是进入新世纪，日本动漫更是迎来了大爆发。日本产业动漫爆炸式的增长带动了日本文化外交朝着更"接地气"的方式发展，日本政府也以日本流行文化的崛起为契机，开展文化外交活动。并且，日本在多年的文化外交过程中，积累了足够的文化市场以及文化吸引力，并以此形成了一套完整的文化产业链。

2010年，日本政府出台了新增长战略"酷日本"——文化产业的出口被定为重点增长领域之一，十分耐人寻味。"酷日本"战略的出台，不仅将日本文化外交推向了一个更高的地位，也从一定程度上带动了日本经济增长。并且，在2010年，日本经济产业省专门设立了一个"酷日本室"，为"酷日本"战略提供更有效的支持。

自安倍晋三开始第二任期之后，日本政府更加重视"酷日本"战略，将其视为刺激日本经济复苏的主要战略之一。2012年，安倍晋三连续召开"酷日本推进会议"，旨在推进日本文化更广泛地走向世界。2014年日本计划投入510亿日元，加大对"酷日本"战略的支持。

"酷日本"战略实质是依靠日本文化资源推行的全方位、多层次、有计划、有目标的文化外交战略。以日本的流行文化、生活方式等的全球推广为契机，带动日本文化在世界范围内的影响力。

第四节　日本文化外交对中国的启示

一、文化外交的概念界定

（一）文化外交中外定义辨析

对文化外交概念的认识是一个不断更新的过程，现阶段的文化外交含义仍然在不断吸收新的概念和思想。从横向来看，文化外交是领域性外交之一，是区别于政治外交、经济外交、军事外交等领域的包含不同对象或内容的外交；从纵向来看，文化外交与公共外交、民间外交、对外文化政策等概念又有重合之处，如要明确廓清其原貌，界定其概念，并不是一件很容易的事情。

目前，关于文化外交的定义并没有形成一个统一的意见，这是不同文化背景和不同政治价值观选择下所产生的差异。但是一般来说，都是从文化外交的行为主体、服务对象、达成目标等角度来对其进行定义的。

如中国文化部副部长孟晓驷定义文化外交为：围绕国家对外关系的工作格局与部署，未达到特定目的，以文化表现形式为载体或手段，在特定时期、针对特定对象开展的国家或国家间公关活动；并分析指出四条判别某项活动是否属于文化外交范畴的衡量标准：①是否具有明确的外交目的；②实施主体是否是官方或受其支持与鼓励；③是否在特殊的时间针对特殊的对象；④是否通过文化表现形式开展公关活动。① 胡文涛认为：文化外交 "是政府或者非政府组织通过教育文化项目交流、人员往来、艺术表演与展示以及文化产品贸易等手段为促进国家与国家之间、人民与人民之间相互理解与信任，构建和提升本国国际形象与软实力的一种有效外交形式，是外交领域中继政治、经济之后的第三支柱。② 李智认为："文化外交是一国政府所从事的对外文化关系总和，或者说是以主权国家为主体、对外行使主权的官方文化关系。""是以文化传播、交流与沟通为内容所展开的外交，是主权国家利用文化手段达到特定政治目的或对外战略意图的一种外交活动。" 他还认为文化外交的定义不仅只能从传统外交的概念中引申出来，而且还可以从审视国家利益的角度来表述文化外交："主权国家以维护本国文化利益及实现国家对外文化战略目标为目的，在一定的对外文化政策指导下，借助文化手段进行的外交活动。"③ 吴寄梅认为："文化外交，一般指以文化表现形式为载体来促进国际相互理解与友好的文化交流活动，也是主权国家通过对外传播本国文化来传达国家意志、输出国家价值观和实现国家文化战的一种外交活动。"④ 从这些定义中可以看出，在中国学界关于文化外交的定义中，内容的文化属性和目标的外交属性尤其明显，文化对外交的修饰意义不仅体现在词汇语序中，也反映在文化外交的实际的生存状态中。

西方学者的定义则有些不同，英国文化协会 1935 年成立时的公告阐述了

---

① 孟晓驷. 锦上添花："文化外交" 的使命 ［N］. 人民日报, 2005-11-11.
② 胡文涛. 美国文化外交及其在中国的运用 ［M］. 北京：世界知识出版社, 2008.
③ 李智. 文化外交——一种传播学的解读 ［M］. 北京：北京大学出版社, 2005.
④ 吴咏梅. 浅谈日本的文化外交 ［J］. 日本学刊, 2008（5）：90.

文化外交的功能："致力于推进海外世界对英国语言、文学、艺术、音乐、科学、教育体制和我们国民生活其他方面的了解，从而增进海外世界对英国的好感、保持彼此之间密切的关系。"在欧美，文化外交常常与公共外交同指一个概念，具有很大的重叠性，① 它们都是以国家政府作为外交行为主体的正式外交形式。随着国际新兴媒介的发达和公众对外交参与热情的提升，两者融合的趋势愈加明显。

这一类的定义往往将文化外交主体一元化，将文化外交的目的聚焦在维护文化安全和输出文化价值观上，不可否认，这的确是文化外交内涵的题中之义，但是却有比较浓重的冷战色彩，甚至有被讥为文化帝国主义之虞，落后于时代。文化外交既可以通过国家开展文化交流项目，并向海外输出本国文化产品的方式进行，也可以通过鼓励国民在外国从事商业、宗教、教育和其他活动的方式进行。因此从广义上讲，文化外交的行为主体和表现形式是丰富多彩的。

（二）日本语境中的文化外交

战后，日本受到美国的巨大影响，也因此奠定了日本倒向美国的追随外交，而文化外交也不例外，美国为了实现将日本作为冷战期间可靠的盟友和对苏前沿宣传窗口的战略目标，对日本的文化事业进行了大规模的援助，不遗余力地将美国文化（无论是价值观还是实在的文化产品）"免费"送给日本。日本在美国文化外交战略的攻势下，迅速"美国化"，不但实现了经济重生，也实现了自明治维新以来的东西文化再融合。不知不觉中，战后的日本人对不久前厌恶的美国产生了强烈的向往，毫无疑问，美国动漫在这期间发挥了不容忽视的作用，从此，日本也学以致用，输出自己的文化。伴随着经济力量的壮大，日本也意欲制定本国的对外文化战略，但是，日本并未使用带有一定官方色彩的文化外交一词，而是以国际文化交流代之，因此，虽然日本的文化外交开始得并不晚，至少从 20 世纪五十年代中期即以开始，但真正得到大规模使用还是在进入新世纪以后。

2001 年日本中央政府机构改革明确了与国际文化交流相关的外务省和文化厅的作用。2004 年，外务省机构调整，将对外宣传与国际文化交流的有关部门整合成立了直属于外务大臣官房的广报文化交流部，其主要职责就是制定对外文化交流的中长期目标和战略，以及国际交流基金实施相关事业，之后，文化外交一词逐步为日本采用。准确地讲，是在麻生太郎作为日本外相和首相

---

① 韩召颖. 输出美国：美国新闻署与美国公共外交 [M]. 天津：天津人民出版社，2000.

期间开始流行起来的。所以，日本的所谓国际交流活动就等同于文化外交这一概念。从狭义上讲，以外务省为主体的政府倾向于从国家层面为文化外交下定义：为了使外交政策更加有效的实施，通过对各国政策决定层及作为其广大基础的一般民众开展信息传递及交流，提高对象国人民对日本的关心度，树立良好的日本国家形象，使日本外交政策和价值观能得到外国民众的理解。而从广义上讲，日本文化外交就是指以相关政府部门为引导，充分发挥日本各个从事国际文化交流的组织和团体的作用，开展最广泛意义上的文化交流事业，以增进世界对日本的理解和日本对世界的理解。

二、日本文化外交带给中国的启示

中国开展文化外交比较晚，在理论和实践方面存在很多不足，我们应该积极借鉴日本文化外交的经验教训，发展和完善中国的文化外交政策。

（一）构建文化软实力，维护文化安全

文化软实力的构建不仅需要积极政策的支持，还需要创新、传播、融合等多环节的运作。

1. 提升文化的生产力

文化生产力已成为综合国力的构成要素之一，也是衡量一个国家综合竞争力的重要标志。目前，我国文化生产力水平低下，不能满足人们日益增长的精神文化需要。因此，我国应进一步解放和发展文化生产力，努力实现文化强国，提高国际地位。在日本，文化产业已成为日本的支柱产业，不仅为日本创造了可观的经济效益，而且在文化产品输出过程中，也向外输出了本国的文化、价值观、政治制度，使国外民众了解和认同日本，促进日本与各国的相互理解。文化产品已成为日本出口量最大的产品。

我国应采取措施提升文化生产力，从根本上推动我国文化产业的发展壮大，进而提升我国的文化软实力。具体措施为：一是建立现代文化市场体系，拓宽文化产品生产和流通的渠道；二是制定文化战略目标，选择具有优势和民族特色的文化资源，打造具有核心竞争力的文化产品；三是扩大文化市场规模，允许民间文化组织和文化公司的介入，形成多层次、多元化的产业格局；四是调整和优化文化生产力结构，以创新为战略支撑推动文化生产力的发展。

2. 提高文化的包容力

在全球化过程中，各国相互依赖程度日益加深，国际交流和合作也逐渐增多，由于各国文化的根源及其所倡导的价值观、政治思想的不同，不可避免地会出现文化冲击和摩擦。而文化冲突的根源是各种文化之间的不相容。因此，

一国文化能否实现与不同文化的融合与繁荣，取决于这个国家文化的生命力和包容力，也关乎这个国家的文化能否被接受，能否实现有效地传播，能否提升国家的文化软实力。

日本为了扩大日本文化的影响力和吸引力，在推行文化外交中，提出了"发信""受容"和"共生"的发展理念，通过输出文化产品、开展国际文化交流、进行文化无偿援助等方式，向外宣传和介绍日本的文化和价值观，同时，在文化交流、合作、研究项目中，积极吸收和借鉴各国的优秀文化成果，"取其精华，去其糟粕"，恰当地将日本文化和外来文化相结合，经过改造和创新，形成具有日本自身特色的文化形式，提升日本文化的内涵，实现日本文化与各国文化的共生。我国应在国家文化交流中，以具有特色、代表性的中华文化为内核，积极吸收世界各国的不同文化，打造出符合时代发展规律、满足不同民众需要的品牌文化。

3. 增强文化的创新力

创新是一个国家进步的灵魂，缺乏创新力的国家难以形成强大的竞争力，难以提高在国际社会中的地位。在国际社会中，由于信息结构的多元化和文化产品代际交替的加快，必然会使文化产品所承载的无形内涵更加快速地被吸收、融合和超越。同时，各国的信息、科学技术和人力资源的频繁互动，使得各国文化的趋同性、多元性与混合性并存。因此，一国文化能否更广泛的传播，能否得到各国民众的认同，主要取决于这国文化的创新力。

日本在开展文化外交过程中，一方面坚持自己的文化底蕴，传播自己的传统文化，如剑道、茶道、花道、饮食等文化；另一方面吸收和借鉴外来文化的精髓，创新日本文化的表现形式，比如日本的动漫文化，将日本文化与高科技相结合，创新出大多数人喜欢的动漫形式，提升了日本文化的吸引力。同时，日本通过举办文化周、文化年扩大文化创新的空间。

从理论创新层次看，我们要挖掘中华文化的世界价值，加以改造和创新，构建自己的文化品牌，形成具有中国特色的文化理论；从科技创新层次看，利用高科技和新兴媒介，整合我国优势文化资源，创新文化传播手段和表现形式，增强我国文化的吸引力；从机制创新层次看，制定完善的文化产业政策，发展新型文化业态，提升文化产业的竞争力，促使企业不断对文化和文化产业进行创新升级，保证自己在文化市场中处于优势。

(二) 融入国际话语体系，提高国际地位

在世界多样性和碎片化的过程中，世界各国逐渐把角逐国际话语权摆到日益重要的位置，而围绕话语权展开的竞争已成为国际社会中的一个重要现象。

无论是发达国家，还是发展中国家，甚至包括一些跨国公司、非政府组织都把话语权作为追逐的主要目标，并积极谋求将自己特定的话语发展成为国际社会普遍接受的规则。提升话语权就成为各国外交的重要目标，尽管一个国家在国际社会中的地位对其话语权有直接影响，但是话语权并不是随着国家实力的上升而增加，它需要准确的话语事实，并将话语事实与本国的话语体系在国际话语实践中结合起来。

日本政府鼓励政治家和学者在国际舆论界发出自己的声音，在外务省支持下建立海外宣传协会，为日本提供讲话机会的信息、与媒体沟通的技巧、语言表达等各方面的信息，并创办国际性言论杂志——《日本回声》，通过政府和民间的努力，使日本智库成为主导话语权的核心。

对我国而言，要提升自己的话语权，首要的就是对各种话语权思维有全面的认识，制定出正确的话语权战略。制定的话语战略要凸显人类共同的价值观，不仅要包括世界各国普遍关注的焦点和热点，还要包括以和平、发展、和谐等观念为重要内容的普世价值。要持续推进话语的创新，将话语体系与意识形态的价值结合，完善以我国模式为核心的话语体系，并通过推动外交战略的转型，更广泛深入地开展对话性话语实践。而且要以话语权为核心，深入推进我国的文化外交，将各方面的文化资源和文化优势整合起来，不断积累我国话语权的优势。

（三）实施国家品牌战略，提升国家形象

品牌和国家形象之间有相互作用的关系，一个国家在国际社会中的品牌声誉反映该国的国家形象，反之，国家形象也可以不断扶持和强化品牌的国际地位。

日本国家形象的转变以及在国际社会中树立的良好形象，就是借助于品牌战略的实施。日本原外相麻生太郎在一次演讲中提到，当今世界各国的外交是品牌的竞争，要把日本打造成受世界各国尊重的国家，需要利用动漫在世界各国的影响力来打造属于自己的品牌，进而树立日本的形象。此外，日本还利用本国旅游资源的优势，开展"观光旅游"来实施国家品牌战略。外务省、地方自治体、民间团体等各部门积极配合，制定吸引游客的观光政策。通过举办观光展、发放观光手册、放映观光影片等方式宣传日本的优势资源，形成具有特色的文化品牌，增加日本文化的吸引力，促使国外民众了解和认同日本，提高日本的国际地位。

关于品牌形象，中国应把现代化、文明化的国家形象用最清晰、明了的文化形式进行文化整合，凸显出我国文化品牌的个性，在尊重文化多样性的前提下，融合"和而不同"的中华文化。在和平与发展的时代背景下，打造昭君和平文化品牌，塑造和平女神的形象，弘扬民族团结、和睦的精神，树立我国民族和睦、以邻为友、和平发展的国家形象。

此外，实施国家品牌战略还需要专业化的品牌经营策划，需要定期对涉外部门进行品牌经营理念的培训，我国应逐步建立专门从事国家品牌经营的体制和领导队伍，把国家形象的品牌经营团队纳入外交的体系，成为我国文化外交的重要组成部分。

（四）加强媒体建设，塑造国际舆论环境合力

我国日益融入国际社会，这就意味着塑造客观友善的国际舆论环境已不仅仅是对外宣传工作，而是文化外交的一个重要组成部分。我国的和平崛起引起了国际舆论的高度关注，在众多舆论声音中，有善意的，有偏见的，甚至还有一些国家对我国实施"分化""西化"的图谋。对于这些复杂的国际舆论，我国必须进行积极回应，塑造有利于我国发展的国际舆论环境合力。塑造良好的国际舆论环境，除了进行对外文化交流外，还可以利用各种媒介向其他国家民众宣传我国的价值观念、展示我国的国家形象，以此来赢得更多的关注和认同。

媒介良好的宣传策略能形成民众普遍的凝聚力，占据国际舆论的主导权，并能够引导国际舆论向着有利于本国的方向发展。在这方面日本有可以借鉴的经验，日本专门设立从事对外宣传的机构——广报文化交流部和日本外国新闻中心，其任务目标就是宣传日本，影响国外民众，提升日本的国家形象。日本利用国际广播和国际广播电视对外宣传日本的国家政策、价值观念和政治制度，以提高其在国家社会中的地位。

此外，开设英文主页日本信息网、"网上日本"以及"日本简报"等栏目，向海外介绍日本文化和政策，为其塑造良好的国际环境。现在，随着"媒介全球化"，国际舆论逐渐掌握在传媒实力强的国家，这就导致发达国家的价值观更多地流向发展中国家，削弱发展中国家的价值观。因此，我国必须扭转这种被动局面，整合媒体资源，加大对外宣传力度，将本国的价值观推向世界，争取国际舆论的主动权，营造有利的国际舆论环境。

第一，加强与海外媒体的交流与合作，积极引进其他国家媒体的先进技术，提高我国媒体的硬件和软件建设，并在合作交流中建立良好的关系，以期通过海外媒体的影响力树立我国在国际舆论中的良好形象，进而影响海外民众的态度和社会舆论导向，为文化外交的开展奠定舆论基础。

第二，利用全球性媒介事件提升我国媒体的公信力。发生在我国的全球性

媒介事件，我国媒体可以利用天时、地利、人和的优势做第一时间和最全面的报道，增加对外报道时的语种数量和报道效率，展示信息透明和媒介开放的姿态，而且要注意挖掘人类共同的价值观，以赢得各国民众的认可，增加我国媒体的影响力。对于那些发生在其他国家的全球性媒介事件，我国要快速调动媒体资源，积极提升媒体的传播实效和传播水平，对事件的报道要持中立或积极的态度，尽量淡化政治和意识形态色彩，同时，我国媒体应该具有自己的独立理念、独立视角和独特的报道方式，以提升我国媒体的公信力。

第三，利用新媒体建立全球传播网络。随着信息化和科学技术的发展，一些新媒体受到广泛的关注。日本利用网络资源在外务省主页刊登"历史问题问答"，阐述政府在历史问题上的立场和态度，发放政策宣传手册，强调日本走和平发展的道路，改善其国际形象。我国应利用新媒体和传统媒体的互动，革新传统媒体的舆论调控工作，把握和传播正确的网络舆情；利用互联网建立全球传播网络，通过增加外文的发布、建立全球网众的社区、涉外网站等方式，加强我国国际传播体系的完善。

（五）推广汉语教学，发展外国留学生事业

日本特别重视日语在世界各国的推广和普及，并且为了更好地推广日语，还设置了专门的负责机构。随着日语在全世界的推广，学习日语的人数逐渐增多。我国应从日本推广日语的过程中吸收和借鉴经验，大力向世界推广汉语。

近几年，由于中国的经济的迅猛发展，形成了全球"汉语热"的现象。我们应抓住机会，大力推广汉语教学。推广汉语就其内容来讲，不外乎两点——语言和文化。推广汉语不仅是推广这门语言，更重要的是，使学习者理解并认识到汉语所处的文化世界。我们需要通过普及性的"走出去"的教学，例如兴办孔子学院，派遣汉语教师，向海外赠送汉语教育器材，让越来越多人接触和学习汉语，进而达到了解中国文化的目的。

同时，"走出去"和"引进来"还要相结合，大力发展外国留学生事业，打开国门，通过简化留学申请手续，吸引更多海外优秀青年来华学习。海外优秀青年作为文化使者，可以把我国致力于维护世界和平与发展的外交理念传达给世界大众。

（六）完善"和谐世界"理念，获得国际社会认同

在进行文化外交过程中，各国都应该有自己的发展理念，要想获得国际社会的认同，一个国家的核心理念起着不可低估的作用。日本在开展文化外交中，不断发展和完善外交理念，根据本国不同时期的阶段特点和国际局势的变

化制定与时代发展相适应的发展战略和理念。

地区动乱、经济发展不平衡、文化冲突等因都影响着世界的进步与发展，国际社会认识到要想获得长远发展，实现本国的利益并在国际话语体系中居主导地位，除了发展本国的综合国力外，就必须在国际体系中寻求合作，避免冲突。中华文化内涵丰富，是我国开展文化外交的重要思想资源，我国应不断挖掘对我国外交有价值的传统文化，进行深入开发和创新，并在外交实践中不断丰富、发展和完善，形成具有我国特色的文化价值体系。因此，我国提出了和谐世界的理念。和谐世界理念传承了我国传统文化的深厚底蕴，蕴含了哲学和价值观中的"和合""和而不同"等思想，符合国际社会倡导的共同价值观，有利于缓解各国间的矛盾，因此，这一理念得到了国际社会的接受和认同。

第十章 日本文化因素与中国作家

从文化交流与发展的角度来看，日本文化吸收了大量的中国文化要素，中国文化同样也在近代吸收了很多日本文化的精华，正是这种文化间的互动，使得中日关系更为和谐。本章即对中国作家的日本经历及其笔下的日本文化因素做出探究。

第一节 张爱玲作品中的日本文化元素及其日本文化观

一、张爱玲作品中的日本人

在张爱玲作品尤其是散文中，大篇幅地提到了日本人，在描写的过程中并做了相应的总结。从描述中可以得出张爱玲的骨子里还是喜欢中国人的。张爱玲说："不知为什么，日本人同家乡真的隔绝了的话，就简直不行""不像中国人""日本人是不能有一半一半的。"①

正如本尼迪克特在《菊与刀》一书中所阐释的那样，日本人关于"忠""孝""情理""仁"以及"人的感官"的规则表明了他们的生活态度。他们把"人的全部义务"看得好像在地图上划分省份一样。用他们的话说，人生是由"忠的世界""孝的世界""情理的世界""仁的世界"以及"人的感官世界"等许多类型化的世界所构成。这些道德评判标准使得那些来到美国学习和经商的日本人，当他们试图在这个道德约束不是那么严格的国家生活时，常常深刻地感受到他们曾经受到的过于细致的教育是一种"失败"。他们认为自己的行为在其他国家行不通的时候就会深有挫感，他们发现自己适应外界环境的困难程度远远超过了中国人，他们可以在自己的国家生活的游刃有余，而

---

① 王勇. 日本文化——模仿与创新的轨迹 [M]. 北京：高等教育出版社，2001.

一旦离开自己的生活圈就会感觉像鱼儿脱离水一样无所适从。日本人对于自己无法适应他国生活习惯进行了深刻的反思，在反思之后他们找到了问题的症结，即他们在成长过程中相信一种安全感，即依靠他人对循规蹈矩的微妙的认同感。他们困惑为什么外国人可以在公共场合表现的如此随意与大方，而他们却总是时时刻刻的过着拘束而又严谨的生活。于是他们想法设法地寻找西方人生活中与日本人相似的细微礼节。一旦找不到时，或非常愤慨，或深感愕然。

在关注日本人的同时，张爱玲和炎樱又谈到了日本人的思想。炎樱诙谐地说道："中国人的思想是曲折的小直线；白种人是严格地合逻辑的，而中国人的逻辑常常转弯，比较活跃；日本人的思想方式却是更奇怪的，是两条平行的虚线，左边一小划，右边一小划""这样推行下去——这不就像一个人的足迹？"①。

对于炎樱把日本人的思想生动的比作足迹，张爱玲觉得新鲜之余也表示赞同。如果拿日本人思想的矛盾性与中国人思想的灵活性相比照的话，前者可能更让全世界的人费解。但张爱玲对于日本人思想的矛盾性较为宽容，她觉得尽在情理之中，似乎只有如此才可称得上是完整的日本人。

在散文《双声》和《罗兰观感》中，张爱玲也提到了日本女人。就张爱玲所说"外表上看上去世界各国妇女的地位高低不等，实际上女人总是低的"②，尤其日本女人，更是一个典型。张爱玲说："日本女人有意养成一种低卑的美，像古诗里的伸腰常跪拜，问客平安不？"③ 日本女人对自身卑微的现实似乎是顺受而后迎合的，她们的低卑"温厚光致，有绢画的画意，低是低的，低得坦然。"④

日本少女从懂事起，她们所受的教养就是要使她们接受这样一个事实：无论什么事情都是男孩优先，他们可以得到女孩所得不到的关心和礼物。日本女孩必须遵循的处事规则是，不容许有公然表明自我主张的权利，就连在择偶的标准与选择上他们也得服从父母的规定而盲目结婚。这就如中国古代所遵循的"父母之命，媒妁之言"。在日本，婚姻的本质不是感情的最终归宿，而是为了延绵子嗣，让一代又一代的人传承下去。所以在日本人的观念里门当户对的结合才是最完美的婚姻，才是被社会认可的婚姻。所以，日本女人生孩子不仅是为了满足感情的需要，而是只有当了母亲，她才能赢得家族中的地位。日本

① 张绪谔. 乱世风华 20 世纪 40 年代上海生活与娱乐的回忆［M］. 上海：上海人民出版社，2009.

② 张爱玲. 自己的文章［M］. 北京：京华出版社，2005.

③ 张爱玲. 流言［M］. 北京：北京十月文艺出版社，2006.

④ 张爱玲. 重访边城［M］. 北京：北京十月文艺出版社，2012.

男子结婚后完全可以毫无顾忌地在外面享受性的欢乐，他们不用承担道德的谴责，也不用担心家庭的破裂，因为这样做丝毫不会侵犯妻子的权利。然而妻子却没有这样的特权，她的义务是对丈夫严守忠贞。更有甚者，当丈夫在外面纵情享乐的时候，妻子不仅要照顾家里的老人和孩子，还要为丈夫的夜生活打点行装。有的时候当丈夫在外面花天酒地，而他的口袋无法支付他的消费金额时，妻子就会收到丈夫光顾的地方送来的账单，并把它理所当然地看作自己的分内之事，没有怨言也没有委屈，生活依旧如水般地过，丈夫第二天照旧会出现在各个灯红酒绿的地方。这是日本男人的交际圈，妻子是默默的守候群体。张爱玲对于这自古带来的性别差异是坦然接受的，这也许是她从小到大的生活环境所致。在张爱玲眼中，就连她一向要求平等与独立的母亲黄逸梵都没有逃脱男尊女卑的命运。所以，环境的影响使她清醒地认识到要实现男女平等始终是天方夜谭。因此，张爱玲对女性发出了真诚的告诫：对于男尊女卑这自古以来的现象还是心平气和的接受，人生不是赌气的事情。张爱玲认为各国女人虽然地位不等，但从古到今女人的地位从来没有变：女人是卑微的象征。对此张爱玲觉得没必要大动肝火。张爱玲的这种态度与日本女性同出一辙，她们"个个安分守己，女人出嫁，伺候丈夫孩子，梳一样的头，说一样的客气话，这里面有一种压抑，一种轻轻的哀怨"①。这逆来顺受、无私奉献的日本女人，这淡淡的哀怨与凄清便成为日本文化的特色。但张爱玲与日本女人不同就在于，张爱玲虽然态度平和的接受这男尊女卑的现状，但并不等于说她认为这种现状的存在就是合理的，也不等于说她不想改变这种现状，否则她也不会提出来让女人来治理国家，说不定还会出现不同的局面，给历史一个全新的理念。

二、张爱玲作品中的日本浮世绘

张爱玲不仅在文学方面造诣颇深，而且在绘画方面也有极高的天赋。她对于绘画的天赋可能来自于她的母亲黄逸梵，黄逸梵学过西洋画，与著名的画家徐悲鸿关系也很要好。张爱玲在母亲的影响下学画画，而且表现出极高的天赋。成年后的张爱玲有一位很要好的朋友炎樱也很擅长画画，两人经常在一起谈论绘画。也许是受母亲的影响，张爱玲对西方现代绘画极其的喜爱，她崇拜梵高、拉斐尔、塞尚等著名作家。张爱玲不仅擅长画画，而且对美术作品有极高的鉴赏力。张爱玲评论绘画作品时观点非同寻常，她能一针见血地说出普通人不易察觉的玄机。她可以从西洋画谈到写实派再到现代派，从日本画谈到中国画。在她的言语中，有对某一幅作品娓娓道来，其中的好与不好，张爱玲尽

---

① 张爱玲. 张爱玲精品集色戒珍藏本［M］. 兰州大学出版社，1997.

收眼底，还不忘向读者陈述。有的时候，她又可以将几幅作品进行对比来阐明某一观点。张爱玲在《忘不了的画》中将欧洲的圣母像与日本画《山姥与金太郎》进行对比，张爱玲认为宗教画家的圣母画无法表现小孩的智慧，往往把小孩"画成了一个满身横肉的、老气的婴孩"①。整个画面比较生硬，没有那种浑然天成、一气呵成的感觉。就连圣母逗小孩的过程都感觉像在拍电影似的，仿佛旁边总有无数双眼睛在张望。尽管长期以来，美术界对于欧洲画的评价高于日本画，但张爱玲认为单就欧洲圣母画所体现出的模式化，像在拍电影这一原因，她倾向于日本画《山姥与金太郎》。张爱玲觉得日本的《山姥与金太郎》充满了原始的生命力，"有一种开天辟地之初的气魄"②。

无论日本漫画或者绘画多么引起张爱玲的向往，然而它最终的源头还是来自于古老的中国，日本最具特色的浮世绘也不例外。据说浮世绘的魅力主要是因为锦绘的多色摺手法，而这多色摺手法却是来自清代绘本的色摺插图给予的启示。对于中国江南地区所流行的年画中所使用的色摺版画的手法和话题，浮世绘也多有借鉴。尽管说日本美术的源头来自于古中国，但不得不承认日本将古中国的艺术加以合理的继承。日本人从中国美术中选择了一些适合自己风土和生活习惯的部分之后加以利用和改造，创造了属于自己审美观念的艺术天地，并使之在历史的发展潮流中保存了下来，供人们欣赏和参观。

无论是对古中国的怀念，还是对于日本独具特色文化的偏爱，张爱玲喜欢日本的浮世绘。这种痴迷的程度使得她曾经一度考虑将改写后的《十八春》取名为《浮世绘》，但由于内容和题目不符，所以最终才有了后来的《半生缘》这部小说。

三、张爱玲作品中的日本音乐

"音乐"一词在人们的心目中一直与欢乐、高贵、优雅这些美好的词语连在一起，它是上层社会娱乐中不可或缺的东西。我们知道张爱玲出生于名门，她又有一位受过西方教育的母亲，这位被西风熏陶过的母亲，在张爱玲的成长过程中一直扮演着榜样的角色，她教张爱玲走路、说话，她照着西方淑女的模式来教育自己的女儿，她教张爱玲从小画画、学钢琴。凡是涉及到与音乐有关的词，张爱玲称之为"苦难"。张爱玲在散文《谈音乐》中开头的第一句话便是"我不大喜欢音乐""一切的音乐都是悲哀的"③。

①　刘绍铭. 再读张爱玲［M］. 济南：山东画报出版社，2004.
②　王一心. 深艳：艺术的张爱玲［M］. 西安：陕西人民出版社，2007.
③　宫正竹. 艺伎的故事［M］. 西安：陕西师范大学出版社，2006.

张爱玲之所以对音乐发出这样的感慨，和她的成长经历有关。钢琴伴随着母亲黄逸梵的到来而走进了她的生命，随着母亲的离开，这唯一情感的寄托，最终也早早的夭折。这之间情感的落差也许只有张爱玲懂得。似乎音乐在张爱玲生命中一直是伴随着母亲的出现而出现，母亲的离去而消亡。其实张爱玲是很喜欢音乐的，否则她也不会在作品中花大量笔墨来谈音乐，只不过她的人生经历充满了坎坷和不幸，所以她的内心的凄楚与音乐合拍便是一首悲伤的曲子。

张爱玲倾心于日本音乐，与日本音乐悲伤的曲调分不开。众所周知，张爱玲自幼父母离异，从小的生活就覆盖了厚重的阴影。还有，当时上海沦为沦陷区，身在上海的张爱玲每天过着忧心忡忡、朝不保夕的日子，而这样的悲伤调子恰好唱出了张爱玲内心的凄苦与烦闷。其次，纵观日本的音乐发展史可以看出，日本音乐自古受中国影响，而明治维新之后日本音乐受西洋特别是美国影响很大。从张爱玲对于音乐的描述中我们可以看出张爱玲更倾向于音乐对内心情感的真情流露。我们知道，抗日战争时期，中国的流行歌曲大多数都是以抗日为主题，所以中国的歌曲在这一个时期呈现单一化、一体化。根本无法表达个人的内心苦闷，就算心里积压着一座大山也无法用一首歌来排遣。它整个趋向于高亢与斗志昂扬。所以过去的悦耳动听的歌声，只有在日本音乐中去挖掘了。从张爱玲对日本音乐的喜爱，我们可以看出张爱玲在内心深处还是喜欢逝去的旧中国，也许逝去的歌声里有她割舍不断的回忆，尽管那段经历不曾带给她快乐，但至少伴随她一起成长。因此张爱玲在抗日背景下的中国希望通过日本音乐来挖掘她记忆中逝去的回忆，也许只有日本的曲调能唱出她当时不知明日在何处的生活处境。

四、张爱玲作品中的日本文学

张爱玲的好友炎樱给自己取名貘梦，据张爱玲散文《双声》原注的解释，说貘梦的"貘"字，是从"阿部教授"讲的日本有食梦的动物"貘"那些话受到启示，才用了这个字。

《双声》中，张爱玲和炎樱谈到阿部教授的小说《星期五的花》。看她们的谈话，好像她们在这篇小说里没能找到值得一谈的东西。而这里所说的阿部教授指的是阿部知二（1903-1973年）。他在当时，已经是以《冬天的旅馆》《北京》等小说而知名的作家。阿部知二曾在明治大学讲授英国文学，他的作品风格是以人道主义为基调，被称为"主知派文学"。在1935年，他第一次到北京、东北旅行，后来多次访问中国内地。自1944年9月起至次年的3月，他曾在上海的圣约翰大学任教。关于阿部知二去圣约翰大学赴任一事，阿部知二的研究者松竹良明氏说："因为那是一所基督教大学，尽量想多聘用日本教师，否则，校方担心日本军队会进行封锁。通过前一年阿部知二来上海的关系招聘了阿部知二"。

《星期五的花》最初于 1939 年发表在河出书房发行的《知性》杂志上，后来，收录在改造社刊行的《新日本文学选集第十六卷》（1941）里。战后编集在《阿部知二作品集》（河出书房，1952），五卷全是阿部本人编集的，而《星期五的花》收在第一卷里。

阿部知二被称为主知派作家，他的写作风格是排斥左翼思想和政治性的。在无产阶级文学占主流的 30 年代前期，他被看做是消极派或态度暧昧派。然而，当无产阶级文学受到挤压，处于奔溃状态时，时代变成军国主义一边倒，这时，他那种我行我素的作风，就被视为危险的作品。在描写战争和报国思想为主题的作品充斥于市的时代，他却在那里描写老教授对花店女主人公的爱恋。《星期五的花》主要讲的是：战争期间，在东京的郊外住着一位即将步入老年的大学教授。自从车站前新开了一家花店后，他开始买花回家。他买的并非是年轻时喜欢的白花和蓝花，而是色彩艳丽的红花。而且，总是在星期五买花。妻子和女儿十分惊喜，可是，正在准备应考的儿子却总是以讽刺的目光看着他，使他感到难堪。教授买花好像和花店女主人的存在有关。有一段时期，他终止了买花，那是因为他在花店看见有一个陌生男人的身影。不久，那个男人的身影消失，他又重新恢复了买花。儿子照旧用讽刺的目光看着他……

尽管阿部知二和张爱玲作品风格不同，不过他俩却有着共同的特性，那便是共同与政治打擦边球，将笔头转向于对日常生活琐事的描述。同时我们知道，张爱玲有很深的英国文学造诣，而阿部知二却偏偏又致力于英国文学的研究。也许这些共性的存在，让我们做出在当年沦陷区的上海，两人共同探讨文学时都有点相见恨晚的判断也未尝不可。

在当代日本作家中，有一位名为向田邦子的女作家也和张爱玲有着某些天然的渊源。当向田邦子的书销往中国的时候，封面上赫然印着"日本的张爱玲"。也许是出于好奇，中国的读者急不可待地开始阅读向田邦子的作品。

向田邦子，出生于日本的东京，毕业于女专国语科。无论从向田邦子的为人，还是向田邦子所写的作品来看，向田邦子和张爱玲有着太多的共性。同样是长得不漂亮，但很会选择照相的角度。向天邦子有着广泛的兴趣爱好，她喜欢奢华的东西，对穿着也非常讲究，擅长画画，喜欢品尝人间美味。

向田邦子曾涉足小说、随笔、电视剧等领域，而且在这些领域都取得了很好的成绩。向天邦子的文章处处流露出对人的敏锐观察以及对人生的尖锐批判。她主要描写的是中产阶级的生活。张爱玲与向田邦子所不同的是，张爱玲所写的是四十年代被日本占领下的上海，而向田邦子所描述的是 50 到 70 年代风调雨顺下的日本。张爱玲给读者展现的是日常生活中普通人的生活和爱情，而向田邦子笔下主要偏重于那清淡的、不为人知的伦理剧。同样是描写爱情，张爱玲很少有对肉欲的描写，她在描写爱情的表层下更多的是挖掘人性的本质。而向天邦子却将笔触伸向婚姻之外第三者的插足。

五、张爱玲的日本文化观

（一）日本文化中的中国文化源流

中华民族具有灿烂悠久的古代文明，而到了隋、唐、宋，中国的古代文明发展到了顶峰。中华的文化在世界上享有盛誉，对周围邻国产生了巨大影响，日本即为代表。

中国文化与日本文化从整体历史的发展进程来看是一个继承的关系。唐朝时期，古代的日本还处于社会发展的较低阶段，当日本看到如此昌盛与繁华的大唐时，不由得心生向往之情。我们知道日本自古就是一个善于学习的民族，在它注意到如此强大的邻国时，便决定倾力效仿中国。于是日本政府推出政策派遣大量的留学生、学问僧、外交官等来到中国进行全面的学习，日本的商人也大量前往长安进行商业上的贸易往来。一时间，长安城拥挤了大量的外来人员。与此同时，也有不少中国的学者、商人、僧人东渡日本，这些人到达日本后大力弘扬中国文化，为中日文化的交流做出了巨大的贡献。在唐朝时期，日本整个实行的是对唐文化全面的吸收，它在很长的时间内以学习汉字、吸取汉文化作为自己民族文化发展的养料。在中国的学习过程中，日本不仅学到了中国的先进文化，而且学到了宫廷礼仪、政治组织和各种法制，这为日本的大化革新奠定了物质和思想基础。

中日两国在长达两千年的历史潮流中不断地进行着文化交流，日本不断地采取多种方式向中国进行全面的学习。而在近代，由于中国长期处于闭关锁国的安然状态下，所以整个的发展进程出现缓慢甚至下滑的阶段。直至西方列强的入侵，打开了中国的大门，顺便将外来文化注入到本土文化之中，导致中国传统文化的大量流失。其次，中国人民由于改革开放政策的施行，看到了不一样的世界，所以不断推行西方文化，最终导致流失的中国传统文化无处可寻。而日本，由于地理位置的局限性，日本人天然具有一种危机感，当它发现中国不能再提供给予它成长的养料时，它便将目光伸向遥远的西方，对西方文化进行了全面的学习，如此好奇而且好学的日本经过不断地向西方学习后，走在了世界的前列。

（二）张爱玲对日本文化的态度

19 世纪 40 年代，日本作为侵略国的身份再次踏上中国这片文化的母土，在沦陷区的上海大肆宣传自己的文化。而当时居住在上海的张爱玲，从小受中国传统文化的熏陶，一直以中国传统文化引以为豪，但中国传统文化由于受西方文化的强烈冲击，有好大一部分已逐渐流失，无迹可寻。于是张爱玲在向外人津津乐道地讲述中国传统文化的时候，不由自主地将笔头伸向日本文化，希望通过这种保留了部分中国元素的文化形态，能使读者更好地了解中国传统文化，尤其是对于当时居住在上海的外国读者。

无论张爱玲其人还是其文，很少参与到某一件事中，她总是以一个旁观者的身份洞察周围的人和事。张爱玲对于日本文化的描写也如此，她为了避免政治上的麻烦，所以在描写日本文化的时候总是涉及一些与日常生活有关的事物，如服饰、美术、音乐、舞蹈、电影等，并且在描写的时候通常都是与中国文化与他国文化进行对比。在描写日本文化的时候经常是一笔带过，或只是涉及到它的表面而不做深入描写。

第二节　鲁迅留日期间的人际交往与文化活动

一、鲁迅留日期间的人际交往

（一）鲁迅与藤野先生的交往

藤野先生在明治七年生于福井县芦原盯的一个医生家里，毕业于名古屋爱知医学专门学校。最初在一个人身保险公司里担任嘱托医生，以后又到东京帝国大学学习解剖学。明治三十年至大正五年，在仙台医学专门学校担任解剖学教授。年离开仙台医专当时已叫东北帝国大学医学部，到东京泉三井慈善医院耳鼻喉科当医生，后来又回到故乡福井县本庄村开了一个诊疗所，直到 1936 年 10 月 19 日突然患病逝世，享年 56 岁。

藤野先生非常器重鲁迅，经常给他改正讲义。鲁迅说我交出所抄的讲义，他收下了，第二、三天便还我，并且说，此后每一星期要送给他看一回。我拿下来打开看时，很吃了一惊，同时也感到了一种不安和感激。原来我的讲义已经从头到末，都用红笔添改过了，不但增加了许多脱漏的地方，连文法的错误也都一一订正。这样一直继续到教完了他所担任的功课骨学、血管学、神经学。由于鲁迅的学习和藤野先生的帮助，据鲁迅当年的同学回忆，鲁迅学年考试的成绩居中，虽然不算很好，但作为一个外国留学生来说，可能尽了很大的努力。

可以说，在日本帝国主义侵略中国、中国被视为"弱国"的时候，藤野先生是对中国表现真诚友好的一位日本朋友。藤野先生对鲁迅十分热情、关心，给予很多的帮助。当鲁迅决定不再学医，离开仙台，向他辞行时，他的脸色有些"悲哀""凄然"。在鲁迅将走的前几天，特意将鲁迅叫到他的家里去，交给鲁迅一张照片，后面写着"惜别"两字，要鲁迅也送给他照片留念，知道鲁迅身边没有照片时，又叮嘱鲁迅将来照了送给他，并且时时通信告诉他此后的情况。藤野先生这种诚挚友好的态度，深深地感动了鲁迅。也许在当时"鄙视中国"的国度里，藤野先生是为数不多的没有民族歧视的人道主义先生，所以令鲁迅终生难忘。

鲁迅和藤野先生自仙台分别后，未见过面，也未通过信，但是彼此都没有忘记，都在想念对方。藤野先生也一直记着鲁迅。鲁迅逝世后，他才得知自己学生的消息。他说到仙台医专教书，"两三年之后来了一个中国留学生，就是周树人君。周君和三十多个留级班学生和一百多个新生一块学习。周君身材不高，聪明人。在异国，我担任人体解剖学，他在听课和作笔记时都很认真、圆脸，看起来像个热心。我因为他身在学校里只有他一个人，可能很寂寞，我在课余的时间帮助他，改正周君的笔记。我对周君的一点帮助，他就那么受感动，把我写在书里，称我为恩师，把我的照片挂在自己的房间里，至死还想知道我的消息。那时我要是知道鲁迅即周树人，是位有名的大文豪，我给他去封信，他该多么高兴啊现在是没有办法了，实在遗憾。我因为住在农村，社会上的事一点也不知道，前几天在报纸上读到了鲁迅先生的逝世消息，深感悲痛。"后来藤野先生为了纪念鲁迅先生，亲自用毛笔字写了"谨记周树人。藤野严九郎"几个字，并发表在当时日本出版的《文学响导》杂志上。

藤野先生代表的是日本友好的一面，科学的一面，他是鲁迅留日生涯中为数不多的几点"亮光"。这段师生情谊对两人而言都是一段难得的感情，而从鲁迅一生的发展来看，却是强化了鲁迅对科学文化精神的自觉认同。仙台时期的鲁迅骨子里还是有一种文人的浪漫主义精神和情绪化，曾经为了美观而将血管绘图移位，受到藤野先生的批评，可以说，在实证科学的求知路上，藤野先生的教诲对鲁迅影响颇为深刻。

（二）鲁迅与章太炎

鲁迅留日期间接触的另一个重要的文化人士，就是和鲁迅同一年来到日本的同乡、浙江革命派领袖章太炎。鲁迅抵日时的留学生群体中，正洋溢着革命前夜的那种热烈气氛。鲁迅在这种氛围当中，一边去弘文学院学日语，为进入专门学校做准备，一边还去神田骏河铃木町十八番地的留学生会馆，跑书店，听演讲，经常阅读革命书籍，还出席在留学生会馆召开的各种各样的抗议集会之类的回忆，刚到日本不久，就深深倾向革命派。

鲁迅与章太炎的师徒关系，正是始于这一时期。鲁迅转向文学后，1907年作《文化偏至论》和《摩罗诗力说》，讲求个性，承认天才。其时，章太炎也力倡以主观精神和道德力量作为革命动力，甚至直接提及尼采的超人思想。年，章太炎在日本开班讲学，前往受业的学生中鲁迅、许寿裳、朱宗莱、朱希祖、黄侃、钱玄同、钱家治、周作人等同班听讲。章太炎有学术救国之心，"其授人国学也，以谓国不幸而亡，学术不绝，民犹有所观感，庶几收硕果之效，有复阳之效"①。

鲁迅向往和支持革命，但对清末革命的实际有很大保留。因为他反对任何人把革命弄成一场"嬉皮笑脸"的"儿戏"。但是他从此与章太炎结缘，以"骂人"闻名的鲁迅，独独对章太炎在有所批评的同时给予相当的肯定和推崇。

在章、鲁相见前的年，章太炎与孙中山分裂，其中既有工作分歧，也有门户之见的因素。和当时的许多革命者一样，章太炎有着相当深厚的地域歧见。鲁迅是否有地域情结，不敢妄估，但在鲁迅、周作人、许寿裳与章太炎之间无形中形成了一个基于同乡因素的纽带。可以想象，当孙中山和章太炎已经公开分裂的时候，二十几岁的鲁迅在内心，从同乡角度也好，从学问的角度也罢，都是倾向章太炎，并认为孙中山的"学问"有所欠缺。

对于鲁迅与章太炎之间的这种思想联系，李泽厚曾经做过这样的评价："……章太炎这些独具一格的思想主张产生了良好的影响。鲁迅便是当年受章太炎影响的著名例子。除了进化论大不相同以外，在憎恶和抨击上流社会，反对资本主义的经济、政治，提倡宗教、道德、国粹和个性主义等等问题上，鲁迅基本上站在章太炎一边。如果拿鲁迅年到年写的那几篇著名论文，特别是《破恶声论》《文化偏至论》，与章太炎上述论点和论文比较一下，便很清楚。当年鲁迅在思想上和文字上都接受了章的影响。当然，后来两人完全分道扬

---

① 汤志钧.章太炎年谱长编［M］.北京：中华书局，1979.

镭，鲁迅向前跨进，章太炎则向后倒退。但鲁迅一生所以始终保持对章在那么多的革命前辈中独对章的高度尊敬，并力排众议，给章作了盖棺定论的极高评价，决不偶然。这绝不只是个人的私谊，而是表露了鲁迅对自己青年时代所亲自感受的章太炎历史作用的十分珍视，是对章的历史功绩符合实际的肯定。"

二、鲁迅留日期间的文化活动

（一）写作

鲁迅正式开始自己的言述生涯，是在日本时期，其间大约经历了两个写作高峰。他在这一时期所写的一系列自然科学和社会科学论文，如 1903 年写的《说镭》《中国地质略论》，1907 年写的《人之历史》《摩罗诗力说》《科学史教篇》《文化偏至论》，1908 年写的《破恶声论》等，都是以世纪末世纪初西方最新自然科学和社会科学知识为基础，直接面对世界和本国的文化潮流，其内容之广，篇幅之长，都为后来少有。这些理论问题的探讨，对于鲁迅前期思想的形成，对于他一生的事业和道路，都关系甚大。鲁迅开始发表作品是在年，也就是他刚到日本的第二年。在当时的留学生杂志《浙江潮》上，他接连发表译述《斯巴达之魂》、译作法国雨果的随笔《哀尘》附所作译后附记、《说镭》《中国地质略论》等，并出版了所译法国儒勒·凡尔纳的科幻小说《月界旅行》附所作月界旅行辨言》和《地底旅行》后者首二回亦曾发表于《浙江潮》第十七。这其中，创作和译述难以截然两分，但是，这些作品的写作主题却很明显，即科学和爱国。

在留学初期，作为一个科学救国论者，鲁迅就开始注意由自然科学联系到社会问题。他在 1903 年写的《说镭》中，在介绍镭的发现时，就认为这一发现"辉新世纪之曙光，破旧学者之迷梦"，预料自然科学理论将发生重大革命，并高度评价了它对思想界的作用。同年所写的《中国地质略论》，不仅论述了祖国地质分布、地质发育、地下矿藏，使读者了解"中国大陆里面之情状"，"以便后日开采之计"，还揭露洋务派"为外人怅""将开采权让予外人，使我国从"矿藏之主"沦为"采掘之奴"，痛斥了清政府"引盗入室""助之折搅扰栋，以速大厦之倾的卖国行径，使这篇论文既是我国最早的系统地介绍本国矿产的一篇科学论著，又成为一篇令人感奋的爱国主义宣言。

另一个写作高峰出现于年、年短短两年，鲁迅像排炮一样打出长篇系列论文《人之历史》《科学史教篇》《文化偏至论》《摩罗诗力说》和《破恶声论》，均发表于留学生杂志《河南》。如果说鲁迅 1903 年所写的文章主要还只是属于介绍的性质，其中作者的社会思想只是有感而发、即兴的、零散的，那么 1907 年和 1908 年所写的这些文章，除了介绍外国的思想、学说、科学、文艺之外，鲁迅已经发表了属于他自己的比较系统、深刻的社会思想了。

这一时期的鲁迅确立了以"人"为理论核心的启蒙主义思想，那就是对弱小者的同情和个性解放的主张。鲁迅青少年时期家道衰落，精神上蒙受了许多屈辱，这使得他把心倾向那些无辜的弱者。到日本后，受到托尔斯泰的影响，他进一步发展了同情弱小者的思想。但他的这种同情弱小者的思想，既不像宗教那样悲天悯人，也没有坐等恩赐的被动色彩。他认为，作为人，对弱小者要同情但弱小者本身，则要奋发斗争才行。

鲁迅已从尼采等"摩罗派"身上吸取了"自省""理性""个性解放"等一系列颇具现代性的意识和精神，并促使他对现代生命意义进行深刻的思考。在以后的小说创作中，他大力推崇尼采宣扬的"天才"和"至上"的个性精神，并以此作为破除中国几千年封建主义思想病疾、拯救中国人自然人性和个性活力的锐利武器。在这些作品中，鲁迅以精神界之战士的"超人"姿态，探索"国民性改造"和重塑现代人生命意识的正确途径。也正是如此，我们才能在鲁迅后来的作品中看到一系列"先觉者"的"超然"和"激愤"，看到"庸众"的"荒唐"和"麻木"，这些都明显受到了尼采"超人"哲学的影响。这一时期，他已经清醒地认识到，中国社会问题的解决关键不在政治体制的改变，而是国人的觉悟。他从当时中国人遭受到列强凌辱的事例中，既看到了"被杀者"毫无反抗之意，没有人的尊严，又感到"旁观者"的麻木无知，对弱者缺乏同情心。和当时一般革命派的民族主义思想小说不同，鲁迅这些丰富、深刻的体验，大大超过了笼统的民族尊严，而接触到"人"尊严这一更深入层次了。

(二)　翻译

鲁迅不仅是伟大的文学家，也是伟大的翻译家。他一生非常重视翻译工作，在译介外国文学作品时对翻译启迪思想、沟通文化的作用始终保持着清醒的认识。他翻译作品带有高度的责任感，体现着明确的目的性。

鲁迅一生的翻译作品数量巨大。据上海鲁迅纪念馆统计，鲁迅所译外国文学资料记载，鲁迅一生共有译著部。而鲁迅如此硕果繁多的翻译生涯却是在留日期间开始的。其间主要的翻译作品有《斯巴达之魂》与《哀尘》。这两部作品分别于 1903 年 6 月和 10 月发表于在日本出版的《浙江潮》的第 5 期和第 9 期。《斯巴达之魂》是古代希腊城邦勇士勇敢抗击波斯侵略军的爱国故事的译述。《哀尘》是法国作家雨果的短篇小说，是鲁迅正式翻译的第一篇外国文学作品。《月界旅行》，这是鲁迅根据法国科幻小说家凡尔纳的作品《自地球到月球的小时分》的日译本进行重译的。据周国伟《鲁迅著译版本研究编目》所述，"本书并非直译，几乎是改作。"《地底旅行》该书于 1906 年 3 月出版，原文也由法国小说家凡尔纳所著。《域外小说集》此书是我国从事介绍外国文学的最早作品之一，属短篇小说集，由鲁迅和周作人合译，共二册，多数由周作人所译。鲁迅翻译的有安特列耶夫的《漫》和《默》以及迎尔沟的《四日间》。鲁迅留日期间有一个重要的时间转折点，即 1906 年 3 月他决定弃医从文。如果将鲁迅在这一时期的翻译作品以这一时间为间隔划分，我们可以发现除《域外小说集》是弃医从文后的作品外，其他四部均为之前的作品。通过研究，我们发现这此译作尽管内容各异，风格也不尽相同，但都有一个共同的特点，即体现了作者一定的创作目的，具有较强的现实和客观历史念义。

1. 《斯巴达之魂》

自 19 世纪以来，以严复为代表的社会科学翻译和以林纾为代表的文学作品翻译为中国社会带来了新鲜的空气，使鲁迅这些当时的留学知识分子受益匪浅，也由此意识到国家的振兴、民族的出路就在于广泛的文化交流上。

《斯巴达之魂》讲的是公元前 400 多年前的希腊伯罗奔尼撒半岛城邦斯巴达的勇士们勇敢抗击波斯帝国侵略军的故事。鲁迅发表这篇译作的目的在于以积极的态度公开支持当时发生在东京的中国留学生拒俄义勇队事件。鲁迅在拒俄热潮中以强烈的爱国主义精神和激昂慷慨的笔触，译作了这段公元前年古希腊斯巴达勇士抗击侵略军的爱国故事，与留学生上书相呼应。由此可见，鲁迅的该一译作是有意而作的。

2. 《月界旅行》和《地底旅行》

20 世纪初的中国文学并无多少佳作可读，老朽的八股文和文言文内容贫乏。而与此同时，西力近代科学技术自 19 世纪中叶开始传入中国，到 20 世纪初这些科学思想已经在中国知识界颇有影响，"科学救国"的思想也由此而生。鲁迅离开家乡到日本求学，一个重要的目的就是掌握先进的科学知识来为国家和民族服务。在这种局面下，鲁迅花了很大的精力从日文译本中转译了凡尔纳的《月界旅行》和《地底旅行》这两部科学幻想小说。他用国人喜闻乐见的章回小说形式介绍西方的自然科学知识，我们可以从他的翻译作品中看出他启蒙国人科学思想，希望国人养成科学精神，以此挽救衰落中国的愿望。

3. 《域外小说集》

1906 年 3 月鲁迅离开仙台医专，弃医从文，决心通过文字来改造国民的思想。因此，他对那些颇具反抗念识的东欧文学和具有民主革命思想的俄国文学产生了强烈的兴趣。《域外小说集》所选择的作品反映了鲁迅传播被虐待者的苦痛的呼声和激发国人对于强权者的憎恶和愤怒，并通过引进弱小的被压迫民族的文学，启蒙国人的思想，推进民族民主革命运动的愿望。

第三节　郭沫若剧作中的日本文化因素

如果说五四时期创作的诗歌奠定了郭沫若在中国现代文坛的地位的话，那么抗战时期创作的历史剧则巩固了郭沫若在文坛上的领袖位置。对郭沫若作品的研究，历来是中国现代文学史上的一个重点。他的作品之所以受到如此多的关注，是因为无论是他前期的诗歌、小说，还是抗战时期的历史剧以及建国后的作品，都代表了中国那一时期内国人的精神风貌和心路历程。

其实，对于留学日本的众多新文化战将来说，日本文化因素的影响在他们的作品中都有一定程度的表现。而日本文化因素对郭沫若的影响显得尤为整体、多元而深刻。1937 年抗战全面爆发后，郭沫若抛妇别雏回到中国参加战斗，用他的笔杆，在文化抗战方面取得了重要成绩。虽然郭沫若已不在日本，但受日本文化影响而沉淀下来的文学修养和审美追求却在他的作品中留下了深深的烙印，并反映在了其作品的各个层面。因此，我们不能单单从政治、文学的实用性和功利性角度去讨论郭沫若作品的价值，还应从作品本身的文化意义、哲学意义、审美意义等方面来考察郭沫若抗战时期的作品的价值。

一、创作基础

（一）选题

在日本的二十余年生活，为郭沫若积累了丰富的创作经验和素材。特别是他流亡日本的十年间，因为政治上的压力，郭沫若经常被巡警监视，不得不从浪漫主义诗人奔走疾呼、大胆表露的为国呐喊方式转变为把心思与灵感投入书斋，专心一致地攻读中国古代史，研究中国古代社会。而日本历来尊重学术，对中国古代文化、文学也充满了钦佩之情。因此，郭沫若的研究不仅得到了日本学界的认可和欢迎，也得到了社会力量的公认。

郭沫若流亡十年的学术研究，主要是针对中国古代社会而进行的，他的历史剧也都是以中国古代的人和事为创作题材。然而，身在日本的郭沫若，在中国古代资料的收集等方面，显然面临着巨大的困难。在研究中国古代社会和甲骨文时，郭沫若就感到缺乏可靠的第一手资料的苦恼。于是，他找到了东京文求堂的主人田中庆太郎。文求堂是日本著名的研究中国学问的书店。主人田中虽然连小学都没毕业，但他对于中国的版本却有着丰富的知识。后来，郭沫若在研究中国古代社会和甲骨文的过程中，得到了田中的大力支持。

郭沫若的历史剧创作，主要是利用先秦时代的史实来进行改编和创作的。事实上，近代中国保留的古代元素已经非常有限了，而且近代保留下来的古风也多半是封建的流弊。然而，一直视中国文化为瑰宝的日本却保留了相当部分的中国古代遗风。郭沫若正是因为在日本学习和生活了二十余年，使他一手利用着中国的资料，另一手利用着保留在日本这片土地上的中国古风才得以更加深刻地认识和了解中国古代社会的。

（二）人物

郭沫若认为，中国的民风最好的时候，仍是先秦时代的春秋战国。那时的民众道德是淳朴忠实而任侠尚气的。处于周王朝解体，封建制尚未形成时期的人民，他们不作恶，不欺诈，诚实如同孩子。而当碰到什么不平之事时，又能不躲避，不推卸，挺身而出替朋友排忧解难，甚至会士为知己者死，体现出一种豪侠之气。那时候的人，几乎人人都是侠客，个个直率坦诚。

这就是中国原始初民的风味，中国传统民风之真谛，也是郭沫若最为欣赏的。因此，他的历史剧大多取材于先秦时代中的人物。聂政、聂嫈、屈原、婵娟、信陵君、如姬等人物的一个共同点就是淳朴忠实、任侠尚气，体现出一种浓浓的先秦古风。

郭沫若在日本前后生活了二十年，这二十年使他意想不到地在很多方面仿佛亲身触摸到了中国的古代，接触到了中国的古人。特别是避难的后十年，是郭沫若全身心地投入到中国古史研究中的十年。从某种程度上说，日本有着中国的原始风貌，日本人也比近代的中国人更像中国的古人。当时的日本人好侵略、好斗，也讲义气，讲忠义，普遍地具有不怕死的气概。他们轻生死重名节，崇尚武士道精神。郭沫若和日本人接触了二十余年，而且安娜（即佐藤富子）这位日本女性还成为了郭沫若的妻子。通过日本这个中国古人之博物馆，通过和日本人的密切接触，使得郭沫若身临其境般地接触、感知到了中国古人之风味。这样的感知可谓是全情投入的，也是深刻而具体的。而这种体会也完全融入到了郭沫若笔下的人物中，使得其作品中的人物也同样活灵活现，古意昂然。

很多论著中都曾提到，在郭沫若的作品中女性形象的塑造和膜拜，可以说是个十分显眼的亮点。《女神》更是为郭沫若在文学史上奠定了崇高的地位。同样，在郭沫若的剧作中也是如此。郭沫若在历史剧中塑造了一大批成功的女性形象，他对这些女性给予了热情的讴歌和颂扬。但我们也能很明显地看出，郭沫若将现实生活中的几位女性作为原型并将其艺术化，借历史剧来体现一种新的蕴涵与情感。在这里，笔者主要探讨郭沫若的日本妻子佐藤富子（郭安娜）——这位日本文化与精神的具体代表，在郭沫若史剧创作中的影响。

少年时代的安娜，是喜欢读书的文学少女。在日本这个大的文化环境下，安娜从多方面吸收到了多元的文化因子，她的个性精神和气质也深刻地影响着郭沫若及其创作。留学日本的郭沫若，不仅间接地接受了日本文化开放的态度，而且从安娜身上也具体地体会到了这一点。

安娜亲身的推荐和指导，让郭沫若以更为开放的姿态，创造性地吸收了日本文化以及传入日本的先进西洋文化。因此，我们可以看到，郭沫若在抗战期间创作的历史剧中，仍然可以明显地瞥见他接受外国文化的影响的影子。而给他这种影响的媒介不是别的，正是身处日本这个大环境中以及安娜的亲力支持和帮助。

安娜身上还有日本文化的另一种精神，那就是义无反顾的冲力，这一点也直接影响了郭沫若创作中的激情与动力。与郭沫若结合后，面对生活的压力和抚育孩子的艰辛，以至于最后郭沫若为了民族的抗争回到国内而从此与她分离，安娜从未后悔过、退缩过、逃避过。她的深明大义、忍辱负重，以及坚毅、果敢、义无反顾的精神，都直接推动和影响了郭沫若对生活的热情和生存的勇气。如果不是安娜义无反顾地与郭沫若结合，或许就不会有《女神》的诞生；如果不是安娜最后的支持，郭沫若或许不能走上文学的道路；如果不是安娜的理解，郭沫若或许根本无法回到中国参加民族抗争。安娜一直沿着选定的道路前进，不管路上遇到什么困难，她都义无反顾、积极进取。因此，郭沫若一直称安娜为苦难的圣母玛利亚。就是这样一位苦难的圣母，带领着郭沫若穿越苦难、迈向前进。正是因为安娜的操持与坚守，郭沫若与安娜这对倾国恋人，才能在艰难的环境中每每熬过难关。安娜义无反顾的勇气与毅力，使郭沫若在他的历史剧中化出了这样几位坚强的女性。

日本文化对郭沫若的影响是多元的，安娜对他的影响是具体而深刻的。安娜开放包容和义无反顾的坚守与支持，成就了郭沫若的文学事业，郭沫若也从安娜的身上吸收到了具象化的日本文化精神。安娜不仅是郭沫若创作灵感的源泉之一，也是郭沫若创作的源动力。所以，郭沫若在他许多诗集或是翻译著作的序言或尾处都写有"献给我永远的恋人安娜"的语句。因此，我们也不能不从安娜身上寻找她对郭沫若创作的影响。

（三）民情和风俗

郭沫若把他在日本所掌握的中国古史和中国古代社会的素材，十分恰当而准确地运用到了他的历史剧创作中，不仅大大丰富了史剧的蕴涵，而且增强了史剧的纵深感。

在创作历史剧时，只有在人物与情景统一的前提下，写出的历史剧才能真正反映出其自身的独特之处。郭沫若不但把人物写得逼真肖古，同时也将那些人物所处的历史环境写得逼真肖古。实际上，剧中人物所处的环境无外乎两个：一个是室内，一个是室外。室内的摆设和室外的环境，便体现了当时的民情。

日本近代还随处可见的中国古典建筑范例，给了郭沫若舞台设计的灵感，使得郭沫若在舞台上设计这种中国古代屋宅时也能描述得非常细致准确。在郭沫若的作品中，能够看到很多关于各种石凳和花草的描写，如，琴桌石凳，是中国传统园林建筑不可缺少的风雅之物；兰草，是中国古人喜爱清幽、性情高洁的象征物。郭沫若把这些布景与人物的性格完美地统一了起来，可以说，这些都得益于郭沫若在日本所见的，保持着中国古风的日本建筑给他的深刻印象。

郭沫若的作品中还提到了"盂兰节"，虽然在中国古代有这个节，但时过境迁，这个节日在中国几乎已经淡化得无影无踪了。而日本却一直保留着这个中国古代的节日，直到今天它也是现代日本最重要节日之一。每年到了这个时候，日本人都会全家聚在一起悼念死去的亲人。郭沫若在日本前后生活了二十余年，每年都会看到这个节日盛况，因此在他的剧作中也借用了这个节日。

二、死亡结局

与中国其他的现代作家相比，郭沫若作品的一大特色就是他的作品中有一种浓重的悲剧意识和死亡意识，我们从抗战时期写的六部历史悲剧便能看出来。死亡，是文学艺术创作中一个永恒的主题，世界各国、各民族都以本国、本民族的独特方式，思考着死亡带给人们的不同意义。

（一）借用樱花性格进行表现

在《棠棣之花》中，聂政在刺杀侠累取得成功后自杀而死，之后聂嫈和春姑相续而亡；《屈原》中，婵娟误饮毒酒悲壮而美丽地死去；《虎符》中，为帮助信陵君窃符救赵，侯嬴、魏太妃、如姬先后自裁；《高渐离》中，怀贞夫人自毁容貌与高渐离一起为刺杀秦始皇做准备，最后刺杀未遂被秦皇所杀……

郭沫若的历史悲剧，所用的历史题材并不注重客观地再现历史真实，而是采取"失事求似"的方法，展现历史的精神。在剧作中，几乎所有主人公、甚至是配角，都是在自己生命的青壮年这个人生最美好的时期，主动选择了死亡，从而以自身的悲剧性结局去追求和完成他们生命的价值和意义，实现一种对生命的超越，体现出一种新的生机。本书认为，这就展现了日本文化中所崇尚的一种被称之为"樱花性格"的情结。由于樱花开时热烈，落时缤纷，短暂的绚烂之后，便随即结束生命的"壮烈"精神深受日本人喜爱，因此樱花的这种特性也渗透进了日本的国民精神中。无论枯荣，樱花给人的感觉都是轰轰烈烈的。因此，日本人经常会感到人生也是这样，活着如花开，开得火红热烈；但仿佛在顷刻之间，所有的热烈都会消失、凋零，像极了人生之死。日本民族就是这样一个时常想到死，时常思考着死的民族。樱花的凋零虽然是悲哀的，但却又是壮丽的，在这种壮丽之中，蕴含着一种巨大的美丽。日本人最懂得领悟和品味这种死亡的美丽，并且几乎所有人都在追求着这种壮烈的美。只有懂得死，才能懂得生。只有把死的问题琢磨透了，才能把生的意义了解得更完整。对死的思索和追究，其实也是一种对生命的加倍珍视和热爱。郭沫若年复一年地看到这样的情景，便清楚地了解到了日本人的生死观。无独有偶的是，郭沫若发现，日本人这种对于生与死的观念和态度，又与中国春秋战国时期那种杀身成仁、舍生取义的侠义精神极为相似。

（二）对于婵娟之死的分析

郭沫若抗战时期的历史剧，达到了他创作中期的辉煌，史剧中的女性形象具有一种共同的特质：美丽善良、富于正义感。无论我们从哪方面去看待这些女性，她们身上所折射出的光辉都足以让我们看到极高尚的人性。婵娟作为轰动一时的历史剧《屈原》中的女主角，历来被认为是美的、"道义的化身"。许多著作中已有论述，此不赘述。但是，我们也可以看出，屈原与婵娟的关系始终是"发乎情止乎礼"的，婵娟对屈原是绝对服从与仰慕的，她对楚国的爱和奉献也几乎完全发自于对屈原的情感依托。史剧一开始，婵娟便显示出了不愿离开屈原进宫，愿终身追随屈原的情意。

郭沫若对古代、特别是先秦时期的风貌是相当赞赏的，他对古人的精神更是推崇备至。因此，在日本现代仍然保持着的古代特色和精神气质依然深深打动着在日本生活的郭沫若。然而，众所周知，日本对中国古代的文化并非全盘照搬，乃是对其进行了适应本国需要的改良，比如对中国儒学的改良。

在《屈原》中，婵娟对屈原始终是敬仰的、崇拜的。正是出于对屈原的"忠诚"，她才断然拒绝了公子子兰的求爱。屈原罢官出走后，公子子兰想以搭救屈原为条件来诱惑婵娟服侍他，婵娟却断然地说："我们生要生得光明，死要死得磊落。先生（屈原）决不愿苟且偷生，我也是决不愿苟且偷生的!"①
如果说婵娟是"道义美"的化身，那么这里的"道义"不仅可以理解为一种
对于国家的大义，也可以理解为一种对于主人的"忠义"。然而，婵娟心中的
国家大义，从根本上说是建立在对屈原的情感依托之上的，是她对屈原的信
任，也是她对屈原的耿耿忠心。

在郭沫若的其他戏剧中我们还能看到关于"忠诚"的例子。聂政为完成
严仲子托付的责任，用自己的生命成全了对朋友的忠诚；高渐离用筑实现着对
朋友荆轲的忠诚。忠诚，始终是郭沫若笔下重点表现的一种精神。他把人物对
国家的情感，具体落在次要人物对主人公的忠诚上，表现了一种不同于一般意
义上的忠诚。这可以说就是日本的儒家文化对郭沫若戏剧创作的又一影响。

（三）关于"自杀"的观点

中国传统文化重视"孝"多于强调"忠"，正所谓"百善孝为先"。然而
即使是在代表西方文化的世界第一大教基督教中，自杀也是被禁止的，自杀者
会被看作是对上帝造物神力的亵渎。但是，在我们看到日本文化中对自杀的看
法后，会对日本这个特殊的民族有新的认识。

我们曾在许多影视作品中看到日本人在最后的关头选择自杀的情节。或许
我们惊异于日本人那种对生命的残酷，但是更让我们惊异的恐怕也是他们那种
临死时的镇定和从容。

切腹并不是单纯是自杀的方法，它是法律上和礼法上的制度。只有高贵而
正直的人，才能在这种形式中得到高度的名誉。因此，日本人对于剖腹自杀是
极为推崇的，正是这种特殊的死亡方式，使得死亡具有了特殊的崇高性，人可
以从这样的死亡方式中得到超脱，人的生命也被赋予了新的价值。这也进一步
迎合了喜爱先秦时代"杀身成仁、舍生取义"的古风的郭沫若，在创作上的
风格和品味。于是，我们便看到了郭沫若在他的历史剧中这样的创作。还有一
点是对应于自杀问题而生的，这也值得一提。诚然，自杀是人对自己生命的选
择，在必须死和可以死之间，郭沫若历史剧中的人物都毫不例外地主动选择了
死。虽然，在日本文化里自杀是受到尊敬的，但是这并不表示可以滥用这种高
贵的行为。为了一些完全不符合道理的事情，或者为了一些根本不值得去死的
理由而放弃自己的生命，这样的做法同样会遭到人们的鄙视和嘲笑。因此，郭
沫若历史剧中的艺术形象都是为了完成对一种崇高的精神价值的追求而献身
的。从此意义上说，郭沫若历史剧中人物形象的震撼力与张力，正来源于他们

---

① 郭沫若. 创造十年——《沫若文集》第七卷［M］. 北京：北京人民文学出版社，1959.

在选择自杀时所体现出的主动性和自觉性。

我们知道，我国古人的自杀方式多为自刭，从未出现破腹。而《棠棣之花》中的聂嫈、《虎符》中的魏太妃和如姬，她们在自裁的时候都是采用刺胸而死的方法。这种刺胸的动作就类似于日本切腹的动作。这里应该可以看作是郭沫若所受日本文化影响的一种写法，是他有意为之的。

三、对"自然性"问题的处理

由于郭沫若创作历史剧时，正处在抗战那个特殊的历史时期和政治氛围中，因此以往对郭沫若历史剧的研究多停留在现实意义、思想意义等方面来衡量郭沫若历史剧的价值。然而，无论一个作家处在什么样的创作环境中，艺术家所表现出的审美倾向都具有恒定性。作品中体现出来的审美趣味和审美判断都不可能完全改变或中断。因此，如果我们换一种角度，从审美意义上来重现考察郭沫若抗战时期的历史剧，将会有另外一番情景，也会有新的发现和认识。事实上，郭沫若抗战时期的历史剧归纳起来具有完整的季节性特征。

（一）自然与人之间的关系

中国自古以来就对自然充满了崇拜之情，从帝王祭天的庄严仪式上便可看出中国古人对天、对自然的敬畏之情。1914 年郭沫若到达日本以后，就以日本为中介，在这块土地上广泛地摄取着日本文化以及欧美文化中的精神营养。很快，郭沫若就通过泰戈尔接触到了泛神论。在《少年维特之烦恼·序引》中郭沫若写道："一切的自然只是神底表现，自我也只是神底表现"。① 很多论述把这一段引为郭沫若标榜自我、强调自我、表现自我的例证，这诚然是合理的。郭沫若强调万物中"自我"的力量，万物是神，自我也是神，自我的表现也是神的表现。

这打破了中国传统文化中总是否定自我、看轻自我的传统，体现出新时期青年人的强力。

日本民族最初所获得的关于美的意识，不是来自宗教仪式，也不是来自哲学思考，而是来自人与自然的共生，来自对自然美的观照和感悟。这就是日本的文学意识、文学自然观最初的形成。郭沫若到达日本后，深受这种文学自然观的影响，曾以博多湾的景色为背景，写下了许多有名的诗篇。

郭沫若指出他对于自然的感念，纯然是以东方的情调为基音的，以自然作为友人、作为爱人、作为母亲。而这里所指的东方的情调便多是在九州大学当

---

① 郭沫若．郭沫若剧作全集·第二卷 [M]．北京：中国戏剧出版社，1982．

学生时体验到的日本的自然与人事。正是日本的山水给予郭沫若的深刻启发，使他产生了葱茂的诗情。自然，恐怕是日本文化给予郭沫若最有灵性的启迪了。通过对自然的体悟，郭沫若到达了新的精神境界，从而更加明确了人与自然的特殊联系。从此意义上说，日本文化中的自然观对于郭沫若不仅是一种哲学，而且是一种诗学、一种审美观和艺术观。

对大自然景色的描写和讴歌，实际就是对戏剧中主人公品性的隐喻，在这里，人与自然是一致的。因此，各具代表性的自然之物成了自然中神圣的物品，是神化了的自然，成为高洁品质的象征和正义的化身。就好像屈原以兰草美人喻品性之高洁一样，郭沫若也采用了这一手法，从而把个人生命和自然生命融会到了一起，把自然之神力与自我之精神一体化了。春桃、美女、皎月、风雷火电、甚至是筑，它们代表力，代表美，代表正义，代表希望。郭沫若正是在"吸收自然"与"投入自然"之间，把人与自然充分地融合到了一起。在日本的自然景观和文化的双重感悟下，郭沫若重新思考了自然和人的关系，最终形成了自己独到的文学自然观，从而在历史剧中展现出了一番人与自然相融合的绝妙图画。

（二）历史剧中的自然景物

日本人对自然景物的观察是非常细致的，因此，日本文学对于自然的咏颂和表现也是非常敏感而细腻的。大自然的种种景物在日本文学中既是一种素材，更是一种美感形式。而对雪、月、花的欣赏，不仅成为日本的审美传统，也是日本古代文学的美感意识的核心。作为"日本通"的郭沫若，受到这种审美倾向性的影响恐怕是在所难免的。

首先是"雪"。在日本，对雪的欣赏由来已久。近代著名作家川端康成的代表作《雪国》，首先便描写了主人公看到雪国时的瞬间感受，这成为日本文学中的经典开场。尚在日本的郭沫若，早在《女神》时期就写了很多和自然景观有联系的诗歌。在史剧《高渐离》中，虽然没有对雪景的直接描写，但从情节的安排上，便可看出郭沫若所受到的，日本文化关于赏雪的传统对他创作的影响。《高》剧中，高渐离忍辱负重留在秦始皇身边，就是为了要寻找时机为荆轲报仇，为天下除害。从第四幕起，史剧就进入了冬令时节，室外正飘着大雪，正是这场大雪使高渐离得到了一个绝好的机会。高渐离从徐福那里接到了通知，皇帝第二天要赏雪，准备要他去击筑助兴。大雪给了高渐离一个近距离接近皇帝的好机会，他正好利用这个机会来刺杀皇帝。

其次是"月"。自古以来，在中国和日本的传统文化中，赏月是一个保留到至今的共同习俗。这与日本文化受到中国文化的影响是分不开的。明月历来被人们看作是清明、高洁的化身。郭沫若在《女神》中也经常写到与月有关的诗歌，如《新月与白云》《别离》《霁月》等。特别是《霁月》一诗："淡淡地，幽光浸洗着海上的森林。森林中寥寂深深，还滴着黄昏时分的新雨。云母面就了般的白杨行道坦坦地在我面前导引，引我向沉默的海边徐行。一阵阵的暗香和我亲吻。我身上觉着轻寒，你偏那样地云衣重裹，你团无缺的明月哟，请借件缟素的衣裳给我。"

最后是"花"。日本人对花的喜爱同样由来已久，像《万叶集》中咏花的诗就有五百余首。与中国人喜爱赏梅花、兰花、菊花有所不同，在日本，说起花立刻会想到樱花。樱花是日本民族的象征，也是日本人最为钟情的花。甚至在日语中赏花这个词也特指赏樱花。

《棠》剧中提到的就是郭沫若在博多的西公园赏樱时作的诗歌，只是在入戏时稍作了改动。日本人对花的喜爱甚至发展成了"花道"，指的是把适当截取的树木花草的枝、叶、花朵艺术地插入花瓶等器皿中的方式和技术。花道本是日本一种陶冶性情、培养审美观的艺术。

《虎符》中，郭沫若在第一幕的舞台布景中也用到了花，只不过这里换成了桂花。桂花和樱花有个共同的特点，就是这两种花都是成团成簇的，而桂花也是白色的。如果单看每一朵花则毫无可取之处，但是，当它们以集团的形式生在一起时便具有了特别的繁荣之象。这实际也可看作是一种团结的象征。而且，桂花还带有特别的香味，魏太妃、如姬都喜欢桂花，这实际上又可以以物喻人，代表如姬、魏太妃等人的清高和芬芳，代表她们渴望团结的心情。

（三）对"季题"的运用

"季题"就是代表一年四季中某一季节的词语。与四季有关的题材、范围极广，凡与春夏秋冬四时变迁有关的自然界及人事界都包括在内。因此，反映"季题"的这些词语就必须涉及与四时变化有关的人事、自然风物。而且季题是特定的、约定俗成的。例如："元旦"为正月季题；"早春"为二月季题；"观潮"为四月季题；"蔷薇"为五月季题。

自然曾带给日本人的种种感受，让身在日本的郭沫若耳濡目染到由于四季变化所产生的不同之美，这种美又与郭沫若发生了强烈的共鸣。对于日本的传统文化和文学，郭沫若还是欣赏的，作为日本传统文学精粹的和歌和俳句对四季之美的咏叹，也不能不影响到了郭沫若的创作上，使其具有了更为隽永的艺术魅力。

郭沫若在其前期创作的作品《女神》中就多有描写、讴歌自然四季的诗篇，特别是写于福冈的那些诗篇，与博多湾周围的自然景物和九州岛春夏秋冬时序变化的关系是显而易见的。

《棠》剧起篇的"春桃一片花如海，千树万树迎风开……"这段唱词，瞬间便把人们的情绪转移到了春天的蓬勃气息中。如果说史剧也有季题的话，那么，"春桃"这段唱词就是《棠》剧的季题。这里的"春桃"实际就是春樱，是日本人所最为喜爱的花，也是俳句约定俗成的春之季题。

其次，来看《屈原》。戏剧开始是暮春，随着剧情的发展来到了盛夏。在第五幕第二场中，郭沫若为关在东皇太一庙的屈原设计的背景中，就交待出了室外雷电交加，时有大风咆哮。这时的风、雷、电都成为屈原的化身，其震慑天地的气势如郭沫若的性格一般直率豪放，来势汹汹。雷电配合着屈原惊涛骇浪般的独白，为《屈》剧营造出了一种极强的艺术张力，成为整部剧作的亮点。

再次是《虎符》。《虎》剧第一幕的布景中，作者特别强调：园中花木可任意布置，唯须充分表示秋季。剧中多处写道"月"，月不仅是日本人所特别喜爱、特别欣赏的自然景物，也是约定俗成的秋之季题。在特定的时间、特定的地点，戏剧中的主要人物表达出了自己的心声，而这心声又与秋季分不开。由此可以推断，郭沫若在创作戏剧时的特殊用意。

最后来看《高渐离》。同样是在第一幕布景中，作者在设计景物时用到了大槐树。槐树时有落叶飘飞，说明季节已到暮秋。当情节发展到第五幕时，舞台的背景已经是一片雪景了，说明冬季来临。秦始皇于次日到便殿赏雪，高渐离也实施了他的预定计划，但最终刺杀行动没有取得成功。然而秦始皇在惊魂已定之后，便立即命人继续跳舞、唱《琅邪台刻词》，还说赏雪要紧。秦始皇对雪之喜爱，正点出了《高》剧的季题。

当然，还有两部史剧《孔雀胆》和《南冠草》。《孔》剧作者点明是在三月初旬，桃李花盛开的时节。经历了《高渐离》的"冬天"，我们似乎又看到了春去春又回的新一年到来，自然万物又重新焕发了生机。善良纯真的阿盖公主手持鲜花等待着心仪的段功凯旋，这是一副多么美丽的图画呀。郭沫若把《孔雀胆》的故事安排在春天，似乎又开始了一次新的轮回。至于《南冠草》，故事从第一幕的五月尾发展到第五幕时已经到了九月。

郭沫若历史剧中的景物在春夏秋冬的时序性上是显而易见的。在短短两年间，郭沫若写出的六部历史剧的时序性如此之强，本书认为，这是因为郭沫若对于戏剧氛围的营造和统筹安排以及舞台布景是有整体构思的。他强调舞台布景的丰富性和戏剧发展的时序性，使戏剧拥有了更加连贯、更加广阔的审美空间。这应该说是郭沫若在戏剧的氛围方面的有益探索，也可说是郭沫若对戏剧的一种贡献。而且，郭沫若将形象、语言和特定的环境很好地结合在了一起，在他的悲剧中，春、夏、秋、冬四季兼备，给人以完整的审美享受。

参考文献

[1] 曹志伟，陈晏．日本旅游文化 ［M］．银川：宁夏人民出版社，2005.

[2] 陈友华．日本旅游政策研究 ［M］．南昌：江西人民出版社，2007.

[3] 程跃刚．秦汉时期中国稻作文化东传日本及其影响 ［D］．南京：南京农业大学，2008.

[4] 邓鹏．一本书读懂日本商业史 ［M］．杭州：浙江人民出版社，2013.

[5] 邓珣．日本动画中的物哀美学 ［D］．南京：南京艺术学院，2014.

[6] 高关中．日本风土大观 ［M］．北京：当代世界出版社，2001.

[7] 高林博光．鲁迅与日本文化的关系研究 ［D］．厦门：厦门大学，2008.

[8] 韩立红．日本文化概论 ［M］．天津：南开大学出版社，2003.

[9] 胡孟圣．日本文化古今谈 ［M］．大连：大连出版社，2003.

[10] 贾华．双重结构的日本文化 ［M］．广州：中山大学出版社，2010.

[11] 姜建强．另类日本文化史 ［M］．上海：上海交通大学出版社，2014.

[12] 靳明全．日本和歌与郭沫若早期诗歌 ［J］．文艺研究，2003（3）：67 -71.

[13] 李建权．日本精神 ［M］．北京：新华出版社，2007.

[14] 梁云祥．日本外交与中日关系 ［M］．北京：世界知识出版社，2012.

[15] 刘然．浅析日本文化中的 "哀" 因素 ［D］．杭州：浙江大学，2008.

[16] 罗福惠，李凤凤．略论鲁迅 "日本视域" 的转换 ［J］．华中师范大学学报（人文社会科学版），2013，52（1）：138-146.

[17] 罗亮．中日龙文化在跨文化交际中的对比研究 ［D］．哈尔滨：哈尔滨师范大学，2016.

[18] （日）本居宣长．日本物哀 ［M］．长春：吉林出版集团有限责任公司，2010.

[19] （日）冈田武彦．简素：日本文化的根本 ［M］．钱明，译．北京：社会科学文献出版社，2016.

[20] （日）太田博太郎．日本建筑史序说 ［M］．路秉杰，包慕萍，译．上海：

同济大学出版社，2016.

［21］（日）中村雄二郎．日本文化中的恶与罪［M］．孙彬，译．北京：北京大学出版社，2005.

［22］申险峰．外交的文化阐释．日本卷［M］．北京：知识产权出版社，2012.

［23］宋健敏．日本社会保障制度［M］．上海：上海人民出版社，2012.

［24］宋媛．日本张爱玲研究［D］．西安：西安外国语大学，2016.

［25］宋振春．日本文化遗产旅游发展的制度因素分析［M］．北京：经济管理出版社，2009.

［26］台丽静．郭沫若与日本［D］．长春：东北师范大学，2007.

［27］覃启勋．日本精神［M］．武汉：长江文艺出版社，2000.

［28］铁军．日本龙文化研究［M］．北京：中国传媒大学出版社，2013.

［29］王华伟．日本社会与文化［M］．北京：中国海洋大学出版社，2007.

［30］王静．日本语言·文化·传播丛书 日本文化［M］．北京：中国传媒大学出版社，2015.

［31］王玲．日本文化新论［M］．成都：电子科技大学出版社，2009.

［32］王瑞林，王鹤．笑侃东瀛 日本文化新视角［M］．天津：南开大学出版社，2007.

［33］王文华，王曦．神奇的日本［M］．成都：成都地图出版社，2002.

［34］王雨海．别样的鲁迅——日本人心目中的鲁迅印象［J］．信阳师范学院学报（哲学社会科学版），2014，34（1）：112-115.

［35］吴建福．中外龙文化异同考察比较［J］．中国外资，2012（10）：262-263.

［36］伍斌．和风禅味——日本艺术的文化特征［M］．北京：北京理工大学出版社，2008.

［37］肖刚．冷战后日本的联合国外交［M］．北京：世界知识出版社，2002.

［38］徐静波．日本历史与文化研究［M］．上海：复旦大学出版社，2010.

［39］徐丽娟．日本旅游［M］．北京：中国地图出版社，2007.

［40］薛君度，陆忠伟．颠簸的日本［M］．北京：时事出版社，2001.

［41］闫志章．日本稻作文化之内涵［J］．内蒙古农业大学学报（社会科学版），2008，10（6）：349-350.

［42］杨峻岭．道德耻感论［M］．北京：中央编译出版社，2013.

［43］杨薇．日本文化透视［M］．天津：天津教育出版社，2010.

［44］杨伟．日本文化论［M］．重庆：重庆出版社，2008.

［45］姚璐．日本现代建筑与设计文化［M］．长春：吉林出版集团有限责任公司，2014．

［46］叶茬．以悲为美：论日本文学中的物哀［J］．世界文学评论，2012（1）：229-232.

［47］叶磊，惠富平．稻作农耕与日本民族的稻作文化性格［J］．南京农业大学学报（社会科学版），2011，11（1）：131-136.

［48］叶渭渠，康月梅．物哀与幽玄 日本人的美意识［M］．桂林：广西师范大学出版社，2002．

［49］游衣明，刘笑非．现代日本社会文化与经济［M］．南京：东南大学出版社，2015．

［50］于信强．论日本［M］．北京：大众文艺出版社，2005．

［51］张爱平，等．日本文化［M］．北京：文化艺术出版社，2004．

［52］张妮妮．张爱玲作品中的日本文化元素［D］．延安：延安大学，2015．

［53］张石．寒山与日本文化［M］．上海：上海交通大学出版社，2011．

［54］章越松．社会转型下的耻感伦理研究［M］．北京：中国社会科学出版社，2016．

［55］周维宏，宋金文，等．日本社会解读［M］．北京：时事出版社，2002．

［56］朱王凌子．论新海诚动画电影中的物哀审美［D］．南昌：南昌大学，2016．

［57］诸葛蔚东．战后日本出版文化研究［M］．北京：昆仑出版社，2009．